中国石油天然气集团有限公司统编培训教材

招标管理与实施

《招标管理与实施》编委会　编

石 油 工 业 出 版 社

内 容 提 要

本书内容以中国石油企业现行招标管理为基础，结合国家招标相关法律法规要求和中国招标投标行业发展趋势，阐述了招标投标发展历程、招标管理、招标实施、招标评审、电子招标等招标业务知识，同时围绕中国石油统一招标管理和招标专业化实施的经验总结，阐述了招标业务的招、投、开、评、定全过程，不同的参与主体所需要掌握的知识和技巧。本书可作为招标管理及实施人员、招标评审专家培训教材，也适用于招标人、投标人培训。

图书在版编目（CIP）数据

招标管理与实施/《招标管理与实施》编委会编.
—北京：石油工业出版社，2020.12
中国石油天然气集团有限公司统编培训教材
ISBN 978-7-5183-4428-4

Ⅰ.①招… Ⅱ.①招… Ⅲ.①招标–项目管理–技术培训–教材②投标–项目管理–技术培训–教材 Ⅳ.①F271

中国版本图书馆 CIP 数据核字（2020）第 258671 号

出版发行：石油工业出版社
　　　　　（北京安定门外安华里2区1号　100011）
　　　　　网　址：www.petropub.com
　　　　　编辑部：（010）64252978
　　　　　图书营销中心：（010）64523633
经　　销：全国新华书店
印　　刷：北京中石油彩色印刷有限责任公司

2021年2月第1版　2023年3月第2次印刷
710×1000毫米　　开本：1/16　　印张：20.75
字数：366千字

定价：72.00元
（如出现印装质量问题，我社图书营销中心负责调换）
版权所有，翻印必究

《招标管理与实施》编委会

主　任：孙树祯
副主任：何　京　刘春杰　周　惠
委　员：罗　超　刘　琨　张国成
　　　　王　战　洪卫东　惠从征
　　　　封欣海　张忠波　韩忍之

《招标管理与实施》编审人员

主　　编：刘春杰
副 主 编：刘勤志　冯　罡　戴征宇
编写人员（按姓氏笔画排序）：

于佩瑞	马　倩	马颖丽	王　城
王思尧	左　莹	田兴旺	冯月贵
刘　新	刘小婷	刘延军	刘海林
刘鼎恒	刘新新	闫　含	安　娜
孙佩锦	李　涛	李　萌	李冬岩
李自荣	李昕泽	李建军	李嗣洋
杨　斌	杨　楠	杨建旭	杨晓龙
邱　辉	谷振国	邹　成	邹岳峰
张　勋	张　群	陈　炼	周子淦
赵颇如	赵霁明	相更省	侯　蓉
姜　妍	袁继彪	袁道明	夏　华
柴姝珊	高登利	郭坚祥	曹　慧
曹纪红	阎　俊	董金哲	蓝丽梅
蒲　婧			

审核人员：潘国庆　夏昌训　张小锋

序

  企业发展靠人才，人才发展靠培训。当前，中国石油天然气集团有限公司（以下简称集团公司）正处在加快转变增长方式，调整产业结构，全面建设综合性国际能源公司的关键时期。做好"发展""转变""和谐"三件大事，更深更广参与全球竞争，实现全面协调可持续，特别是海外油气作业产量"半壁江山"的目标，人才是根本。培训工作作为影响集团公司人才发展水平和实力的重要因素，肩负着艰巨而繁重的战略任务和历史使命，面临着前所未有的发展机遇。健全和完善员工培训教材体系，是加强培训基础建设，推进培训战略性和国际化转型升级的重要举措，是提升公司人力资源开发整体能力的一项重要基础工作。

  集团公司始终高度重视培训教材开发等人力资源开发基础建设工作，明确提出要"由专家制定大纲、按大纲选编教材、按教材开展培训"的目标和要求。2009年以来，由人事部牵头，各部门和专业分公司参与，在分析优化公司现有部分专业培训教材、职业资格培训教材和培训课件的基础上，经反复研究论证，形成了比较系统、科学的教材编审目录、方案和编写计划，全面启动了《中国石油天然气集团有限公司统编培训教材》（以下简称"统编培训教材"）的开发和编审工作。"统编培训教材"以国内外知名专家学者、集团公司两级专家、现场管理技术骨干等力量为主体，充分发挥地区公司、研究院所、培训机构的作用，瞄准世界前沿及集团公司技术发展的最新进展，突出现场应用和实际操作，精心组织编写，由集团公司"统编培训教材"编审委员会审定，集团公司统一出版和发行。

  根据集团公司员工队伍专业构成及业务布局，"统编培训教材"按"综合管理类、专业技术类、操作技能类、国际业务类"四类组织编写。综合管理类侧重中高级综合管理岗位员工的培训，具有石油石化管理特色的教材，以自编方式为主，行业适用或社会通用教材，可从社会选购，作为指定培训教材；专业技术类侧重中高级专业技术岗位员工的培训，是教材编审的主体，按照《专业培训教材开发目录及编审规划》逐套编审，循序推进，计划编审300余门；操作技能类以国家制定的操作工种技能鉴定培训教材为基础，侧重主体专业（主要工种）骨干岗位的培训；国际业务类侧重海外项目中外员工的培训。

"统编培训教材"具有以下特点：

一是前瞻性。教材充分吸收各业务领域当前及今后一个时期世界前沿理论、先进技术和领先标准，以及集团公司技术发展的最新进展，并将其转化为员工培训的知识和技能要求，具有较强的前瞻性。

二是系统性。教材由"统编培训教材"编审委员会统一编制开发规划，统一确定专业目录，统一组织编写与审定，避免内容交叉重叠，具有较强的系统性、规范性和科学性。

三是实用性。教材内容侧重现场应用和实际操作，既有应用理论，又有实际案例和操作规程要求，具有较高的实用价值。

四是权威性。由集团公司总部组织各个领域的技术和管理权威，集中编写教材，体现了教材的权威性。

五是专业性。不仅教材的组织按照业务领域，根据专业目录进行开发，且教材的内容更加注重专业特色，强调各业务领域自身发展的特色技术、特色经验和做法，也是对公司各业务领域知识和经验的一次集中梳理，符合知识管理的要求和方向。

经过多方共同努力，集团公司"统编培训教材"已按计划陆续编审出版，与各企事业单位和广大员工见面了，将成为集团公司统一组织开发和编审的中高级管理、技术、技能骨干人员培训的基本教材。"统编培训教材"的出版发行，对于完善建立起与综合性国际能源公司形象和任务相适应的系列培训教材，推进集团公司培训的标准化、国际化建设，具有划时代意义。希望各企事业单位和广大石油员工用好、用活本套教材，为持续推进人才培训工程，激发员工创新活力和创造智慧，加快建设综合性国际能源公司发挥更大作用。

《中国石油天然气集团有限公司统编培训教材》

编审委员会

前 言

为适应中国石油天然气集团有限公司（以下简称集团公司）招标业务发展，进一步规范招标管理和实施工作，完善业务培训体系，夯实集团公司招标基础建设，提高集团公司招标管理水平，按照集团公司员工培训统编教材工作部署，由工程和物装管理部牵头组织，委托物资采购中心具体组织编写《招标管理与实施》教材。本教材主要适用于招标管理和实施人员，也可供招标人、招标评审专家、投标人参考使用。

本教材共计八章，主要包括招标投标发展历程及相关法律法规、招标管理、招标实施、招标评审、机电产品国际招标、电子招标投标等内容。

本书第一章由邹岳峰、张勋、柴姝珊、刘鼎恒、左莹、赵霁明、王城、李萌编写，第二章由戴征宇、李嗣洋、董金哲、李涛、杨晓龙、蒲婧、曹纪红、张群、袁继彪编写；第三章由袁道明、夏华、邹成、阎俊、李昕泽、杨楠、杨斌编写；第四章由刘小婷、王思尧、周子淦、杨建旭、李自荣、李建军编写；第五章由相更省、田兴旺、曹慧、刘新新、冯月贵、谷振国编写；第六章由刘海林、高登利、安娜编写；第七章由马倩、闫含、侯蓉、李冬岩、刘新、赵颇如编写；第八章由郭坚祥、刘延军、蓝丽梅、姜妍、邱辉、孙佩锦编写。全书由刘勤志、冯罡、戴征宇、刘小婷和李嗣洋统编，由潘国庆、夏昌训、张小锋审定。

本教材编写过程中，集团公司人事部、石油工业出版社给予了全程编辑指导，大庆油田有限责任公司、西南油气田分公司、华北油田分公司、大庆石化分公司、吉林石化分公司、宁夏石化分公司、大庆炼化分公司、中国石油集团长城钻探工程有限公司、中国石油管道局工程有限公司、中国石油工程建设有限公司、中国石油集团经济技术研究院等 11 家石油企业提出了修改意见和建议。集团公司及行业内专家进行了专业评审。在此，一并致以感谢！

随着《中华人民共和国招标投标法》修订出台、招标投标行业以及集团公司招标业务的发展，本教材将与时俱进，不断修订完善。

教材编纂过程中难免存在疏漏或不足之处，望读者批评指正。

编　者

说 明

为适应集团公司招标业务的发展需要，提高集团公司招标工作水平，总结近几年集团公司招标管理、招标项目实施和招标业务培训实践的基础上，编写了本教材。本教材第一章主要介绍了招标投标的发展历程和法律法规体系；第二章内主要介绍了集团公司招标管理发展历程及管理制度体系、招标项目的管理、评标专家的管理、招标统计、招标检查和招标后评价等；第三章、第四章分别以招标人、招标专业机构角度，介绍招标人在招标项目实施各阶段应进行的工作内容，包括在招标准备、招标委托、招标、开标、评标、定标、资料管理等；第五章详细介绍了评标过程中招标评审专家如何进行项目评审；第六章主要介绍投标人在招标项目实施各阶段应开展的工作内容；第七章主要介绍机电产品国际招标相关概念及项目实施操作；第八章主要介绍了电子招标的发展历程和趋势、集团公司电子招标投标交易平台的建设及简单使用。本教材实践性和专业性很强，可作为中国石油天然气集团有限公司所属企业招标管理和实施业务培训专用教材。本教材主要针对招标管理及实施人员、招标评审专家编写，也适用于招标人、投标人培训。为了便于正确使用本教材，在此对培训对象进行了划分，并规定了各类人员应该掌握或了解的主要内容。

培训对象主要划分为以下几类：

（1）招标管理岗位人员。

（2）招标专业机构人员。

（3）招标人。

（4）招标评审专家。

（5）投标人。

各类人员应该掌握或了解的主要内容如下：

（1）招标管理岗位人员、招标专业机构人员，要求掌握全书内容。

（2）招标人，要求掌握第二章、第三章、第八章。

（3）招标评审专家，要求掌握第二章、第五章、第八章。

（4）投标人，要求掌握第六章。

各单位在教学中要密切联系生产实际，课堂教学与现场观摩结合，理论联系实际，提高教学效果。

目 录

第一章 招标投标发展历程及相关法律法规 1
 第一节 招标投标发展历程和现状 1
 第二节 招标投标的法律法规体系 6
第二章 招标管理 18
 第一节 集团公司招标管理体制机制 18
 第二节 集团公司招标管理制度 23
 第三节 招标项目管理 32
 第四节 集中采购招标项目管理 44
 第五节 招标评审专家管理 48
 第六节 投标人失信行为管理 54
 第七节 招标统计管理和相关指标 60
 第八节 招标检查管理 66
 第九节 招标项目后评价 72
 第十节 相关名词与释义 77
第三章 招标实施——招标人篇 79
 第一节 招标准备 79
 第二节 招标业务委托 92
 第三节 招标 99
 第四节 开标、评标、定标 103
 第五节 资料的收集、接收与管理 106
 第六节 其他 109
第四章 招标实施——招标专业机构篇 117
 第一节 协助招标准备 117

第二节　招标业务承接 …………………………… 119
　　第三节　招标 …………………………………………… 121
　　第四节　开标、评标、定标 …………………………… 143
　　第五节　资料管理与移交 ……………………………… 151
　　第六节　其他 …………………………………………… 153
第五章　招标评审 …………………………………………… 157
　　第一节　评标专家入库及职责、权利和义务 ………… 157
　　第二节　初步评审内容及方法 ………………………… 160
　　第三节　详细评审内容及方法 ………………………… 212
　　第四节　评标报告编制 ………………………………… 225
第六章　招标实施——投标人篇 …………………………… 229
　　第一节　投标准备 ……………………………………… 229
　　第二节　投标文件的编制 ……………………………… 233
　　第三节　投标、开标与评标 …………………………… 244
　　第四节　异议（投诉）………………………………… 247
　　第五节　中标与合同签订 ……………………………… 249
　　第六节　相关名词与释义 ……………………………… 251
第七章　机电产品国际招标 ………………………………… 254
　　第一节　机电产品国际招标概述 ……………………… 254
　　第二节　业务承接与招标准备 ………………………… 259
　　第三节　招标、投标 …………………………………… 260
　　第四节　开标、评标与定标 …………………………… 266
　　第五节　项目归档及后续服务 ………………………… 276
第八章　电子招标投标 ……………………………………… 278
　　第一节　电子招标投标概述 …………………………… 278
　　第二节　中国石油电子招标投标交易平台 …………… 285
　　第三节　电子招标、投标操作 ………………………… 287
　　第四节　电子招标应用准备 …………………………… 296
练习题及答案 ………………………………………………… 299

第一章　招标投标发展历程及相关法律法规

本章主要介绍招标投标的发展历程和现状，招标投标法律法规体系，招标投标法律法规的主要规定。

本章适合招标人、招标管理部门、招标机构学习使用。

第一节　招标投标发展历程和现状

本节主要从四个阶段总结招标投标业务的发展历程，对国有企业招标投标特点、招标投标基本原则、招标投标现实作用进行介绍。

一、招标投标的发展历程

招标投标是由交易活动的发起方在一定范围内公布标的特征和交易条件，按照依法确定的规则和程序，对多个响应方提交的报价及方案进行评审，择优选择交易主体并确定全部交易条件的一种交易方式。招标投标最早起源于英国。自第二次世界大战以来，招标投标影响力不断扩大，先是西方国家，接着世界银行在货物采购、工程建设发包中大量推行招标投标方式。近几十年来，发展中国家也日益重视和采用招标投标方式进行货物采购和工程建设发包。招标投标作为一种成熟的交易方式，其重要性和优越性在国内、国际经济活动中日益被各国和各种国际经济组织广泛认可，进而在相当多的国家和国际组织中得到立法推行。

我国最早于1902年采用招标比价（招标投标）方式发包工程。从新中国成立初期到党的十一届三中全会，我国实行的是高度集中的计划经济体制。党的十一届三中全会以后，国家实行改革开放政策，招标投标才得以应运而生。1980年，国务院在《关于开展和保护社会主义竞争的暂行规定》中提出，对一些适合承包的生产建设项目和经营项目，可以试行招标投标的办法，揭开了中国招标投标的序幕。

我国招标投标的发展历程可分四个阶段。

（一）探索初创阶段

1980年10月，国务院发布《关于开展和保护社会主义竞争的暂行规定》，提出对一些合适的工程建设项目可以试行招标投标。20世纪80年代中期以后，根据党中央有关体制改革精神，国务院及国务院有关部门陆续进行了一系列改革，企业的市场主体地位逐步明确，推行招标投标制度的体制性障碍有所缓解。

（二）快速发展阶段

1992年10月，中国共产党第十四次全国代表大会提出了建立社会主义市场经济体制的改革目标，进一步解除了束缚招标投标制度发展的体制障碍。1997年11月1日，全国人民代表大会常务委员会审议通过了《中华人民共和国建筑法》，在法律层面上对建筑工程实行招标发包进行了规范。

（三）里程碑阶段

第九届全国人民代表大会常务委员会于1999年8月30日审议通过了《中华人民共和国招标投标法》（以下简称《招标投标法》），2000年1月1日起正式施行，这是我国第一部规范公共采购和招标投标活动的专门法律，标志着我国招标投标制度进入了一个新的发展阶段。

2002年6月29日由全国人民代表大会常务委员会审议通过的《中华人民共和国政府采购法》，自2003年1月1日起施行。这部法律的颁布施行，对于规范政府采购行为，提高政府采购资金的使用效益，维护国家利益和社会公共利益，保护政府采购当事人的合法权益，促进廉政建设，有着重要意义。

（四）规范完善阶段

《招标投标法》和《政府采购法》是规范我国境内招标采购活动的两大基本法律，在总结我国招标采购实践经验和借鉴国际经验的基础上，《招标投标法实施条例》和《政府采购法实施条例》作为两大法律的配套行政法规，对招标投标制度作了补充、细化和完善，进一步健全和完善了我国招标投标制度。随着体制的建立健全以及市场主体诚信自律机制的逐步完善，招标投标制度必将获得更加广阔的运用和健康、持续的发展。

第一章 招标投标发展历程及相关法律法规

二、招标投标现状

(一) 国有企业招标投标采购现有特点

1. 招标管理、实施和监督分开分立，三位一体

经过多年的发展，国有企业内部普遍建立了较为完善的招标管理、实施和监督等机构，由企业的专门部门负责招标业务的管理，招标活动由招标代理机构、内部专业部门具体实施，招标过程由有关部门进行监督。通过健全的组织机构保证了由专业、专职的人员进行招标投标活动的管理、实施和监督，做到业务上既分工负责又相互协作、既相互衔接又相互独立，从而在组织机构上保证了招标在企业内部能够规范有序地开展。

中国海洋石油集团有限公司、浙江省能源集团有限公司等企业，业务涵盖范围窄、业务分布地域集中、下属分支单位少，一般在总部层面设立机构，对公司的招标采购进行统一管理、实施、监督；中国石油天然气集团有限公司、国家电网有限公司、中国石油化工集团有限公司等企业，业务涵盖范围广、业务分布地域遍及全国、下属分支单位多，一般分别在总部及所属企业按照管理层级分别设立招标管理、实施、监督机构，依据权限对公司的招标采购进行分别管理、实施、监督。前一种模式集中、统一、规范，但是项目集中度高、工作量大、流程长；后一种模式分级负责、覆盖广、效率高，但是工作界面模糊、标准不统一、人员素质差别大。还有一种模式是宝钢集团有限公司采用的"分级管控"模式，集团层面只负责战略和制度的制定，不作具体的采购管理，由各公司独立运作，特殊事项实行备案制，招标投标活动的审计由集团公司总管，实施闭环监管。

2. 建立健全统一、规范、配套的招标管理制度

在严格遵循《招标投标法》等法律、法规和规章的基本原则下，企业针对自身的实际情况，建立了涵盖招标活动全过程的管理办法和实施细则，主要包括招标管理办法，工程、物资和服务项目的招标实施细则，以及招标活动监督、招标实施规范、评标专家及专家库管理、供应商管理、招标代理机构等方面的制度。企业推行标准招标流程，标准文本及专业化的招标服务，实施电子招标投标，达到统一管理、规范运作的目的。通过建立制度，规范企业的招标行为，保证招标活动在依法、依规、受控情况下运行，同时有效地减少了外部环境对招标活动实施的影响。招标管理制度的建立在企业管理

的层面规范了招标实施的行为。

3. 组建具有专业特色的评标专家库

按照国家《评标委员会和评标方法暂行规定》的要求,企业组建符合自身行业特点的评标专家库,为招标采购活动起到了保驾护航的作用。经过几年的努力,截至2019年底,中国石油天然气集团有限公司组建了具有石油石化行业特点的近47000人的评标专家库,国家电网有限公司组建了30000余人的专家库,浙江省能源集团有限公司组建了1000余人的专家库,一些专家在总部集中采购等项目中发挥了很好的作用。评标专家是招标活动的重要参与者,对保证招标过程的公平和公正有不可或缺的作用。

4. 委托招标代理机构实施招标操作

招标代理机构具有专业招标力量,在服务于招标人的同时也规范了招标程序,更好地维护了招标人、投标人的利益,是招标实施的发展方向。

中国石油天然气集团有限公司、国家电网有限公司和中国石油化工集团有限公司等企业按照职责分工,实行总部和下属企业两级招标的模式,中国石油天然气集团有限公司规定一、二类招标项目和总部集中采购项目由集团公司招标中心负责,各企业按照授权负责其他类的招标项目,同时对企业自行招标的项目,从审批、备案和专业人员配备等方面都提出了严格的要求。两级招标操作模式既考虑到了央企集约化采购的需要,又兼顾到央企的下属企业众多、地理位置分散和差异化需求等方面的特殊性,较好地保证了招标实施的规范、高效和有序。

中国海洋石油集团有限公司、中国神华集团有限公司、宝钢集团有限公司、浙江省能源集团有限公司等企业主要由其设立的具有组织招标能力的独立法人单位实施招标操作,代理机构与企业内部招标委托单位、投标单位业务独立,充分发挥内部代理机构的优势。

部分规模较小的国有企业委托完全独立的第三方招标代理机构实施招标操作,代理机构与企业间没有管理关系,能够更好地保障其独立性;为防范采购风险,参照企业内控管理体系采购机制采用不相容岗位设置,采购活动由采购部门提出需求,但采购部门不参与供应商推荐、合同签订、中标单位选择等过程。

(二)招标投标基本原则

招标投标活动应遵守以下基本原则:

公开原则:即"信息透明",要求招标投标活动必须具有高度的透明度,

第一章　招标投标发展历程及相关法律法规

招标程序、投标人的资格条件、评标标准、评标方法、中标结果等信息都要公开，使每个投标人能够及时获得相关信息，从而平等地参与投标竞争，依法维护自身的合法权益。将招标投标活动置于公开透明的环境中，也为当事人和社会各界的监督提供了重要条件。从这个意义上讲，公开是公平、公正的基础和前提。

公平原则：即"机会均等"，要求招标人一视同仁地给予所有投标人平等的机会，使其享有同等的权利并履行相应的义务，不歧视或者排斥任何一个投标人。按照这个原则，招标人不得在招标文件中要求或者标明特定的生产供应者以及含有倾向或者排斥潜在投标人的内容，不得以不合理的条件限制或者排斥潜在投标人，不得对潜在投标人实行歧视待遇。否则，将承担相应的法律责任。

公正原则：即"程序规范，标准统一"，要求所有招标投标活动必须按照规定的时间和程序进行，以尽可能保障招标投标各方的合法权益，做到程序公正；招标评标标准应当具有唯一性，对所有投标人实行同一标准，确保标准公正。按照这个原则，《招标投标法》及其配套规定对招标、投标、开标、评标、中标、签订合同等都规定了具体程序和法定时限，明确了否决投标的情形，评标委员会必须按照招标文件事先确定并公布的评标标准和方法进行评审、打分、推荐中标候选人，招标文件中没有规定的标准和方法不得作为评标和中标的依据。

诚实信用原则：即"诚信原则"，是民事活动的基本原则之一，这是市场经济中诚实信用伦理准则法律化的产物，是以善意真诚、守信不欺、公平合理为内容的强制性法律原则。招标投标活动本质上是市场主体的民事活动，必须遵循诚信原则，也就是要求招标投标当事人应当以善意的主观心理和诚实、守信的态度来行使权利，履行义务，不能故意隐瞒真相或者弄虚作假，不能言而无信甚至背信弃义，在追求自己利益的同时不应损害他人利益和社会利益，维持双方的利益平衡，以及自身利益与社会利益的平衡，遵循平等互利的原则，从而保证交易安全，促使交易实现。

（三）招标投标制度的作用

招标投标制度是为合理分配招标、投标双方的权利、义务和责任建立的市场化运行机制，是市场经济的必然要求。招标投标的作用主要体现在以下四个方面。

1. 提高经济效益和社会效益

我国社会主义市场经济的基本特点是要充分发挥竞争机制作用，使市场主体在平等条件下公平竞争，优胜劣汰，从而实现资源的优化配置。招标投标是市场竞争的一种重要方式，最大优点就是能够充分体现"公开、公平、公正"的市场竞争原则，通过招标采购，让众多投标人进行公平竞争，以最低或较低的价格获得最优的工程、物资或服务，从而达到提高经济效益和社会效益、提高招标项目的质量、提高国有资金使用效率和效益、推动投融资管理体制和各行业管理体制的改革的目的。

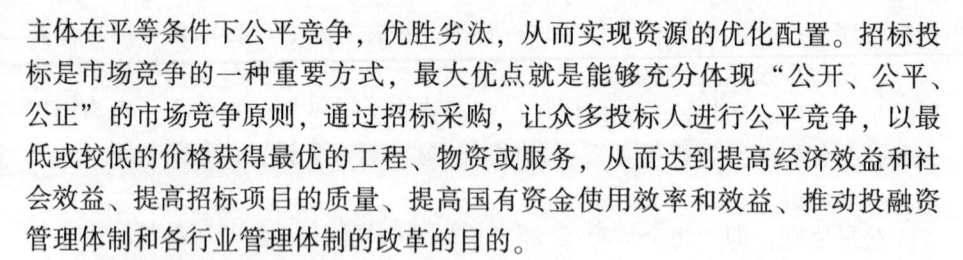

2. 提升企业竞争力

促进企业转变经营机制，提高企业的创新活力，积极引进先进技术和管理，提高企业生产、服务的质量和效率，不断提升企业市场信誉和竞争力。

3. 健全市场经济体系

维护和规范市场竞争秩序，保护当事人的合法权益，提高市场交易的公平、满意和可信度，促进社会和企业的法治、信用建设，促进政府转变职能，提高行政效率，建立健全现代市场经济体系。

4. 预防腐败

有利于保护国家和社会公共利益，保障合理、有效使用国有资金和其他公共资金，防止其浪费和流失，构建从源头预防腐败交易的社会监督制约体系。在世界各国的公共采购制度建设初期，招标投标制度由于其程序的规范性和公开性，往往能对预防腐败起到立竿见影的效果。

第二节 招标投标的法律法规体系

本节主要介绍招标投标的法律法规体系的构成、招标投标法律法规的主要规定和招标投标信用体系。

一、招标投标法律法规体系构成

（一）我国法律法规基本框架和体系

我国的法律体系包括宪法及宪法相关法、民法商法、行政法、经济法、社会法、刑法、诉讼与非诉讼程序法七个门类，以及法律、行政法规、地方性法规三个层次。招标投标法律体系是指全部现行的与招标投标活动有关的

第一章　招标投标发展历程及相关法律法规

法律法规和政策组成的有机联系的整体。招标投标法律体系由有关法律、法规、规章及规范性文件构成，见表1-1。

表1-1　招标投标法律体系构成

规范性文件类别		制定、颁布机关	公布形式	效力范围	名称构成	示例
法律		全国人大及常委会	国家主席令	普遍约束力	法、决议	《中华人民共和国招标投标法》
法规规章	行政法规	国务院	国务院令	普遍约束力	条例、规定	《中华人民共和国招标投标法实施条例》
	地方性法规	省、自治区、直辖市及较大的市的人大及其常委会	地方人大公告	在所管辖范围内具有约束力	地名+条例、地名+实施办法	《北京市招标投标条例》
	国务院部门规章	国务院部、委、局和直属机构	部委令	在主管行业领域内具有约束力	办法、规定	《工程建设项目施工招标投标办法》
	地方政府规章	省、自治区、直辖市及较大的市的政府	地方人民政府令	在所管辖范围内具有约束力	地名+办法、地名+规定	《北京市重大建设项目稽查办法》
行政规范性文件		各级政府及所属部门和派出机关在职权内，制定的具有普遍约束力的规定。主要包括"意见、通知、复函"				

1. 法律

法律由全国人民代表大会及其常务委员会制定，通常以国家主席令的形式向社会公布，具有国家强制力和普遍约束力。例如，《中华人民共和国招标投标法》《中华人民共和国政府采购法》《中华人民共和国合同法》等。

2. 法规

法规包括行政法规和地方性法规。行政法规，由国务院制定，通常由总理签署国务院令公布。例如，《中华人民共和国招标投标法实施条例》《中华人民共和国政府采购法实施条例》等。地方性法规，由省、自治区、直辖市及较大的市（省、自治区政府所在地的市，经济特区所在地的市，经国务院批准的较大的市）的人民代表大会及其常务委员会制定，通常以地方人民代表大会公告的方式公布。例如，《北京市招标投标条例》等。

3. 规章

规章包括国务院部门规章和地方政府规章。国务院部门规章，是指国务

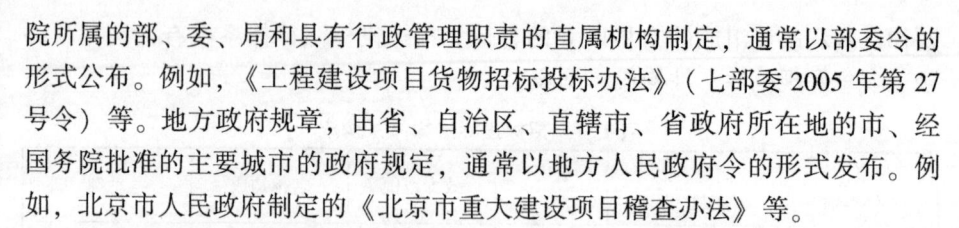

院所属的部、委、局和具有行政管理职责的直属机构制定，通常以部委令的形式公布。例如，《工程建设项目货物招标投标办法》(七部委2005年第27号令)等。地方政府规章，由省、自治区、直辖市、省政府所在地的市、经国务院批准的主要城市的政府规定，通常以地方人民政府令的形式发布。例如，北京市人民政府制定的《北京市重大建设项目稽查办法》等。

4. 行政规范性文件

行政规范性文件是各级政府及其所属部门和派出机关在其职权范围内，依据法律、法规和规章制定的具有普遍约束力的具体规定。例如，《国务院办公厅关于印发中央预算单位2015—2016年政府集中采购目录及标准的通知》等。

具体分类可参考表1-1。

(二) 招标投标法律法规体系效力层级

由于招标投标方面的法律规范比较多，工作中在具体执行有关规定时需注意效力层级。

1. 纵向效力层级

《中华人民共和国立法法》规定，在我国法律体系中，宪法具有最高的法律效力，其后依次是法律（例如，《中华人民共和国招标投标法》）、行政法规（例如，《中华人民共和国招标投标法实施条例》）、地方性法规（例如，《北京市招标投标条例》）、规章（例如，《工程建设项目施工招标投标办法》）。在招标投标法律体系中，《招标投标法》是招标投标领域的基本法律，其他有关行政法规、国务院决定、各部委规章以及地方性法规和规章都不得同招标投标法相抵触。国务院各部委制定的部门规章之间具有同等法律效力，在各自权限范围内施行。省、自治区、直辖市的人民代表大会及其常务委员会制定的地方性法规的效力层级高于当地政府制定的规章。

2. 横向效力层级

《中华人民共和国立法法》规定，同一机关制定的法律、行政法规、地方性法规、规章，特别规定与一般规定不一致的，适用特别规定。同一机关制定的特别规定的效力层级高于一般规定。因此，在同一层级的招标投标法律规范中，特别规定与一般规定不一致的，应当适用特别规定。例如，《合同法》对合同订立程序、要约与承诺、合同履行等方面均作出了一般性的规定；《招标投标法》对于招标投标程序、选择中标人、签订合同等方面也作出了一些特别规定。招标投标活动要遵守《合同法》的基本原则，更要执行《招标

第一章　招标投标发展历程及相关法律法规

投标法》中有关特别规定，严格按照《招标投标法》规定的程序和具体要求，签订中标合同。

3. 时间序列效力层级

《中华人民共和国立法法》规定，同一机关制定的法律、行政法规、地方性法规、规章，新的规定与旧的规定不一致的，适用新的规定。同一机关制定的新规定的效力高于旧规定。例如，《关于废止和修改部分招标投标规章和规范性文件的决定》（九部委2013年第23号令），对各部委在《招标投标法实施条例》实施前发布的规章和规范性文件的部分条款进行了修改。

4. 特殊情况处理原则

我国立法机关比较多，如果立法部门之间缺乏必要的沟通与协调，难免会出现一些规定不一致的情况。招标投标活动在遇到此类特殊情况时，依据《中华人民共和国立法法》的有关规定，应当按照如下原则处理：

（1）法律之间对同一事项新的一般规定与旧的特别规定不一致，不能确定如何适用时，由全国人民代表大会常务委员会裁决；

（2）地方性法规、规章新的一般规定与旧的特别规定不一致时，由制定机构裁决；

（3）地方性法规与部门规章之间对同一事项规定不一致，不能确定如何适用时，由国务院提出意见。国务院认为适用地方性法规的，应当决定在该地方适用地方性法规的规定；认为适用部门意见的，应当提请全国人民代表大会常务委员会裁决；

（4）部门规章之间、部门规章与地方政府规章之间对同一事项的规定不一致时，由国务院裁决。

（三）《招标投标法》、政府采购法及实施条例

1.《招标投标法》及实施条例

1999年8月30日，第九届全国人民代表大会常务委员会第十一次会议通过了《中华人民共和国招标投标法》（中华人民共和国主席令第21号），2000年1月1日起施行。《招标投标法》在总结我国招标投标工作20年经验、教训，吸收借鉴国外通行作法的基础上，确立了招标投标工作基本制度的主要程序和内容。《招标投标法》规范的是我国境内进行的招标投标活动，即在中华人民共和国境内进行的工程建设项目，包括项目的勘察、设计、施工、监理以及与工程建设有关的重要设备、材料等方面的采购。《招标投标法》的正

式实施，标志着我国招标投标工作步入了法制轨道，为招标行业的发展带来了契机，招标投标呈现出蓬勃发展的态势。

为了进一步完善招标投标法律制度，规范招标投标活动，促进招标投标市场健康有序发展，2011年11月30日国务院第一百八十三次常务会议通过《中华人民共和国招标投标法实施条例》（中华人民共和国国务院令第613号），并于2012年2月1日颁布实施。《中华人民共和国招标投标法实施条例》是对《招标投标法》的进一步补充、细化和完善，对招标投标配套规则进行整合和提炼，从行政法规层面作出相应规定。《中华人民共和国招标投标法实施条例》严格遵守上位法的各项规定，进一步明确了招标投标活动各环节的程序要求，重点对资格预审程序、评标程序，以及异议和投诉程序作了规定，另外，在增强可操作性的同时，《中华人民共和国招标投标法实施条例》也注意兼顾制度的前瞻性，对招标投标信用制度、电子招标制度、招标投标从业人员执业资格制度、综合性评标专家库制度、标准资格预审文件和标准招标文件制度等作了原则规定。

2. 政府采购法及实施条例

《中华人民共和国政府采购法》由全国人民代表大会常务委员会第二十八次会议于2002年6月29日审议通过，2003年1月1日起施行。《政府采购法》适用于使用财政性资金采购依法制定的集中采购目录以内的或者采购限额标准以上的货物、工程和服务的行为。《中华人民共和国政府采购法》的出台，是政府采购工作法制化建设的一个重要里程碑，对规范政府采购行为，加强采购资金管理，提高资金使用效益，规范市场经济秩序，发挥政府采购在社会经济中的作用，推动政府采购发展，具有十分重要的意义。《中华人民共和国政府采购法实施条例》由国务院第七十五次常务会议于2014年12月31日审议通过，2015年3月1日起施行，是对《中华人民共和国政府采购法》相关规定的进一步细化、明确和充实完善。

二、招标投标法律法规的主要规定

（一）招标投标分类规定

1. 工程类招标投标主要规定

（1）《工程建设项目施工招标投标办法》（七部委〔2003〕30号令）。国家发展计划委员会联合建设部、铁道部、交通部、信息产业部、水利部、中

第一章 招标投标发展历程及相关法律法规

国民用航空局六部委，于 2003 年制定的工程建设项目施工招标投标领域最重要的规章，适用于我国境内各类建设工程施工招标投标活动。

（2）《房屋建筑和市政基础设施工程施工招标投标管理办法》（建设部令第 89 号）。建设部于 2001 年制定，适用于我国境内从事房屋建筑和市政基础设施工程施工招标投标活动及有关监督管理活动。

（3）《公路工程施工招标投标管理办法》（交通部令 2006 年第 7 号），适用于我国境内公路工程施工招标投标活动。

（4）《公路工程施工招标资格预审办法》（交公路发〔2006〕57 号），适用于我国境内公路工程施工招标资格预审。

（5）《通信建设项目招标投标管理暂行规定》（中华人民共和国信息产业部令第 2 号），适用于我国境内邮政、电信枢纽、通信、信息网络等邮电通信建设项目招标投标活动。

2. 物资类招标投标的主要规定

（1）《工程建设项目货物招标投标办法》（国家发展改革委令第 27 号），适用于我国境内依法必须进行招标的工程建设项目货物招标投标活动。

（2）《机电产品国际招标投标实施办法》（商务部 2004 年第 13 号令），适用于我国境内进行的机电产品国际招标投标活动。2007 年，商务部制定了《进一步规范机电产品国际招标投标活动有关规定》（商产发〔2007〕395 号），对规范机电产品国际招标的招标文件编制、招标投标程序、评标程序、评审专家管理、评标结果公示、评标结果质疑处理，以及招标实施机构/部门管理等内容作出了明确的规定。2008 年，商务部制定了《机电产品国际招标综合评价法实施规范（试行）》（商产发〔2008〕311 号），对综合评价法作出了专门规定。以上两项规范性文件，是对《机电产品国际招标投标实施办法》的补充规定。《机电产品国际招标投标实施办法（试行）》（商务部令 2014 年第 1 号）发布，自 2014 年 4 月 1 日起施行，原《机电产品国际招标投标实施办法》（商务部 2004 年第 13 号令）同时废止。

（3）除上述规章和规范性文件之外，还有一些专业部门制定的专项货物招标采购的规定与管理办法，例如，交通部制定的《水运工程机电设备招标投标管理办法》（交通部令 2004 年第 9 号），铁道部制定的《铁路建设项目物资设备管理办法》（铁建设〔2006〕83 号），水利部制定的《水利工程建设项目重要设备材料采购招标投标管理办法》（水建管〔2002〕585 号），卫生部、国家发展和改革委员会财政部制定的《大型医用设备配置与使用管理办法》（卫规财发〔2004〕474 号）和《关于进一步加强医疗器械集中采购管理的通知》（卫规财发〔2007〕208号）等。

3.服务类招标投标的主要规定

（1）工程勘察设计招标投标的主要规定有：

①《工程建设项目勘察设计招标投标办法》（8部委第2号令）。国家发展改革委员会联合建设部、铁道部、交通部、信息产业部、水利部、中国民用航空总局、国家广播电影电视总局七部委于2003年制定，是工程勘察设计招标投标领域最重要的规章，适用于在中华人民共和国境内进行工程建设项目勘察设计招标投标活动。

②《建筑工程设计招标投标管理办法》（建设部令第82号）。建设部于2000年制定，适用于我国境内依法必须招标的各类房屋建筑工程的设计招标投标活动。

③《建筑工程方案设计招标投标管理办法》（建市〔2008〕63号）。住房城乡建设部（原建设部）制定，目的是进一步规范建筑工程方案设计招标投标活动，确保建筑工程方案设计质量，适用于我国境内建筑工程方案设计招标投标及其管理活动。

④其他部门对勘察设计的主要规定有：交通部制定的《公路工程勘察设计招标投标管理办法》（交通部令第6号）、《水运工程勘察设计招标投标管理办法》（交通部令2003年第4号）、《水利工程建设项目勘察（测）设计招标投标管理办法》（水总〔2004〕511号）等，分别对本行业的勘察设计招标投标工作作出了具体规定。

（2）监理招标投标方面的主要规定有：交通部制定的《公路工程施工监理招标投标管理办法》（交通部令2006年第5号）、《水运工程施工监理招标投标管理办法》（交通部令2002年第3号）和水利部制定的《水利工程建设项目监理招标投标管理办法》（水建管〔2002〕587号）等，分别对公路、水运工程施工和水利工程建设项目工程监理招标投标活动作出了具体规定。

（3）特许经营等其他服务招标方面主要规定有：

①《市政公用事业特许经营管理办法》（建设部令2004年第126号）。是政府按照有关法律、法规规定，通过市场竞争机制选择市政公用事业投资者或者经营者，明确其在一定期限和范围内经营某项市政公用事业产品或者提供某项服务的制度。具体规定了参与特许经营权竞标者的条件、特许经营招标的程序、特许经营协议的主要内容、主管部门监督职责、特许经营期限及有关违法行为罚则等内容。

②《经营性公路建设项目投资人招标投标管理规定》（交通部令2007年

第一章　招标投标发展历程及相关法律法规

第 8 号）。适用于我国境内的经营性公路建设项目投资人招标投标活动，明确了各级交通管理部门对经营性公路建设投资人招标的监督管理职责，并具体规定了投资人招标的条件、基本程序、投标人的条件、评标标准和方法等内容。

（二）招标投标综合性规定

国务院有关部委就招标投标的基本内容和制度构建制定了一系列招标投标综合性规定。

1. 必须招标制度的规定

国家发展计划委员会制定了《工程建设项目招标范围和规模标准规定》（国家发展计划委令 2000 年第 3 号），具体规定了我国境内依法必须进行招标的工程建设项目的范围和规模标准。国务院 2018 年 3 月 21 日批复《必须招标的工程项目规定》（国函〔2018〕56 号）（中华人民共和国国家发展和改革委员会令第 16 号），进一步确定了必须招标的工程建设项目范围。

2. 建设项目招标方案核准制度的规定

国家发展计划委员会制定了《工程建设项目可行性研究报告增加招标内容和核准招标事项暂行规定》（国家发展计划委令 2001 年第 9 号）和《工程建设项目自行招标试行办法》（国家发展计划委令 2001 年第 5 号），前者规定了依法必须招标项目申报招标事项核准应提交的书面材料，以及核准权限划分等内容；后者规定了国家发展计划委员会审批（含经国家发展计划委员会初审后报国务院审批）的工程建设项目自行招标的条件，以及项目单位申请自行招标应提交的书面材料等内容。

3. 招标公告发布制度的规定

《招标投标法》第十六条规定了招标公告发布制度，要求依法必须招标项目的招标公告，应当通过国家指定的报刊、信息网络或其他媒介发布。国家发展计划委员会根据国务院的授权制定了《招标公告发布制度暂行办法》（国家发展计划委令 2000 年第 4 号）和《关于指定发布依法必须招标项目招标公告的媒介的通知》（计政策〔2000〕868 号），确定了发布依法必须招标项目招标公告的国家指定媒介。《招标投标法实施条例》规定，依法必须进行招标项目的资格预审公告和招标公告，应当在国务院发展改革部门依法指定的媒介发布。为规范招标公告和公示信息发布活动，保证各类市场主体和社会公众平等、便捷、准确地获取招标信息，根据有关法律法规规定，国家发展改革委员会于2017年11月23日制定了《招标公告和公示信息发布管理办法》（国家发改委令10号），自2018年1月1日起施行。

4. 评标及评标专家管理的规定

国家发展计划委员会联合国家经济贸易委员会、建设部、铁道部、交通部、信息产业部、水利部等部门，于2001年制定了《评标委员会和评标方法暂行规定》（国家发展计划委员会、国家经济贸易委员会、建设部、铁道部、交通部、信息产业部、水利部令第12号），进一步细化了评标委员会的组成、评标程序、评标标准和方法以及定标程序等内容。为规范评标专家资格管理，国家发展计划委员会制定了《评标专家和评标专家库管理暂行办法》（国家发展计划委令2003年第29号），具体规定了评标专家的资格认定、入库及评标专家库的组建、使用、管理等内容。

5. 电子招标投标的规定

国家发展改革委员会联合工业和信息化部、监察部、住房城乡建设部、交通运输部、铁道部、水利部、商务部，于2013年2月4日制定了《电子招标投标办法》及相关附件，自2013年5月1日起施行。《电子招标投标办法》是中国推行电子招标投标的纲领性文件，已成为我国招标投标行业发展的一个重要里程碑。推行电子招标投标，是中央惩防体系规划、工程专项治理，以及《招标投标法实施条例》明确要求的一项重要任务，对于提高采购透明度、节约资源和交易成本、促进政府职能转变，具有非常重要的意义，特别是在利用技术手段解决弄虚作假、暗箱操作、串通投标、限制排斥潜在投标人等招标投标领域突出问题方面，有着独特优势。

（三）与招标投标活动紧密相关的其他规定

1. 规范市场交易活动的通用法律

通常情况下，招标投标活动不仅是市场竞争行为，同时也是民事法律行为，因此除了招标投标领域的法律规范调整该类活动外，《中华人民共和国民法通则》《中华人民共和国合同法》《中华人民共和国担保法》等法规，也同样调整和规范与招标合同有关的民事法律行为。

2. 规范工程建设管理的相关法律法规

招标投标是工程建设项目的勘察、设计、施工、监理及重要设备、材料的主要采购方式，这些采购行为与建筑工程发包承包、质量管理、安全生产管理等存在密切联系，必须遵守《中华人民共和国建筑法》及建设工程管理

第一章　招标投标发展历程及相关法律法规

方面的相关规定，包括《建筑业企业资质管理规定》《建筑工程施工许可管理办法》《房屋建筑和市政基础设施工程施工招标投标管理办法》《建筑市场信用管理暂行办法》《工程建设项目招标代理机构资格认定办法》《危险性较大的分部分项工程安全管理办法》《建筑业企业资质管理规定》《文明施工措施费用及使用管理规定》《建筑工程设计招标投标管理办法》《项目负责人和专职安全生产管理人员安全生产管理规定》《建筑施工企业安全生产管理机构设置及专职安全生产管理人员配备办法》《建筑施工企业安全生产许可证管理规定》《建筑施工企业安全生产许可证管理规定实施意见》《房屋建筑和市政基础设施工程施工分包管理办法》《房屋建筑和市政基础设施工程施工招标投标管理办法》《房屋建筑和市政基础设施工程质量监督管理规定》等。

三、招标投标信用体系

近年来，我国招标投标领域信用体系建设不断加强，全国信用信息共享平台逐步完善，"一处失信、处处受制"的市场环境正在形成。《征信业管理条例》（国务院令第631号）已于2013年1月21日公布，自2013年3月15日起施行。《征信业管理条例》标志着我国社会信用体系建设得到了进一步的发展。《招标投标法实施条例》第七十九条明确提出，国家建立招标投标信用制度。有关行政监督部门应当依法公告对招标人、招标代理机构、投标人、评标委员会成员等当事人违法行为的行政处理决定。为加快推进建筑市场信用体系建设，规范建筑市场秩序，营造公平竞争、诚信守法的市场环境，住房城乡建设部2017年12月印发《建筑市场信用管理暂行办法》，要求各级住房城乡建设主管部门通过省级建筑市场监管一体化工作平台，认定、采集、审核、更新和公开本行政区域内建筑市场各方主体的信用信息。

（一）招标投标领域信用体系建设的意义

社会信用体系是现代市场经济的基础工程和系统性工程，也是国家治理体系和治理能力的一个重要组成部分。招标投标制度作为一项市场准入制度设计，是市场主体进入市场的有效组织模式。招标投标领域不仅是市场主体信用集中体现的环节，也是征集、整合市场信用信息最有效的切入点，是社会信用体系重要支撑之一，处于社会信用体系前沿地带。

我国著名经济学家厉以宁教授认为"信誉是最重要的社会资本"，"只有一个诚信的社会才可以使市场在资源配置中起决定性作用"。从国家战略角度看，信用体系不仅是一种市场资源配置手段，而且将和石油、互联网络一样成为一种国家战略资源。征信和信用、诚信共同构成了社会信用体系建设的重要内容，诚信、信用是社会发展的目的，征信主要是实现目的的一个手段。征信通过对经济主体信用活动进行及时、准确、全面的记录，既帮助社会经济信息主体积累财富，也激励每个人养成诚信的行为习惯，进而推动社会信用体系的建设和社会发展进步。

（二）招标投标领域信用体系的作用

1. 解决招标投标领域信用风险信息不对称矛盾

由于信息不对称造成了交易机会的减少、交易效率的降低，增加了交易成本，也是导致招标投标领域出现规避招标、虚假招标、明招暗定、围标串标、以他人名义投标、不遵守评标结果、随意变更合同、违法分包转包、行政监管部门不依法履行职责等违法和失信行为的根本原因。通过建立招标投标领域信用体系，能够从根本上解决招标投标领域信用风险不对称的矛盾。

2. 成为国家治理体系和治理能力现代化的重要抓手

社会信用体系的建设为社会管理、行业监管、市场环境优化、投资发展提供信息决策依据，从而提升数字化管理水平和行政管理效能，是实现国家治理体系和治理能力创新的重要抓手。具体到招标投标领域，信用体系建设发挥的作用可以概括为三个方面：一是信息共享，体现在降低信息不对称程度和投资者收集信息的成本，降低招标投标成本，提高市场效率，增加市场流动性；二是监测角色，通过跟踪评级、评级观察以及评级展望等手段揭示招标投标领域信用风险，有效防止因信用风险诱发的工程质量和其他社会风险；三是认证角色，通过在监管规则、工程合同中广泛依赖和使用外部评级结果识别风险特征，设定信用要求，作出招标投标决策，为大型基础设施、公用事业、国有资金投资、国家融资等项目顺利实施和经济建设发展保驾护航。

3. 是招标投标"公开、公平、公正和诚实信用"原则的保障

党的十八大报告明确提出："经济体制改革的核心问题是处理好政府和市场的关系，必须更加尊重市场规律，更好发挥政府作用。"要创造和维护公平的交易环境，使参与招标投标的各市场主体的权利和利益得到保障，保证交易的公平、公正，重点是要作好在交易活动中的事前、事中和事后监管，一是建立市场准入注册制度。对进入招标投标领域的市场主体和评定主体进行资质认可，推行注册信息的格式化，强调公开透明。二是强化信息披露和利

第一章　招标投标发展历程及相关法律法规

益冲突防范等业务规范。强化招标投标主体、招标投标流程及评审方法的披露，完善评审专家、评级机构回避制度和业务隔离制度，避免利益冲突，提高评级独立性。三是树立政务诚信。相关管理部门、交易中心和评标专家在招标投标电子化平台中按照职能授权使用操作，在规定的权限和时限内完成行政许可、交易服务、独立评审等，不越位、不错位。

第二章 招标管理

本章主要介绍集团公司招标管理发展历程和主要工作情况，包括集团公司招标管理体制机制、招标管理制度体系等宏观方面的内容，也包括招标项目日常管理、评标专家管理、投标人管理、招标统计工作、招标检查工作和招标项目后评价等具体工作介绍。

本章适合招标管理岗位人员学习使用，招标人和招标专业机构等辅助学习使用。

第一节 集团公司招标管理体制机制

本节主要介绍集团公司招标管理体制和运行机制，包括集团公司招标管理发展历程、招标管理建设发展思路、招标管理运行模式、招标体系组织机构设置及职能等内容，指导招标管理岗位人员更好地了解招标工作理念和运行方式。

一、集团公司招标管理体制

（一）集团公司招标管理发展历程

2009年2月20日，集团公司常务会决定组建招标管理办公室，设在集团公司原物资采购管理部，初步提出了统一招标管理、规范招标行为的基本思路。2009年8月17日，集团公司招标管理办公室正式成立。按照集团公司党组的部署和要求，在招标管理体制机制、基础工作和业务执行等方面采取了一系列的措施，推行工程、物资和服务统一招标管理。经过近十年的实践与发展，经历了稳步启动、夯实基础、强力推进、全面加强和做精做专等发展阶段（图2-1），招标业务覆盖了工程建设、物资采购、油气田工程技术服务、技术开发、咨询服务、金融、法律、租赁、仓储、运输等领域，涵盖了各个业务板块，集团公司招标管理走出了一条具有中国石油特色的发展之路。

第二章 招标管理

☆2009.8.17招标管理办公室
▶2009.12.31招标管理办法(试行)
▶2010.8.17集团公司招标管理工作视频会

▶2013.12.31三项配套制度
▶2014.6.26集团公司招标工作研讨会
▶2015.8.6物资采购与招标管理视频会

▶2018.9.11物资、招标与装备管理工作现场会(西南油气田)
☆2018.12.11《集团公司区域招标中心顶层设计方案及实施意见》通过集团公司全面深化改革领导小组第二十七次会议

夯实基础　　　　　全面加强

2009　2012　2013　2016　2018　2019

稳步启动　　强力推进　　做精做专

☆2012.6.11集团公司招标中心
▶2012.12.9招标管理办法

▶2016.8.17物资采购与招标管理工作现场会(大庆油田)
▶2017.8西北区域招标中心
▶2017.8.29物资、装备与招标管理工作现场会(长庆油田)

▶2019.3.21西南区域招标中心
☆2019.3.29集团公司招标管理委员会
▶2019.4.18华东区域招标中心

图 2-1　集团公司招标管理发展历程图

(二) 集团公司招标管理发展思路

2009 年下半年，面对当时集团公司招标工作的现状，借鉴融合国内外企业先进作法，提出了集团公司统一招标管理工作理念、工作思路、工作方法和工作目标。

(1) 工作理念：在遵循《招标投标法》倡导的"公开、公平、公正和诚实信用"原则的基础上，提倡集团公司招标工作坚持"守法、公开、竞争、择优、共赢"的理念。守法，就是要严格遵守国家法律法规和集团公司招标管理办法及相关规章制度；公开，就是要向内外部各方清楚地表明招标的意图和实现意图的方法，促进公平竞争，创造公正的环境；竞争，就是要使投标各方在公开、公平、公正的环境下能够展开充分的竞争，使招标人掌握更多的信息，获得更多的知识和经验；择优，就是通过充分竞争，选择优秀、合适的中标人；共赢，就是要与通过招标选定的合作伙伴真诚合作、互利双赢、共同发展，形成坚实的合作基础，实现全生命周期成本最低。

(2) 工作思路：坚持"四二一"的工作思路，具体为："四个基础"，包括建章立制、专业队伍、统一专家库和信息平台；"两个导向"，坚持信息公开和专业化招标两个导向；"一项业务"，抓好招标方案、招标结果和可不招标事项审核备案业务。

(3) 工作方法：创建了"三抓三促"的招标管理工作方法。"三抓"，即抓基础、抓导向、抓服务；"三促"，即以服务促管理、以手段促提高、以检查促规范。

(4) 工作目标：实现"四有一创"的工作目标，即有一套规范的管理制度、流程和标准，有一支专业化的招标（机构）队伍，有一个满足业务需要的统一专家库，有一个先进实用的招标信息化平台；创建有利于集团公司招标业务开展的和谐环境和良好氛围。

（三）集团公司招标管理体制

中国石油天然气集团有限公司是特大型石油石化企业集团，主要业务包括国内外石油天然气勘探开发、炼油化工、油气销售、管道运输、国际贸易、工程技术服务、工程建设、装备制造、金融服务、新能源开发等，业务种类繁多，而且遍布全国各地。这样的特点决定了招标管理工作需要建立一套系统、科学的管理体制。集团公司整合了工程、物资和服务招标，建立"统一管理、分级负责、联合监督"的招标管理体制。

统一管理，是指集团公司及所属企业的招标管理部门统一归口管理职责范围内的招标工作，对工程、物资和服务招标实行统一管理。统一管理有助于统一标准、统一流程、统一平台，更好地实现规模化、集约化招标。

分级负责，是指把招标项目、可不招标事项的管理，按不同权限分为集团公司总部管理和所属企业管理，各司其职。大型集团企业由于组织机构的庞大，分级负责可实现更高效率的管理。受企业组织机构细分情况影响，分级管理往往会延伸到三级管理或四级管理。

联合监督，是指对招标工作实行由法律、审计、内控、巡视等联动监管的机制。各部门纵向负责、横向配合、共同参与、协同把关，严格事前审查、加强事中监督、注重事后评估，依照相关规定对招标工作全过程实施监督和检查，促进招标工作持续改进和健康发展。

二、集团公司招标管理运行机制

（一）集团公司招标管控模式

集团公司实行"管办分开、分级分类管理、专业化实施"的管控模式。

管办分开，是指将招标管理职能与项目实施职能分开。招标管理部门负责建立完善规章制度、确定标准规范和业务流程，指导和协调开展招标业务，

第二章　招标管理

作好招标计划管理、招标项目方案审核、评标专家管理、招标统计及分析，以及招标监督、检查和评价等管理工作。招标项目实施部门负责提出招标计划、编制招标方案、发布招标信息和确定评标结果、签订合同等工作。招标专业机构负责编制招标文件，组织招标、投标、开标、评标，以及组建评标委员会和招标信息发布等。

分级分类管理，是指集团公司按照招标项目性质（工程、物资和服务）和单次采购估算额进行分类，并按分类施行分级管理，主要分为集团公司总部管理和所属企业管理。

专业化实施，是指招标项目从招标文件编制、招标信息发布、组织开标、评标，直至到中标通知书发出等过程，由专门从事招标代理或招标实施的部门来组织操作。专业化实施是在集团公司倡导的"专业的人做专业的事，专业的机构做专业的事"的理念背景下应运而生，适应了做精专招标业务的需要。

（二）集团公司招标工作组织机构及职能介绍

1. 招标管理委员会

招标管理委员会主要包括集团公司招标管理委员会和所属企业招标管理委员会。集团公司招标管理委员会主要职责包括：贯彻落实国家招标投标法律法规，审议集团公司招标管理发展战略、发展规划，推动集团公司招标投标资源整合，协调解决集团公司招标管理重点问题等。集团公司招标管理委员会于2019年3月19日成立，2020年7月16日因机构重组撤并。所属企业招标管理委员会主要职责包括：贯彻落实国家和集团公司招标管理相关制度，审查批准所属招标管理相关制度并监督实施，协调解决所属企业招标管理重点问题。

2. 招标管理办公室

招标管理办公室是常设的招标管理部门，统一归口管理职责权限范围内工程、物资和服务招标工作，对应不同管理层级，主要有集团公司招标管理办公室和所属企业招标管理办公室。主要职责包括：制定招标管理规章制度并监督实施；负责管理权限内招标方案、邀请招标事项、可不招标事项申请的审核备案；组织做好招标评审专家管理、招标专业机构管理、招标统计及分析、招标项目后评价等工作；负责指导、协调处理招标工作中的有关问题。

3. 招标专业机构

招标专业机构是为集团公司和所属企业提供专业化招标服务的单位或部门。主要负责贯彻落实国家法律法规和集团公司相关规定，制定专业化招标实施细则和工作流程并实施；协助招标人做好招标项目前期准备工作；组织招标、投标、开标、评标和发放中标通知书等工作；负责在专家库中抽取招标评审专家、并对专家进行履职评价；负责招标过程文件、资料归档管理。

4. 招标人

招标人是指提出招标项目、进行招标的法人或者其他组织，在所属企业中是指提出招标项目需求的部门或单位。主要负责在招标项目资金到位或资金来源落实并具备招标所需的技术资料和其他条件后开展招标活动（按照国家有关规定需要履行项目审批、核准手续的依法应进行招标的项目，其招标范围、招标方式、招标组织形式应先获得项目审批、核准部门的审批、核准）；负责职责范围内的招标项目实施，委托招标专业机构实施的，负责签订招标代理协议，按照协议的规定提供有关资料并参与有关的招标活动；负责对技术文件的准确性、完整性进行审核；负责招标项目的合同执行和后评价工作。

5. 专业技术部门

专业技术部门是指对招标项目涉及的技术要求进行审核把关并提供技术支持的部门或单位，这里的技术要求包括国家及行业标准、技术要求、质量标准、资质许可、工艺指标、操作参数、设备配置、特殊专业强制性要求等，采用综合评估法的项目技术要求还包括技术评标标准。

6. 评标委员会

评标委员会由招标人或招标专业机构依法组建，是进行招标项目评审工作的临时性组织。负责审查投标文件是否符合招标文件要求，并作出评价；在法律规定范围内，可以要求投标人对投标文件中含义不明确的内容进行澄清、说明和补正；对评标过程中存在的问题进行表决；负责向招标人提出书面评标报告（资格预审审查报告），推荐中标候选人或者根据招标人授权直接确定中标人；负责向招标人、招标专业机构或者有关部门报告非法干预评标工作的行为。

7. 投标人

投标人是响应招标文件的要求并参与投标的法人或其他组织。

第二章　招标管理

第二节　集团公司招标管理制度

本节主要介绍集团公司招标管理制度、标准规范、业务流程、招标文件标准文本等,以及其他与招标相关的管理制度。

招标管理制度体系建设是"四个基础"的根本。2010年集团公司试行招标管理办法,从体制机制、规章流程等基础工作做起,推进招标管理制度体系建设。2013年《集团公司招标管理办法》正式发布,对规范集团公司和所属企业的招标管理工作起到了积极作用。随后,制定了《招标项目管理与实施工作规范》等13项企业标准规范,编制了工程、物资、服务等招标文件标准文本,形成5个总部层面内控业务流程,《招标评审专家和专家库管理办法》《招标专业机构业务管理办法》《招标信息发布管理办法》《投标人失信行为管理办法(试行)》《油气田工程技术服务招标管理暂行规定》等配套制度相继发布,进一步规范招标管理和项目实施,构建形成较为完善的招标管理制度体系。集团公司总部各部门及专业公司根据业务需要,制定招标相关制度,见表2-1。

一、集团公司招标管理办法

《中国石油天然气集团公司招标管理办法》以下简称《办法》是为加强集团公司招标管理工作,规范招标活动,维护集团公司利益,根据《招标投标法》《招标投标法实施条例》等国家有关法律法规和集团公司有关规定制定,于2013年1月1日起施行,共计八章六十条。该《办法》是集团公司现行招标管理制度的基础。

《办法》确立了集团公司招标"统一管理、分级负责、联合监督"的管理机制,体现了"管办分开、分级分类管理、专业化实施"的运行模式。主要包括机构与职责、招标范围、项目分类、权限划分、招标评审专家管理、招标专业机构管理以及招标项目实施等内容。

(一) 明确机构与职责

明确集团公司招标管理办公室、专业公司、集团公司招标中心、所属企业招标管理部门等各机构的权限和主要职责。

表2-1 集团公司招标管理制度体系一览表

序号	管理制度			标准规范		业务流程	
	基础办法	配套制度	相关制度	招标相关企业标准规范	招标文件标准文本	内控业务流程	
1		《招标评审专家和专家库管理办法》	《投资管理办法》	《招标项目管理与实施工作规范》	《工程施工招标文件》	MP04.01.01.02.02 招标项目（所属企业）	
2		《招标专业机构业务管理办法》	《物资采购管理办法》	《招标评审工作规范》	《工程建设项目EPC总包招标文件》	MP04.01.01.02.03 可不招标项目（所属企业）	
3		《招标信息发布管理办法》	《进口机电产品采购管理办法》	《评标方法选择和评标标准编制规范》	《科技项目招标文件》	MP04.01.01.02.04 招标项目（总部机关）	
4	招标管理办法	《投标人失信行为管理办法（试行）》	《物资供应商管理办法》	《招标评审专家专业分类规范和选取规范》	《钻井工程技术服务招标文件》	MP04.01.01.02.05 可不招标项目（总部机关）	
5		《油气田工程技术服务招标管理暂行规定》	《物资战略采购管理实施规定》	《招标资格预审工作规范》	《工程监理招标文件》	MP04.01.01.05.05 专家准入管理	
6		《中国石油招标投标活动自律公约》	《工程建设及检维修承包商管理办法》	《招标投标过程文件管理规范》	《管道工程无损检测招标文件》	—	
7		—	《承包商安全监督管理办法》	《招标投标活动现场监督工作规范》	《石油天然气工程建设项目设计招标文件》	—	

第二章 招标管理

续表

序号	管理制度			标准规范		业务流程
	基础办法	配套制度	相关制度	招标相关企业标准规范	招标文件标准文本	内控业务流程
8	基础管理办法	—	《石油工程技术服务企业及施工作业队伍资质管理》	《邀请招标条件与拟邀请投标人确定工作规范》	《民用建筑工程方案设计招标文件》	—
9	招标管理办法	—	《工程建设监理业务管理规定》	《招标项目标段（包）划分指南》	《工程保险招标文件》	—
10		—	《科技项目内部招投标管理办法》	《招标投标异议和投诉处理工作规范》	《信息化建设咨询服务招标文件》	—
11		—	《产品质量认可管理规范》	《招标实施前期准备工作规范》	《信息化建设软件招标文件》	—
12		—	《石油石化用化学剂产品质量认可实施细则》	《招标项目后评价工作规范》	《信息化建设硬件招标文件》	—
13	拓展管理办法	—	—	《招标项目统计规范》	《物资类招标文件（综合评价法）》	—
14		—	—	—	《物资类招标文件（最低评标价法）》	—

25

（二）明确招标范围与权限

明确必须进行招标的范围、可实施邀请招标的情形、可不招标的情形及相关管理流程。将项目按照估算金额划分为一、二、三类，明确了集团公司、专业公司和所属企业管理的项目权限。

（三）明确招标评审专家管理原则及流程

明确集团公司招标评审专家实行统一的招标评审专家库，并实施动态管理，同时规定了招标评审专家的基本条件和应当履行的职责。明确了招标评审专家入库、使用等业务流程。

（四）明确招标项目实施管理流程

明确招标实施必须具备的条件，招标项目的招标准备、招标、投标、开标、评标和中标等环节的具体要求，邀请招标的适用情形，一类、二类、三类项目的实施机构以及信息发布的网站和要求。

（五）明确监督方式与职责

实行由法律、监察、审计和相关业务部门共同参与、协同把关的监督机制，明确法律、监察、审计部门应当依照相关规定对招标工作实施监督、检查的职责，以及招标人、评标委员会、内部招标专业机构及各级管理人员、招标工作人员、外部招标代理机构、投标人违反规定的处理。

二、集团公司招标管理主要配套制度

集团公司招标管理配套制度是对《招标管理办法》的内容进一步补充和细化，增强招标制度的可操作性，切实维护集团公司招标投标市场秩序。下面，简要介绍招标管理方面的配套制度。

《招标评审专家和专家库管理办法》于2014年1月1日起施行，共计六章二十四条，是为加强集团公司招标评审专家和专家库管理，规范招标评审行为，提高招标评审质量而制定。《招标评审专家和专家库管理办法》规定集团公司对招标评审专家实行总部和所属企业两级管理、统一建库、随机抽取、动态维护，实现资源共享，明确了招标评审专家入库条件和入库程序、专家和专家库使用和维护、专家职责、权利和义务、履职评价以及监督检查与责任追究等内容。

《招标专业机构业务管理办法》于2014年1月1日起施行，共计六章三

第二章　招标管理

十七条，是为加强集团公司招标实施机构业务管理，提高招标工作水平和招标服务质量而制定。《招标专业机构业务管理办法》规定集团公司按照专业、优质、高效、务实的原则，对招标实施机构实行统一管理、分级负责的体制，并从机构职责、招标实施机构的资格等级、认定条件和认定程序、业务实施、业绩考评以及监督检查与责任追究等方面作出了管理规定。

《油气田工程技术服务招标管理暂行规定》于2015年3月2日起施行，共计十五条，是为规范油气田工程技术服务招标工作，解决当前招标中存在的要求不统一、运作不规范等问题，根据集团公司招标管理办法及相关协议，并结合油气田工程技术服务特点制定。《油气田工程技术服务招标管理暂行规定》所称油气田工程技术服务主要包括：物探、钻井（含钻井液和定向井）、测井、录井、固井、试油（气）压裂酸化、井下作业等，要求工程技术服务招标原则上应当依规公开招标，由招标专业机构实施。

《招标信息发布管理办法》于2019年4月12日起施行，共计七章三十六条，是为加强集团公司招标信息发布的管理，保证各类市场主体和社会公众平等、便捷、准确地获取招标信息，保障公平竞争市场秩序而制定。《招标信息发布管理办法》规定应公开的招标信息包括：资格预审公告、招标公告、投标邀请书、中标候选人公示、中标结果公告、邀请招标事项、可不招标事项等。明确了招标信息发布的主体、发布媒介、公告和公示内容、期限要求、以及监督检查和责任追究等内容。

《投标人失信行为管理办法（试行）》于2019年4月12日起施行，共计七章三十一条，是为强化对投标行为的监督，规范投标人的投标行为，促进投标人诚信自律，维护集团公司利益而制定。《投标人失信行为管理办法（试行）》中所称投标人失信行为，是指投标人在招标、投标、开标、评标、中标和合同签订等环节，违反国家相关法律法规或集团公司有关规定，违背诚实信用原则的行为。《投标人失信行为管理办法（试行）》要求对投标人失信行为实施分类分级和量化记分管理，并以失信分为基础对失信行为人进行惩戒，惩戒措施包括失信加价或扣分、暂停投标资格、取消投标资格。

三、集团公司其他与招标相关联制度

集团公司总部各部门及专业公司制定的与招标相关联的规章制度达70余项。下面简要介绍几项对集团公司及所属企业招标投标活动影响较大的规章制度。

（一）招标需具备条件相关制度

集团公司《投资管理办法》对招标项目组织实施必须具备条件中"已列入集团公司年度投资计划或财务预算安排，初步设计及概算已批复，资金已经落实。初步设计批复前的提前招标项目，已获得投资主管部门关于项目提前采购的批复"的条款作了明确规定。

集团公司《物资战略采购管理实施规定》规定了可不进行招标情形中"集团公司战略合作承包商、供应商或服务商框架协议中对工程、物资或服务采购有明确约定的"条款所称的战略供应商的条件、产生程序以及管理等内容。

（二）资源库管理相关制度

《物资采购管理办法》规定了一级采购物资供应商准入由集团公司物资装备部按照授权管理方式，组织有关部门、专业公司、所属企业通过集中采购方式确定供应商，二级采购物资供应商准入由所属企业组织招标确定。

《物资供应商管理办法》规定集团公司建立统一的供应商库，包括一级采购物资供应商和二级采购物资供应商的管理，规定一级采购物资供应商应在集团公司供应商库中选择（国家或集团公司规定必须公开招标采购的除外）。

《工程建设及检维修承包商管理办法》规定了公开招标的建设项目，不能在承包商资源库中选择承包商时，所属企业应按照承包商准入条件对拟选承包商资格进行严格审查，报专业公司（或经授权的所属企业）审批，并将审批结果报领导小组办公室备案。对于特殊规定的建设项目，所属企业应按照管理权限将二类及以上招标项目的拟选承包商名单报总部相关部门或专业公司审批，并将审批结果报领导小组办公室备案。

（三）专项业务管理相关制度

《石油工程技术服务企业及施工作业队伍资质管理规定》，规定凡进入集团公司工程技术服务市场的企业和队伍，均须进行资质审查，并取得资质证书。资质审查范围包括：集团公司所属从事物探、井筒设计和施工作业服务的企业和队伍；集团公司以外已进入或申请进入集团公司市场从事物探、井筒作业服务的企业和队伍。

《工程建设监理业务管理规定》规定在集团公司从事建设工程监理服务活动的监理单位，必须具备相应资质，在资质许可范围内承揽工程监理业务。承接集团公司工程监理服务项目还应取得集团公司工程建设承包商准入资格，并符合《工程建设及检维修承包商管理办法》的相关规定。

第二章 招标管理

《产品质量认可管理规定》《石油石化用化学剂产品质量认可实施细则》，规定集团公司对涉及生产质量、安全、环保等方面的重要产品实行产品质量认可制度。凡列入集团公司产品质量认可目录的产品必须取得集团公司的产品质量认可证书。需要质量认可的石油石化用化学剂范围包括：钻井液用油田化学剂及材料、固井用油田化学剂、采油（气）用油田化学剂、油气集输用化学剂和石油石化用水处理剂等。

《承包商安全监督管理办法》规定了建设单位招标管理部门应当在招标文件中提出承包商须遵守的安全标准与要求、执行的工作标准、人员的专业要求、行为规范及安全工作目标，以及项目可能存在的安全风险。承包商投标文件中应当包括施工作业过程中存在风险的初步评估、HSE作业计划书、安全技术措施和应急预案，以及安全生产施工保护费用使用计划。建设单位招标管理部门应当在招标文件中列出安全生产施工保护费用项目清单，承包商的报价中应当单列此项费用。建设单位应当及时足额将安全生产施工保护费用拨付给承包商，费用应当满足有关标准规范及现场风险防范的要求，不得挪作他用，不得擅自削减。还规定了依据集团公司招标管理规定的可不招标项目，建设单位在谈判阶段应当提出承包商遵守的安全标准与要求、执行的工作标准、人员的专业要求、行为规范及安全工作目标，以及项目可能存在的安全风险和安全生产施工保护费用项目清单。

《进口机电产品采购管理办法》规定了进口采购机电产品一般采用国际招标（公开招标或邀请招标）采购方式。依照国家法律法规和集团公司规定需要国际招标采购的机电产品，必须进行国际招标。国际招标应在国家商务部指定的招标网站履行招标项目建档、招标文件备案、招标公告发布、评审专家抽取、评标结果公示、异议投诉等招标业务的相关程序，明确了可以不进行国际招标的8种情形。

集团公司《科技项目内部招标投标管理办法》规定了集团公司对科技计划中确定招标的科技项目，通过公开竞标，在集团公司内部选择科技项目承担单位的活动的相关要求。

四、集团公司招标相关企业标准规范

为科学规范招标采购活动，提升招标采购专业水平，促进招标采购专业化、精细化、系统化、规范化和标准化，集团公司招标管理办公室组织制定了13项招标方面的企业标准规范（表2-2），用于指导实施和评价招标采购工作。

表2-2 集团公司企业标准规范一览表

序号	企业标准规范名称	主要内容
1	《招标项目管理与实施工作规范》	规定了集团公司国内工程、物资和服务招标的招标范围、招标职责和分工、招标条件、审批流程、招标准备、招标开标、评标、中标、合同签订、资料归档、评审专家管理、招标实施机构/部门管理、监督与责任追究等内容，适用于集团公司国内工程、物资和服务招标工作
2	《招标评审工作规范》	规定了集团公司及所属企业在国内组织工程、物资、服务招标采购中，招标评审工作的内容、程序和一般性要求
3	《评标方法选择和评标标准编制规范》	规定了集团公司及所属企业国内工程、物资和服务招标采购的评标方法、评标方式、评标因素选择以及评标准编制的要求，适用于集团公司及其所属企事业单位国内工程、物资和服务招标工作
4	《招标评审专家专业分类规范和选取规范》	规定了集团公司招标活动评审专家专业的分类原则、分类方法、编码结构、选取方法和选取指引，适用于中国石油天然气集团公司招标评审专家的专业分类和选取
5	《招标资格预审工作规范》	规定了集团公司及所属企业在国内组织工程、物资、服务采购招标资格预审工作内容、程序和一般性要求，适用于集团公司及所属企业国内组织工程、物资、服务采购招标资格预审工作
6	《招投标过程文件管理规范》	规定了招投标过程文件管理职责；招投标过程文件的范围和要求；招投标过程文件的归档与销毁；监督与责任追究等。该企业标准适用于集团公司及所属企业招投标项目文件收集、整理、保存、利用、归档、销毁工作
7	《招标投标活动现场监督工作规范》	规定了招投标活动现场监督检查工作内容、程序和一般性要求，适用于集团公司及所属企业工程、物资、服务采购招标投标活动的现场监督工作

第二章 招标管理

续表

序号	企业标准规范名称	主要内容
8	《邀请招标条件与拟邀请投标人确定工作规范》	规定了邀请招标条件、拟邀请投标人基本条件、选择范围、选取数量、名单审核审批程序等一般性要求，适用于集团公司及所属企业工程项目、物资、服务项目的邀请招标工作
9	《招标项目标段（包）划分指南》	规定了油气田地面建设、炼油化工、油气储运、油气田工程技术服务、加油（气）站、建构筑物等工程承包商、供应商和服务商招标项目标段（包）划分的原则性要求，提出实施的指导性意见，适用于集团企业工程项目招标的标段（包）划分
10	《招标投标异议和投诉工作规范》	规定了招标投标活动异议和投诉处理的程序、方法和相关要求等，适用于集团公司及所属企业招标投标活动异议和投诉的处理
11	《招标实施前期准备工作规范》	规定了招标采购项目组织实施前期，即从项目批复后，从提出招标采购需求起至招标文件具备发售条件止的工作程序、内容和一般性要求，适用于集团公司及所属企业国内工程、物资、服务项目招标实施前期准备工作
12	《招标项目后评价工作规范》	规定了集团公司招标项目后评价工作的评价组织、评价原则、评价方法、评价内容等一般性要求，适用于集团公司及所属企业国内工程、物资和服务招标项目后评价工作
13	《招标项目统计规范》	规定了集团公司招标统计原则、工作内容与人员管理、统计报表、统计分析应用、统计工作考评及统计资料管理的要求，适用于集团公司及所属企业的招标统计管理工作

31

五、招标文件标准文本

根据国家各部委发布的标准招标文件，结合集团公司及所属企业的业务性质，集团公司于2011年2月11日下发了第一批招标文件示范文本，包括工程施工招标文件、工程建设项目EPC总承包招标文件2项；2012年5月9日下发了第二批招标文件示范文本，包括科技项目招标文件、钻井工程技术服务招标文件、工程监理招标文件、管道工程无损检测招标文件、石油天然气工程建设项目设计招标文件、民用建筑工程方案设计招标文件、工程保险招标文件、信息化建设咨询服务招标文件、信息化建设软件招标文件、信息化建设硬件招标文件、物资类招标文件（综合评标价法）、物资类招标文件（最低评标价法）12项，进一步规范指导招标业务的规范实施。

六、招标业务流程

根据工作实际，集团公司制定了内控业务流程，包括招标项目（所属企业）、可不招标项目（所属企业）、招标项目（总部机关）、可不招标项目（总部机关）、专家准入管理5项，规范招标业务的管理及实施。

为进一步规范招标管理，集团公司将法律、法规及相关制度中的相关要求进行梳理，形成了包括招标方案、招标、投标、开标、评标、定标、澄清、异议及专家管理流程等招标全过程业务流程，并利用电子化招标手段，将招标实施的相关流程固化到电子招标平台中。

第三节　招标项目管理

本节主要介绍了国家和集团公司招标范围、招标方式和组织形式、招标项目报审等内容。对邀请招标、可不招标项目的适用条件进行了详细介绍，并列举案例进行说明。同时结合集团公司油气田工程技术服务招标的特点，对工程技术服务招标的原则、要求及特殊情况进行了介绍和说明。

第二章　招标管理

一、招标范围及项目分类

（一）招标范围

1. 依法必须招标的范围

《中华人民共和国招标投标法》第三条对依法必须进行招标的工程建设项目范围进行了明确规定。《中华人民共和国招标投标法实施条例》第二条对《中华人民共和国招标投标法》第三条中所指"工程建设项目"进行进一步阐述：工程建设项目，是指工程以及与工程建设项目有关的货物、服务。其中，工程，是指建设工程，包括建筑物和构筑物的新建、改建、扩建及其相关的装修、拆除、修缮等；与工程有关的货物，是指构成工程不可分割的组成部分，且为实现工程基本功能所必需的设备、材料等；与工程有关的服务，是指为完成工程所需的勘察、设计、监理等服务。2018年，国家颁布《必须招标的工程项目规定》（发改委16号令）对依法必须招标的建设工程项目金额标准进行了规定。

2. 依规应当招标的范围

除依法必须招标项目外，集团公司和所属企业颁布实施的招标管理办法，对依规应当招标的项目范围和金额进行规定。

（二）招标项目分类和管理权限划分

1. 招标项目分类

（1）招标项目按性质划分，可分为工程施工（含设计施工总承包）招标项目、物资招标项目、服务招标项目。

（2）按照招标的地域范围划分，可分为国内招标和国际招标。

（3）按照招标项目实施的电子化程度划分，可分为全流程电子招标项目、非全流程电子招标项目和非电子招标项目。

其中，全流程电子招标项目指通过电子招标投标平台线上完成招标项目立项、招标公告、开标记录、评标报告和中标公告五个要素的电子招标项目；非全流程电子招标项目指部分要素通过电子招标投标平台线上完成，部分要素通过线下完成的电子招标项目；非电子招标项目指采用纸质等未通过互联网电子平台实施的招标项目。

2. 管理权限

集团公司按照招标项目的性质分类和单次采购估算额，将招标项目分为集团公司专业公司和所属企业管理，管理权限分级由集团公司《招标管理办法》规定。

二、招标方式与组织形式

（一）招标方式

按照竞争的开放程度，招标方式分为公开招标和邀请招标。

（1）公开招标。是指招标人以招标公告的方式邀请不特定的法人或者其他组织投标。

公开招标具有无限制性竞争的特点。不特定的潜在投标人均可以参与投标，按照法律法规程序和招标文件规定的评标标准和方法确定中标人。公开招标能够充分体现信息公开、程序规范、公平竞争以及优胜劣汰的本质要求。

（2）邀请招标。是指招标人以投标邀请书的方式邀请特定的法人或者其他组织投标。

邀请招标属于限制性竞争招标。采用邀请招标方式，应首先符合国家和集团公司规定的邀请招标条件，经审批后采用。邀请招标从已知的潜在投标人中，选择具有与招标项目需求相匹配的资格能力、信誉等条件的投标人参与投标，有利于投标人之间的均衡竞争。相对于公开招标，邀请招标工作量相对较小、费用相对较低，但竞争开放程度较弱。

（二）招标组织形式

招标项目按照招标组织形式分为自行招标和委托招标，委托招标即委托给招标专业机构实施招标。

招标人具备编制招标文件和组织评标能力的，可自行招标。按照集团公司招标专业化实施要求，招标项目应优先委托招标专业机构组织，委托招标需下达委托任务书或签订服务协议，确定委托事项，明确双方的权利和义务。

三、邀请招标、可不招标和招标失败转其他采购方式

（一）邀请招标应具备的条件

必须招标的项目有下列情形之一的，可以进行邀请招标。

第二章 招标管理

（1）涉及国家安全、国家秘密、集团公司秘密不适宜公开招标的。

涉及国家安全、国家和集团公司秘密需采用本条款作为邀请招标理由时，招标人应出具相应安全部门或定密部门的文件材料，包括政府部门、集团公司保密管理办公室等出具的证明材料作为依据，应注意文件要符合保密管理规定。

（2）工程技术服务、工程建设及设备采购等项目技术复杂、有特殊要求或者受自然环境限制，只有少量潜在投标人可供选择。

该条款除了项目技术复杂，或者有特殊要求，或者受自然环境限制外，还应当同时满足只有少量潜在投标人可供选择这一条件。招标人在采用本条款作为邀请招标理由时，应提供市场调研报告作为支撑材料。

【例2-1】 某钻探公司《橡胶盘根采购》项目中，邀请招标理由是："工程技术服务、工程建设及设备采购等项目技术复杂、有特殊要求或者受自然地域环境限制，只有少量几家潜在投标人可供选择"，而实际情况是橡胶盘根属于通用物资，生产厂商较多，市场竞争非常充分，不存在只有少量几家潜在投标人可供选择的情况，因此邀请招标的理由不充分。

（3）采用公开招标方式的费用占项目合同金额的比例过大。例如，《雄安新区工程建设项目招标投标管理办法（试行）》将这一比例规定为不超过1.5%。

（4）国家法律法规或集团公司规定不宜公开招标的。

招标人采用本条款作为邀请招标理由时，应提供相关国家部委或地方政府部门或集团公司对于不宜公开招标规定的具体文件。

（二）可不招标事项

必须招标的项目有下列情形之一的，按招标项目管理权限履行审批手续后，可不进行招标。

1. 涉及国家安全、国家秘密而不适宜招标的

涉及国家安全、国家秘密需采用本条款不招标的项目，招标人应出具相应安全部门或定密部门的文件材料，包括政府部门出具的证明材料作为依据，应注意文件要符合保密管理规定。

2. 属抢险、救灾等应急项目而不适宜招标的

不适宜招标的抢险救灾项目应符合两个条件：一是在紧急情况下实施；二是不立即实施将会造成人民群众生命财产损失或其他损失的。

35

3. 利用扶贫资金实行以工代赈需要使用农民工的

利用扶贫资金实行以工代赈、需要使用农民工的项目，可不招标。但是对于技术复杂、投资规模大的工程建设项目，例如，需要专业队伍实施的桥梁、隧道等工程，须通过招标选择具有资质的承包单位实施。招标中可将所在地农民工提供劳务并支付报酬作为招标的基本条件，来实现以工代赈的目的。

4. 需要采用不可替代专利或者专有技术的

不可替代的专利或专有技术指其他类似专利、专有技术无法替代而具有独占性，同时还应进一步说明不招标项目采用专利或专有技术的必要性。

5. 采购人依法能够自行建设、生产或者提供的

对于依法必须招标的项目，《招标投标法实施条例》第九条规定"采购人依法能够自行建设、生产或者提供"，对于依法必须招标的项目，采购人的界定主要是交易的双方是否为独立法人。

6. 已通过招标方式选定的特许经营项目投资人依法能够自行建设、生产或者提供的

特许经营项目是指政府将公共基础设施和公用事业的特许经营权出让给投资人并签订特许经营协议，由其组建项目公司负责投资、建设、经营的项目。

中标人不是合同签订人是特许经营项目的特点。投资人中标后，由其组建的项目公司法人与政府签订合同，因此是投资人具有相应资质条件，而不是项目公司法人。如果投资人是由若干独立法人组成财团联合投资，依据其内部章程或协议，其成员之一具备资质都可不通过招标提供产品和服务。

7. 需要向原中标人采购工程、物资或者服务，否则将影响施工或者功能配套要求的

属于经过招标程序中标的项目，包括工程、货物和服务，追加项目符合两个条件之一：一是影响施工；二是影响功能配套，追加项目可以不招标。

【例 2-2】 某公司报审的《A 平台完井洗井作业服务》项目，可不招标理由为"向原中标人采购工程、物资或服务，否则将影响施工或者配套要求"。实际该项目 A 平台与原中标人承揽的 B 平台作业服务项目属于不同时期、不同平台的项目，不存在影响施工或者配套要求的情况，该项目不招标

理由不成立，属于应招标未招标。

8.国家和集团公司有特殊要求不宜招标的

"特殊要求"需要国家或集团公司有明确的文件规定作为不招标的依据。

在此基础上，企业会根据生产经营实际，在国家相关政策允许的范围内对"特殊要求"进行了部分的补充和细化。

四、招标失败转其他采购方式

在招标实践中，因市场环境、区域特点、专业特性、项目规模等客观因素影响，致使多次公开招标失败的情况时有发生。《中华人民共和国招标投标法》《中华人民共和国招标投标法实施条例》仅规定投标人不足三个的应依法重新进行招标，未对两次及以上公开招标失败转其他采购方式进行明确的规定，而在《工程建设项目施工招标投标办法》《工程建设项目货物招标投标办法》等办法中，规定了"依法必须进行招标的项目，提交投标文件的投标人少于三个的，招标人在分析招标失败的原因并采取相应措施后，应当重新招标。重新招标后投标人仍少于三个，按国家有关规定需要履行审批、核准手续的依法必须进行招标的项目，报项目审批、核准部门审批、核准后可以不再进行招标，其他工程建设项目，招标人可自行决定不再进行招标"。

五、油气田工程技术服务项目招标

为解决各油气田企业运作不规范、要求不统一的问题，根据钻井、试油等上游业务的特点，集团公司对油气田工程技术服务项目的招标作了相关要求。

（一）油气田工程技术服务范围

油气田工程技术服务主要包括：物探、钻井（含钻井液和定向井）、测井、录井、固井、试油（气）压裂酸化、井下作业等。

（二）油气田工程技术服务招标的形式和方式

油气田工程技术服务项目招标同样应首选公开招标，并委托招标专业机构实施；招标方案编制及报审程序、可不招标事项申报等与一般招标项目一致。

（三）油气田工程技术服务招标的原则和相关要求

油气田工程技术服务项目招标要充分考虑专业特点和实际状况，坚持市场化、社会化、国际化大方向，遵循"守法、公开、竞争、择优、共赢"的基本原则，追求项目全生命周期本质安全环保和投资回报最优，探索一体化总包招标、规模招标和战略合作等方式，提高交易效率和质量。

针对工程技术服务项目作业连续性、技术复杂性、地域局限性等特点，招标人可按照区块、井型等进行划分标段和标包，对钻井等井筒工程技术服务业务实行一体化总包招标，具备条件的可将两年或者两年以上的工作量作为标的，增大吸引力，提高竞争力。

通过连续两次一体化总包中标的，本质安全环保有保障、整体实力强、履约信誉好、服务质量高、投资回报优的工程技术服务企业，招标人可将后续预估工作量作为标的，探索更大时空范围内，与其签订有效期不超过十年的战略合作协议，报集团公司备案，纳入集团公司战略承包商管理。

（四）特殊要求

由于集团公司油气田工程技术服务业务的特殊性，招标人在招标前应充分考虑历史沿革和实际状况，在合法合规的前提下合理选择工程技术服务企业。

对于原同属于一个油田、依附一个产业链、在同一地域长期依存发展，且暂不具备市场竞争条件的，油气田企业与内部工程技术服务企业之间，可参照关联交易的相关要求，直接签订工程技术服务合同，不再履行招标管理程序。

六、招标项目与可不招标事项审查审批

集团公司对招标项目和可不招标事项实行分级、分类审核、审批，积极推行公开招标，严管邀请招标，严控可不招标事项。

（一）招标项目申报与审查审批

1. 招标项目申报

招标人应向所属企业招标管理部门提交项目投资批复文件、招标项目报审表、招标方案、邀请招标理由说明（如有）及相关资料，进行招标项目申

报。招标方案内容要求详见本书第三章第一节。

2. 招标项目审查与审批

集团公司管理项目经所属企业审查审批后，由招标管理部门统一提报集团公司招标管理办公室。采用公开招标且由招标实施机构/部门实施的，集团公司招标管理办公室进行规范性审查后予以备案登记；采用邀请招标方式实施的，会同规划计划部、法律事务部等相关部门、专业公司审核后予以批复（图2-2）。

所属企业管理项目由所属企业自行审查和审批。

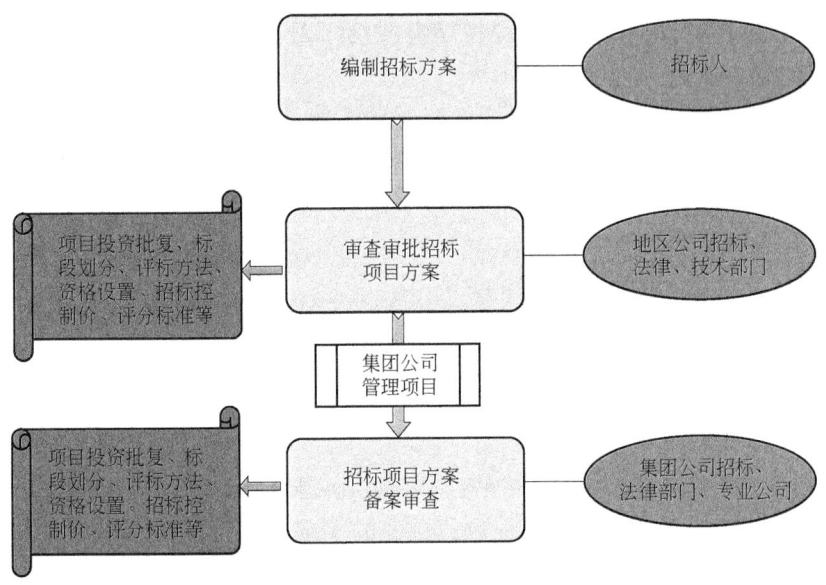

图2-2 招标项目审查审批流程图

对招标方案的审查主要包括以下几个方面：

（1）投资批复和资金来源是否已经落实。项目已经批复，应当有进行招标项目的相应资金或者资金来源已经落实，是招标项目的必要条件。

（2）招标方式和组织形式是否合规。依法必须公开招标的项目必须公开招标，邀请招标理由充分的项目方可进行邀请招标，并优先在集团公司或所属企业相应承包商、供应商库内选择三个以上进行邀请招标。招标项目应优先委托招标实施机构组织，招标人具备自行招标条件的方能自行招标。

（3）评标委员会组成。按照国家法律法规和集团公司规定，评标委员会人数应为5人以上单数。评标委员会人数根据项目金额、潜在投标人数量等情况，按照《中国石油天然气集团公司招标评审工作规范》合理设置。

（4）评审方法。招标人应根据项目的特点和要求，在招标文件中明确规定评审方法。通常使用的评审方法主要有经评审的最低评标价法和综合评估法。应按照《中国石油天然气集团公司评标方法选择和评标标准编制规范》合理设置评标方法。

（5）最高投标限价。工程建设项目应编制最高投标限价。所属企业对编制的最高投标限价进行审核，确保使用的编制方法和标准符合国家及集团公司相关制度规定。

（6）投标人资格条件设置。投标人资格及项目经理资格要求应按照项目所需的最低资格条件设置，不得排斥潜在投标人。投标人资格要求详见本书第三章第二节内容。

（7）标段（包）划分。招标人应遵照国家法律法规和集团公司相关规定，合理划分标段（包），不得利用划分标段（包）限制或者排斥潜在投标人，也不得规避招标。可参照《中国石油天然气集团公司招标项目标段（包）划分指南》合理设置标段（包）。

（二）可不招标事项审查审批

应当招标的项目，符合可不招标事项的事由，在履行可不招标事项审批后，可转为其他方式选商（图2-3）。

1. 可不招标项目申报

项目实施单位应提交项目投资批复或立项文件、可不招标事项报审表、符合可不招标的事由、采用其他方式选商的实施方案，以及可不招标事项信息公示证明材料，进行可不招标项目申报。

2. 可不招标事项审批与备案

集团公司管理的项目，所属企业在履行审查审批后，由招标管理部门统一将可不招标事项报集团公司招标管理办公室。集团公司招标管理办公室会同规划计划部、法律事务部等相关部门、专业公司审核后予以批复。

所属企业管理的项目由所属企业自行审查和审批。

对可不招标事项申请的审查主要有以下几个方面：

（1）可不招标事项理由。可不招标事项理由是申报可不招标事项的关键，理由不充分或者无相应的支持证明材料，均应按照国家法律法规和集团公司制度规定进行招标。若可不招标事项理由是不可替代的专利、与原设备配套或维修用的部件或零件等，还应由技术管理部门作出认定。

第二章 招标管理

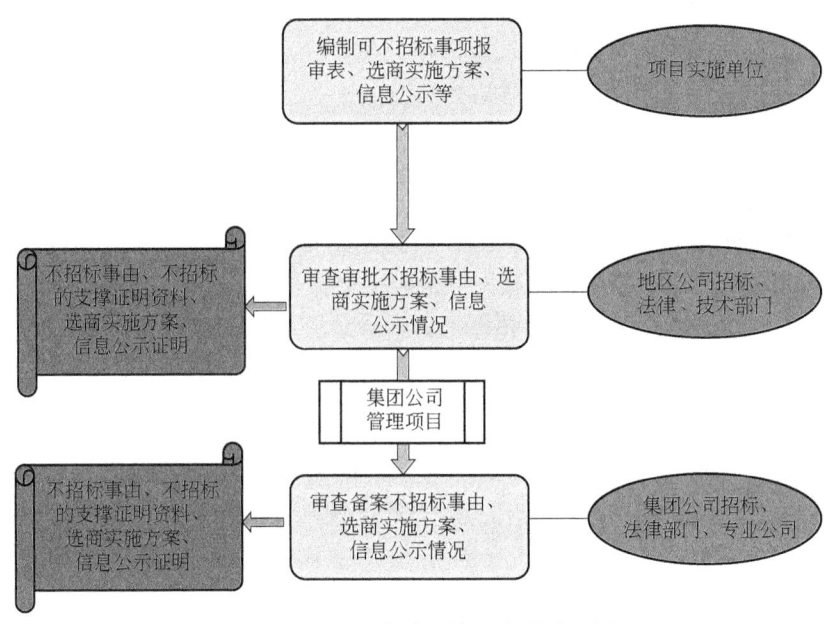

图 2-3 可不招标事项审查审批流程图

（2）其他方式选商的实施方案。项目单位在提报可不招标事项申报表时，应按照集团公司非招标选商的相关规定，合理编制选商方案，一并提报。

（3）信息公示情况。按照集团公司信息发布相关规定，应公示的不招标事项信息应先行公示，并在公示期结束后，提交公示信息截图和无相关异议的证明或说明材料。

七、招标信息发布管理

招标信息发布是招标投标活动的必要组成部分，规范招标信息发布行为能够实现招标信息的公开透明，有利于维护市场秩序和促进公平竞争。因此，招标信息发布管理是招标管理的一项重要内容。

（一）招标信息发布范围

《招标公告和公示信息发布管理办法》（中华人民共和国国家发展和改革委员会令第10号）中对招标信息的公示进行了明确规定，集团公司在此基础上，又制定了相应管理制度进一步明确需要发布的招标信息内容，以加大信息公开的透明程度。

需要发布的招标信息包括：资格预审公告、招标公告、投标邀请书、中标候选人公示、中标结果公告、邀请招标事项、可不招标事项等（各阶段招标信息发布具体内容详见第四章招标实施）。

（二）招标信息发布主体

不同的招标信息由不同的发布主体负责。具体如下：

（1）资格预审公告、招标公告、投标邀请书、中标候选人公示和中标结果公告由招标人或其委托的招标专业机构负责发布。

（2）邀请招标事项一般由招标人负责发布。

（3）可不招标事项信息由项目实施单位负责发布。

（三）招标信息发布媒介

集团公司指定的招标信息发布平台是中国石油招标投标网（https://www.cnpcbidding.com/），招标信息应当通过该平台发布。其中依法必须招标项目的招标公告和公示信息应同步在"中国招标投标公共服务平台"（www.cebpubservice.com）进行发布。

对招标项目或可不招标事项的招标公告、公示信息等进行澄清、修改的，应当在原发布平台上发布。

招标信息发布的主要内容、发布时限和发布时间节点等需要符合相关管理部门的要求。

（四）招标信息发布时点要求

（1）资格预审公告、招标公告、投标邀请书应当在招标方案依据管理权限履行完成报审手续且资格预审文件、招标文件经审核已具备发售条件后，及时发布。

（2）邀请招标事项、可不招标事项应当先在中国石油招标投标网进行信息公示，公示期满无异议后再按管理权限履行报审手续。邀请招标事项及可不招标事项在履行审核审批时，应当随附公示信息截屏作为支撑材料。未履行信息公示程序的，不予批复。

（3）中标候选人公示应当在确定中标候选人后，及时发布。依法必须进行招标的项目，招标人应当自收到评标报告之日起3日内公示中标候选人。

（4）中标结果公告应当在确定中标人后，及时发布。

（五）招标信息发布期限

依法必须招标项目信息发布的时限要求，见表2-3。

表 2-3　依法必须招标项目信息发布时限要求

分类	时限要求
资格预审公告	资格预审文件的发售期≥5个日历日
	自资格预审文件停止发售之日起至潜在投标人提交资格预审申请文件的截止之日止≥5个日历日
招标公告	招标文件的发售期≥5个日历日
	自招标文件开始发出之日起至投标人提交投标文件截止之日止≥20个日历日
投标邀请书	招标文件的发售期≥5个日历日
	自招标文件开始发出之日起至投标人提交投标文件截止之日止≥20个日历日
中标候选人公示	公示期≥3个日历日
中标结果公告	公告期由项目所属单位自行确定
邀请招标事项	公示期≥3个日历日
可不招标事项	公示期≥3个日历日

（六）其他相关要求

任何企业或个人对于招标信息发布存有疑问的，可通过中国石油招标投标网提交或向相关发布单位递交书面材料进行反映；认为招标信息发布过程中有不符合规定的，可向招标管理部门反映或向监督部门举报。

招标人、招标实施机构/部门有下列行为之一的，按照集团公司相关规定追究责任：

（1）应当发布招标信息而未发布的；

（2）未按规定在指定招标信息发布平台发布的；

（3）发布虚假的或含有欺诈内容的招标信息；

（4）资格预审公告或者招标公告中有关获取资格预审文件或者招标文件的时限和办法的规定不符合招标投标法律法规规定的；

（5）资格预审公告或招标公告中以不合理的条件限制或排斥潜在投标人的；

（6）中标候选人应当公示而没有公示的；

（7）其他违法违规的行为。

第四节　集中采购招标项目管理

本节主要介绍集中采购招标项目的概念、特点及管理流程的相关要点。招标人需了解集中采购招标项目的组织形式，知晓集中采购招标管理实施的方式方法，同时招标实施机构/部门应当掌握集中采购招标项目管理的操作流程及相关要求，提高集中采购招标项目管理工作的规范性和可控性。

一、集中采购招标概述

集中采购招标实际上是一种以规模化、框架化招标实现的战略采购形式，指集团公司或所属企业下属多个实施主体在一定时期内，存在相同的工程、物资及服务类招标需求，且需求较为明确的情况下，为了发挥规模优势、降低采购成本采用的一种招标方法。

中国招标投标协会2016年发布的推荐性行业标准《招标代理采购规范》（ZBTB/TA01-2016），将企业集中采购招标组织模式分为三类：批次集中采购招标、集中资格预审招标采购和协议集中采购。

批次集中招标采购：将某个或者多个项目的同类或者多类标的物按批次批量打捆实施的招标采购，每个批次下可以划分多个标包/标段，每个标段应当确定一个中标人。

集中资格预审招标采购：不针对项目，而是针对重复采购的特殊标的物，将多次公开招标的资格预审一次性完成，形成有明确有效期的合格申请人名单，有效期内每次招标时，向名单内所有申请人发出投标邀请。

协议集中招标采购：对于通用性强、一定时期内采购频次高的标的物，招标人集合一定时期内的采购需求，按照确定供应商、确定份额、确定单价的方式进行招标，形成某一特定份额的唯一中标人。协议集中招标采购应明确每一标段/标包的份额分配比例，合理预估采购数量，并宜明确设定采购数量上限或上限比例。

此外，随着集团公司集中采购招标工作的不断发展，相关管理部门及所属企业逐渐发现，虽然部分物资总体采购金额较大但需求计划较为零散，单次采购量普遍较小但全年采购频率较高，很难精准统计各单位的详细用量，不适宜完全引用规范中的三种集中采购招标组织模式，现阶段此类物资以"定商定价"模式，即单一品种以确定入围供应商、确定品种单价的方式实施招标，最终确定各产品的目录价格。

需要注意的是，并不是所有的项目都适合采用集中采购招标的方式进行采购，只有采购频次高、计划性较强、标准程度化高、需求用度集中或者要求提供长期稳定服务的采购项目，才适合开展集中采购招标。此外，集中采购招标虽然可以不对价格、用量进行要求，但必须告知潜在投标人招标结果执行有效期，该期限内招标的结果在限定条件下可反复执行。招标结果有效期的长短取决于物资品种的市场价格敏感性与该品种的价格调价机制，部分物资品种价格有效期内受原材料价格波动影响较大，如催化剂、重晶石粉、钻具等，此类物资品种的招标结果有效期应适当缩短；反之，成熟的成撬设备或标准服务类项目可适当延长招标结果有效期，一般来说，上限不得超过三年。

与一般招标项目的较大差别是，集中采购招标项目的中标人往往不唯一。由于集中采购招标规模大、结果执行时间长、执行单位多、覆盖范围广，单一中标人因产能产量、供应能力、物流覆盖、售后服务能力等各方面因素，不能完全满足招标人需求，为避免供应风险影响企业的正常经营，集中采购招标应综合考虑集团公司所属企业的地域分布及物资用量情况，结合往年供应商的存量数据分析，确定适当的中标人入围数量。

二、集中采购招标特点

集中采购招标，对于促进标准统一、降低采购成本、提高采购效率、优化供应商结构，实现供需双赢具有十分重要的作用，比起传统一般招标的操作模式，具有一定突破性的改革和创新。

（一）稳定供应链，保证生产平稳有序

石油石化生产具有高温高压、易燃易爆、连续生产等特点，涉及大量行业特殊需求。因此，确保安全存储和及时供应是采购管理部门的重要职责之一。特别是对于市场紧俏的产品，依靠一般的招标采购模式较难取得良好效果，通过集中采购招标，形成长期稳定的合作关系，锁定优质市场资源，同时通过信息共享，中标人可以提前掌握企业在一定时期内的采购需求数量，以便更好地安排生产经营和组织供货，减少临时性订单压力，从而有效实现物资保供目标。

（二）增大采购体量，加强市场竞争，降低采购成本

集中采购招标是将集团公司所属单位在一段时期内的采购需求进行一次集中规模的招标。因此，一般的招标项目在采购需求量和执行时间跨度上较集中采购招标项目往往有着较大差距。由于集团公司采购体量极其可观，潜在投标人也因此对集中采购招标更加重视，往往项目参与投标人多、报价竞争性强、投标质量高，集中采购招标更能有效地发挥规模优势，最终使得集团公司利益最大化。

（三）减少频次，提高招标采购效率

较一般招标而言，通过集中一定时期内大量、重复性标的物的采购需求，可避免大量的重复劳动和财力、物力浪费，显著提升管理效益。此外，通过集中采购招标，可将各所属企业的供需关系在一段时期内稳定下来，使得各所属企业的采购部门从重复劳动中解放出来，投入更多的精力去研究和分析市场，更好地制定采购计划，完善采购招标方案，从而有效提升招标采购的管理质量及工作效率。

（四）优化供应商结构，实现供需双赢

在集中采购招标模式下，一方面本着产品引导订货的采购机制，对业绩好、质量优的入围供应商给予订单倾斜；另一方面，对于原有库内供应商偏少、难以形成充分竞争的项目，积极开展社会公开招标，寻找新的优质供应商，通过优胜劣汰，不断优化集团公司供应商结构，培育稳定优秀的战略供应商。供应商不必再疲于企业之间进行公关、合同洽谈等工作，有利于降低供应商的销售成本，调动供应商参与供货的积极性，实现供需双赢的目标。

三、集中采购招标管理工作

（一）工作启动阶段

集中采购招标管理部门以投资计划、采购需求计划、生产建设和维修任务量为工作依据，按年度、季度节点，发布集中采购招标工作计划，组织起草集中采购招标方案。集团公司总部管理物资集中采购招标，按物资分类由总部组织授权管理小组编写集中采购招标方案。其他集中招标项目，由专业公司或所属企业按照职责分工明确实施部门编写集中采购方案。

在集中采购招标项目招标方案确定后，应与招标专业机构共同确认项目名称、招标方式、资金来源、资金落实情况、项目审批或核准情况等内容。

第二章　招标管理

（二）方案审核阶段

集中采购招标项目因规模大、范围广、用户单位多的特点，对招标方案编制的要求更高，需要集中采购管理部门组织多方参与招标方案评审。集团公司总部管理的集中采购项目，按照总部授权管理的模式，由集团公司统一协调组织授权管理小组、评审专家和招标专业机构人员，以招标方案评审会的形式，批次集中开展集中采购招标方案的评审。所属企业集中采购招标项目，往往也需要相关的生产技术部门、专业评审专家和招标专业机构人员对招标方案进行集中评审。

（三）招标组织阶段

集中采购招标项目的招标文件依据批复后的招标方案编制完成，招标专业机构应将招标文件的全部内容报请管理小组审核并得到确认，通过招标专业机构负责人审批后予以发售，招标机构的项目经理或招标项目团队负责人在文件形成过程中协助编写，关键节点应以书面沟通实现过程管理，并对招标执行环节承担主要责任。

（四）招标公告发布阶段

在公告期间，如遇特殊情况需要调整招标项目的招标文件发售时间、开评标时间、招标文件技术商务条款等任何相关信息，须由项目授权管理小组作为招标人书面提出申请，招标专业机构负责人审核，报集中采购招标管理部门批准后，项目经理或招标项目团队负责人方可实施相应业务操作。

（五）开评标阶段

开标完毕后，招标项目团队应做好设备调试、文件迁移和资料准备工作，确保评标工作顺利开展。

集中采购招标项目评审过程中，评委随身携带的手机等通信工具必须集中保管。由于评标时间一般持续较长，正式启动评标工作前，项目经理或招标项目团队负责人应向评标委员会公布1~2个紧急联系电话，如评标期间评委所在单位或家庭有紧急事宜，可根据紧急联系方式与评委取得联系。

项目经理或招标项目团队负责人对初步评审中出现否决投标的情况需认真核实，并随时了解评标进程，对现场出现的问题应依法合规协调解决，重大问题应及时报招标专业机构负责人和相关管理部门。

（六）评标结果公示阶段

评标结果公示前，项目招标负责人应将评标报告交项目授权管理小组及集采招标管理部门备案，并报招标专业机构负责人审批。根据《中国石油天然气集团公司招标管理办法》规定，招标机构应当在评标结束3日内，在中国石油招标投标网对中标候选人进行公示，公示期不得少于3日。

（七）异议处理阶段

项目经理或招标项目团队负责人对异议的处理负有直接责任，应当自收到异议之日起3日内作出答复，作出答复前，应当暂停招标投标活动。

收到投标人或其他利害关系人对招标项目提出的异议后，项目经理或招标项目团队负责人须进行异议记录并提出异议处理建议，经招标专业机构负责人审批后，进入异议处理阶段。项目负责人在收到异议申请后应及时对异议申请进行审查，并与异议提起人进行沟通，异议提起人对沟通结果无争议并主动撤回异议材料的，异议处理终止。

异议记录表及相关附件应提交集采招标管理部门统一备案。

第五节　招标评审专家管理

本节主要介绍集团公司招标评审专家的管理以及招标评审专家库的建设。概括说明集团公司招标评审专家库建立的法律依据、组建主体和管理模式等，介绍招标评审专家入库、使用、日常履职、考核评价及违规惩处等具体管理事项与内容。

一、集团公司招标评审专家库建设

评标是招标工作中最核心的环节之一，评标专家凭借其丰富的专业知识和工作经验，在遴选中标单位的过程中发挥着至关重要的作用，进而对于提高工程项目的建设质量、合理降低采购成本以及推动项目进度有着重大影响。因此，集团公司根据国家相关法律法规要求，统一组建集团公司招标评审专家库，兼顾国家标准和中国石油企业特点，确立并实施"两级管理、统一建库、随机抽取、动态维护"的管理模式，实现资源共享，满足集团公司招标工作的实际需要。

第二章 招标管理

（一）集团公司招标评审专家库组建的法律依据

为加强对评标专家的监督管理，健全评标专家库制度，保证评标活动的公平、公正，提高评标质量，根据《中华人民共和国招标投标法》《中华人民共和国招标投标法实施条例》，国家发展计划委员会于 2003 年制定并发布《评标专家和评标专家库管理暂行办法》，《评标专家和评标专家库管理暂行办法》对评标专家的资格认定、入库及评标专家库的组建、使用、管理活动作出明确规定，其中，第三条"评标专家库由省级（含）以上人民政府有关部门或者依法成立的招标代理机构，依照《招标投标法》《招标投标法实施条例》，以及国家统一的评标专家专业分类标准和管理办法的规定自主组建。"这是集团公司招标评审专家库建立的直接法律依据。

（二）集团公司招标评审专家库的管理方式

集团公司招标管理办公室组织建设集团公司招标评审专家库，指导、监督和检查所属企业招标评审专家的使用、管理等工作。所属企业招标管理部门负责本单位招标评审专家的推荐及准入，并做好招标评审专家的日常管理、培训、考核和信息维护。集团公司招标中心对集团公司招标评审专家库进行日常管理和运行维护。招标实施机构/部门对招标评审专家进行抽取使用、培训及履职评价。

二、集团公司招标评审专家管理

集团公司招标评审专家管理分为总部管理和所属企业管理，主要包括专家准入、信息维护、抽取使用、履职考评等。

（一）专家入库管理

专家入库管理的步骤包括：
(1) 专家库资源梳理，提出需要动态调整专家的专业目录及相应的专业；
(2) 专家入库申请程序启动，由申请专家填报信息登记表并进行相关专业申报；
(3) 资格审查，由相应专业部门对专家专业性进行把关、由招标管理部门对专家入库资格进行规范审查；
(4) 信息录入，对通过资格审查的专家，按照要求把相关材料证明上传集团公司专家库，统一录入；
(5) 符合集团公司总部管理级专家申报条件的，可经系统直接提报申请。

1. 入库申请管理

集团公司招标评审专家入库申请采取个人申请和单位推荐相结合的方式。目前更多的是采用单位统一组织推荐的方式入库，具体流程和要求如下：

（1）符合招标评审专家入库需求和条件的在岗在职人员，填写相应的招标评审专家信息登记表（属于单位推荐方式申请入库的，填表前应首先征得被推荐人同意）。

（2）结合本人工作履历和专业特长，依据《集团公司招标评审专家专业分类规范和选取规范》（Q/SY 1472—2015），申报一个主评专业和最多四个辅评专业。专业一般填写至三级目录，即六位编码。

（3）提供本人有效身份证明、工作简历、学历学位证书、专业资格证书等证明材料。

（4）申请所属企业管理级别招标评审专家的，由所属企业招标管理部门统一组织进行专业审查和资格条件审查；申请集团公司总部管理级招标评审专家的，申报材料在完成本企业内部审查、审批程序后，由所属企业招标管理部门统一录入系统后，由系统直接提交总部（授权由集团公司招标中心）审批准入。

2. 资格审查管理

1）审查内容

主要审查内容如下：

（1）熟悉国家有关招标投标法律法规和集团公司有关规定。

（2）业务能力及水平情况。申报技术专家的，应具有相关技术专业知识背景、工作经历和项目经验；申报商务专家的，应具有财务、法律、合同等领域的相关经验或从业经历。

（3）个人素质情况。具有良好的职业道德，遵纪守法，能够认真、公正、诚实、廉洁地履行职责。

（4）学历、职称、工作履历、专业资格证书等情况。集团公司招标评审专家要求具有专科及以上学历，从事相关专业领域工作八年及以上，并具有高级技术、经济职称或同等专业水平。

（5）适龄、身体健康情况。集团公司规定年龄原则上不超过70岁，身体健康，能够胜任评审工作。

2）审查部门、程序及要求

具体审查部门、程序及要求如下：

第二章 招标管理

（1）申请人所在部门（原则上为处级单位）对招标评审专家入库申请材料进行初审；

（2）初审通过，符合专家申报条件要求的，由申请人所在部门（原则上为处级单位）提交所属企业招标管理部门进行复审；

（3）所属企业招标管理部门汇总各单位提交的招标评审专家申请入库资料后，根据申请专业进行分类，组织所属企业人事部门、技术管理部门进行联合复审；

（4）联合复审通过后，符合所属企业管理级申报条件的统一入库，符合集团公司总部管理级的，由所属企业招标管理部门录入信息后，提报总部（授权集团公司招标中心）审批；

（5）专家管理单位应定期复核已入库招标评审专家相关资格证书的有效性、工作岗位与申报评审专业的相关性及专家的身体健康状况，确保入库专家水平的有效性、真实性。

3）审查注意事项

审查应注意以下事项：

（1）高级技术、经济职称一般指高级工程师、高级经济师等高级职称及以上的人员，同等专业水平参考人力资源管理有关规定进行评定；

（2）对于特殊、稀缺专业，招标评审专家学历、工作年限、职称或年龄等入库要求可适当放宽。

3. 信息录入管理

信息录入包括将专家的信息登记表、身份证明、工作简历、专业证书等材料统一上传系统，并将专家个人信息和申报专业统一录入。属于所属企业管理的招标评审专家，由所属企业招标管理部门审批通过后即可使用；属于集团公司总部管理的招标评审专家，由所属企业将专家信息录入后，提报总部（授权集团公司招标中心）审批通过后方可使用。

4. 信息变更管理

信息变更管理包括以下内容：

（1）已入库招标评审专家的评审专业、工作单位、工作地点、专业技术职称或执业资格等重要事项的信息发生变化时，应主动、及时向所在单位（部门）提出变更申请。

（2）属于所属企业管理的招标评审专家，专家信息由所属企业招标管理部门审核后予以变更；属于集团公司总部管理的招标评审专家，专家信息由所属企业招标管理部门负责变更申请，提报总部（授权集团公司招标中心）审核通过后予以变更。

（3）符合下列情形之一的，已入库招标评审专家本人通过中国石油电子招标投标交易平台以自助方式对有关信息提出变更申请并自主进行维护：

① 家庭地址、手机及其他联系方式变化的；

② 因健康等原因不适宜担任招标评审专家的；

③ 无意向继续担任招标评审专家的。

（二）专家培训管理

招标评审专家是招标活动的重要参与者，其职业道德修养、专业能力水平和法律素养等个人综合素质，直接关系到招标投标活动的公平与公正情况。加强招标评审专家培训管理，充分依托和发挥由招标评审专家组成的评标委员会的专业力量，是规范招标评审行为与提高评标质量的必要手段和举措。

（1）招标评审专家管理单位定期组织开展专题培训。招标管理部门每年应该对所管理的已入库招标评审专家集中组织进行法律法规等业务知识的专题培训。为实现持续提升招标评审专家的法律知识体系和业务素养，可采用外聘专业师资授课、内部专家骨干经验交流及入库专家互学互助等灵活多样的方式畅通培训渠道，以达到预期培训效果。

（2）招标评审专家在线自主培训。集团公司依托电子招标平台统一搭建"招标评审专家培训"功能模块，已入库招标评审专家通过视频课件学习、专家答疑解惑、模拟题库测试、网络在线考试的程序和步骤完成在线培训工作。

（三）专家使用管理

招标评审专家抽取使用主要是用于组建招标项目评标委员会。评标委员会具体由招标专业机构按照招标方案要求负责组建，日常项目的评标委员会成员中，三分之二及以上应当为集团公司专家库内随机抽取的专家，其余成员应当熟悉招标项目相关业务，并具备招标评审专家的准入基本条件。集团公司《招标评审专家和专家库管理办法》还规定：（1）评标委员会中来自同一部门或单位的专家不得超过评标委员会成员总数的三分之一，这里的"同一部门"，在同一个局级单位内抽取使用的，指同一处级单位，在不同局级单位间抽取使用的，指同一局级单位；（2）评标委员会主任原则上应当从随机抽取的专家中产生；（3）由集团公司招标中心统一实施的招标项目评标委员会由集团公司招标中心负责组建，总部管理级招标评审专家人数不得少于评标委员会成员总数的二分之一。

第二章　招标管理

（四）专家考核管理

招标评审专家考核管理包括日常履职评价和年度考核两项内容。

1. 日常履职评价

招标项目在完成评审后，招标实施机构/部门应对参与评审的招标评审专家逐一进行履职评价，具体内容包括：

（1）根据招标评审专家的专业、纪律等表现，可将履职评价结果按分级考量（例如，优秀、良好、称职和存疑）或者量化打分的方式给予评价；

（2）日常履职评价过程中应进行差异化打分，例如，评价为优秀的招标评审专家人数一般不超过该项目招标评审专家总数的三分之一等；

（3）对存在违法违规情形或者严重扰乱评标秩序的专家，应及时予以制止，记录相关过程，上报招标管理部门。

2. 年度考核

招标评审专家年度考核主要考核出勤率、请假情况以及违法违规、严重扰乱评标秩序等情形。

（1）招标评审专家的个人出勤率。对于个人出勤率较低的，若同一部门或单位整体出勤率较低，应采取相应措施提升出勤率。

（2）招标评审专家请假程序规范性。对于应答后随意请假或不按规定程序请假的招标评审专家，应及时整治，规范请假情形。

（3）招标评审专家的遵规守纪情况。对于未按要求参加招标评审专家培训、评标过程中存在违法违规情形或年度内履职评价不称职的招标评审专家，应给予暂停专家资格处理，并限期整改，情节严重的应予以清退，存在违纪情形的应保留证据，移交相应线索。

3. 招标评审专家表现不称职的主要情形

（1）履职不称职的主要情形包括：

① 提供虚假申请材料的；

② 年度内日常履职评价结果不称职；

③ 年度内连续多次不参加评标工作的；

④ 遇到不应担任评标委员会成员的情形时，未主动提出回避或经提醒仍不予回避的；

⑤ 因评标活动中的违规行为受到行政处分的；

⑥ 严重干扰评标秩序，影响评标活动进行的；

53

⑦ 其他违反国家法律法规或集团公司有关规定的行为，情节不严重的。
（2）违纪违规的主要情形包括：
① 弄虚作假，谋取私利的；
② 私下接触投标人的；
③ 泄漏应当保密的与评审有关的情况或资料的；
④ 受单位或个人指使，不能独立、客观、公正评审的；
⑤ 暗示或者诱导投标人作出澄清、说明或者接受投标人主动提出的澄清、说明的；
⑥ 与投标人、招标人、招标实施机构/部门串通的；
⑦ 其他违反国家法律法规和集团公司有关规定的行为。

第六节　投标人失信行为管理

本节主要介绍了集团公司投标人失信行为管理情况，包括投标人失信行为的特点和分类、失信行为的管理流程，例如，量化记分、信息发布和惩戒措施等内容。

一、投标人失信行为的定义和特点

现代市场经济从本质上说是信用经济，诚实信用是市场经济的价值基石，是一种无形的经济资源和社会资本，是建立和完善招标投标市场机制的基础。在招标工作实践中，投标人为骗取中标，弄虚作假、串通投标、干扰招标、不当异议等失信行为时有发生，不仅影响招标效果、给生产经营带来困难，也在一定程度上给集团公司造成负面影响。建立招标投标各主体诚实守信的自律约束机制，有利于进一步保证招标投标各方通过独立、公平竞争，依法规范完成交易。2016年5月30日，国务院发布《关于建立完善守信联合激励和失信联合惩戒制度加快推进社会诚信建设的指导意见》（国发〔2016〕33号）。随后，2016年8月30日，最高人民法院等九部委发布《关于在招标投标活动中对失信被执行人实施联合惩戒的通知》，进一步推进信用管理在招标投标活动中的应用。2019年4月，集团公司发布施行了《投标人失信行为管理办法（试行）》，旨在有效遏制投标人失信行为，提升集团公司招标管理水平，推进集团公司信用体系建设。

投标人失信行为是指投标人在招标、投标、开标、评标、中标和合同签订等环节，违反国家相关法律法规或集团公司有关规定，违背诚实信用原则的行为。这里，失信行为的主体投标人包括参加项目投标的投标人、未参加项目投标的潜在投标人和其他利害关系人。

投标人失信行为具有以下特点：

（1）成本低。缺乏招标投标失信联合惩戒的机制，在利益诱惑和驱使下，投标人的失信行为屡禁不止，无法得到有效遏制，造成"失信不惩，守信吃亏"的局面。

（2）隐蔽性强。投标人失信行为既可能发生在招标、投标、开标、评标、中标和合同签订的任何一个环节中，也可能自始至终贯穿于招标投标的整个过程。信息技术的发展也为投标人弄虚作假、围标串标等提供了便利条件。

（3）复杂多样。投标人失信既可能发生串通投标、弄虚作假、租借资质等违反法律法规的行为，也可能发生不按规定程序提出异议或投诉、打听保密信息等违反中国石油集团公司有关规定的行为，还会发生恐吓、恶意异议或投诉等违背市场诚实信用的其他行为。

（4）后果严重。投标人失信行为会影响到招标项目的实施进度和质量效果，带来直接的经济损失和安全隐患。长此以往，将扰乱整个集团公司招标市场秩序和经营环境，造成不可估量的严重后果。

二、投标人失信行为的分类分级

（一）投标人失信行为分类

投标人失信行为在实际管理工作中有多种分类方法，依据国家相关法律法规和集团公司有关规定，集团公司组织开展了投标人失信行为清单梳理，将投标人失信行为归纳为弄虚作假、串通投标、干扰招标、不当异议（投诉）、中标违约和其他失信行为共六类。

（1）弄虚作假：是指投标人以他人名义或空壳公司投标，或者提供、使用虚假资料或信息等行为。

（2）串通投标：是指投标人与招标人之间或者投标人与投标人之间采用不正当手段，为谋取中标排斥其他投标人或者损害招标人利益等行为。

（3）干扰招标：是指投标人采用不正当手段或通过行政审批部门违规指定，扰乱、破坏招标工作秩序等行为。

(4) 不当异议或投诉：是指投标人缺乏事实依据而进行的恶意异议（投诉），或者不配合招标人、相关部门在处理异议（投诉）过程中取证等行为。

(5) 中标违约：是指投标人中标后无正当理由放弃中标或者不与招标人订立合同，或者违法转包、违规分包等行为。

(6) 其他失信行为：是指违反国家相关法律法规和集团公司有关规定的其他不诚信行为。

（二）投标人失信行为等级划分

为了便于细分不同失信行为的信用损失，进行联合惩戒，借鉴国家及各省市招标投标信用评价有关规定，根据投标不良行为的情节轻重及造成不良影响的程度，集团公司投标人失信行为实行分类分级和量化计分管理，一般将投标人失信行为分为"较轻""一般""较重""严重"和"特别严重"五个等级（表2-4），每个"较轻失信行为"记1分、每个"一般失信行为"记2分、每个"较重失信行为"记4分、每个"严重失信行为"记8分、每个"特别严重失信行为"记10分。

表2-4 投标人失信行为分类分级表

序号	失信类别	失信行为描述	失信等级
1	弄虚作假	投标人通过受让或者租借等方式获取的资格、资质证书,以他人名义投标	严重
2		投标人将资格、资质证书等出借、出租、转让他人或为其他单位提供图章、图签	严重
3		投标人使用伪造、变造的资格、资质证书或者许可证件等	严重
4		投标人提供虚假的财务状况、信用状况、业绩状况或其他票据等	严重
5		投标人提供虚假的项目负责人、主要技术人员简历、资格证书、劳动关系证明、社保证明等	严重
6		投标人配合招标人或招标代理机构实施虚假招标	严重
7		投标人在有关部门处理异议（投诉）、查办案件调查有关情况时，提供虚假情况或者作伪证	严重
8		投标人存在出资不实(未如期缴纳出资设立公司)或抽逃出资(验资后未经法定程序抽回出资)的情形	严重
9		投标人发生的其他弄虚作假行为	//
10	串通投标	投标人之间协商投标报价等投标文件的实质性内容	严重
11		投标人之间约定部分投标人放弃投标或约定中标人	严重
12		属于同一集团、协会、商会等组织成员的投标人按照该组织要求协同投标	严重

第二章　招标管理

续表

序号	失信类别	失信行为描述	失信等级
13	串通投标	不同投标人的投标文件由同一单位或者个人编制	严重
14		不同投标人委托同一单位或者个人办理投标事宜	严重
15		不同投标人的投标文件载明的项目管理成员为同一人	严重
16		不同投标人的投标文件异常一致或者投标报价呈规律性差异	严重
17		不同投标人的投标文件相互混装	严重
18		不同投标人的投标保证金从同一单位或者个人的账户转出	严重
19		开标前,投标人从招标人处获取其他投标人及投标文件有关信息	严重
20		投标人直接或者间接获得标底、评标委员会成员等信息	严重
21		投标人按招标人明示或者暗示要求压低或者抬高投标报价	严重
22		投标人按招标人授意撤换、修改投标文件	严重
23		投标人按招标人明示或者暗示要求为特定投标人中标提供方便	严重
24		单位负责人为同一人或者存在控股、管理关系的不同单位,参加同一标段投标或者未划分标段的同一招标项目投标,开标后不告知招标人,影响公平竞争的	严重
25		经信息化数据分析判定投标人之间存在计价锁号相同或MAC地址相同	严重
26		投标人与招标人之间、投标人与投标人之间为谋求中标排斥其他投标人或者损害招标人利益而采取的其他串通行为	严重
27	中标违约	中标人的经营、财务状况发生较大变化或者存在违法行为,影响其履约能力而不告知招标人	较重
28		中标人放弃中标;无正当理由不与招标人签订合同;不按照招标文件和中标人的投标文件订立合同;订立背离合同实质性内容的其他协议;向招标人提出附加条件;不按招标文件要求提交履约保证金	严重
29		中标人将中标项目转让给他人,或将中标项目肢解后分别转让给他人;中标人将中标项目的部分主体、关键性工作分包给他人	严重
30		中标人不按招标文件规定对非主体、非关键性工作进行分包的;分包人再次分包的;分包给不具备相应资格条件的分包人;不具备资格条件而接受分包的承包人	严重
31		投标人发生的其他中标后违约行为	//
32	干扰招标	投标人打听应保密的招标相关信息	较轻
33		投标人私自向第三方泄露招标文件中涉及招标人秘密信息	较轻
34		投标截止后,投标人无正当理由撤销投标文件	一般
35		投标人明显不符合招标公告中公开的资格条件却参加投标,否决其投标后致有效投标人不足三家	较重
36		投标人以低于成本的报价竞标的	较重
37		投标人发生合并、分立等重大变化,不再具备资格预审文件、招标文件规定的资格条件或者其投标影响招标公正性不及时告知招标人	较重

57

续表

序号	失信类别	失信行为描述	失信等级
38	干扰招标	投标人处于被责令停业,投标资格被暂停或取消,财产被接管、冻结或破产等状态不及时告知招标人	较重
39		投标人干扰开标、评标工作正常秩序	较重
40		投标人用威胁、恐吓或其他非法手段诋毁、阻止或排挤其他投标人公平竞争	严重
41		投标人用威胁、恐吓或其他非法手段诋毁招标人或者评标委员会成员	严重
42		投标人以行贿或提供其他不正当利益等手段谋取中标	严重
43		投标人通过行政审批部门以任何形式指定或变相指定其提供中介服务的情形	严重
44		投标人存在公职人员在其机构持股分红、占有财物、违规兼职取酬、报销费用,或勾结中介服务机构套取国家资金等情形	严重
45		投标人发生的其他干扰招标工作的失信行为	//
46	不当异议或投诉	异议人(投诉人)在没有证据的情况下,仅凭主观臆断提出异议(投诉)	一般
47		投标人对同一招标人或招标专业机构,6个月内达到2次以上,或一年累计3次及以上无效异议(投诉)的,包括对投标人失信行为信息的异议(投诉)	较重
48		投标人不按法律法规、招标文件(资格预审文件)规定的时间、程序或其他要求提出异议(投诉),受理调查后,异议(投诉)不成立	较重
49		异议(投诉)处理部门在调查有关情况时,投标人不配合调查处理	较重
50		投标人对已查明的事实不接受,反复异议(投诉)	较重
51		投标人捏造事实、伪造材料或以非法手段取得证明材料进行异议(投诉);投标人假冒他人名义提出异议(投诉)	严重
52		投标人发生的其他恶意异议(投诉)行为	//
53	其他	投标人发生的其他失信行为	//

注:失信等级标注"//"的一栏,根据具体性质和情节轻重确定失信等级。

同一投标人记分有效期内的所有失信记分累加,为该投标人的失信分。在投标人的失信记分过程中,我们还可以根据实际情况,制定一些特殊规定:例如,同一次失信行为如果涉及多个投标人的,要对涉及的多个投标人分别记分;同一投标人在同一项目招标投标过程中,如果发生不同失信行为的,要分别记分,并且不同标段(包)的失信行为也分别记分;同一投标人在失信行为记分有效期内,如果再次出现同一种失信行为的,基础分要双倍记分。

三、对投标人失信行为的惩戒措施

失信得不到惩戒则不能形成存效震慑以净化市场环境,集团公司规定,失信惩戒措施主要体现在投标时的经济惩罚和投标资格获取等。集团公司投标人失信行为惩戒措施是依据投标人失信分，采取投标时加价或扣分、暂停投标资格或取消投标人资格等。

受惩戒主体包括法定代表人（或负责人）以及委托代理人、项目经理等自然人，即受到惩戒的委托代理人、项目经理等自然人在其他法人或组织任法定代表人（或负责人）、委托代理人、项目经理的，该法人或组织参与集团公司投标时应受到同等惩戒。

（一）投标人失信分

集团公司《投标人失信行为管理办法》规定，投标人失信分由基础分和加重分构成，记分周期为 3 年滚动，即每一个失信记分，自记分当日起有效，经 3 年时间后自动失效。投标人失信基础分是按照失信分类分级表中的投标人不同的失信行为进行记分，为固定分值；加重分是一个浮动分值，是视失信造成后果的严重程度增加的一个分值，分值区间 0~2 分，以 0.5 的倍数记分。集团公司规定投标人失信行为分在中国石油招标投标网公告。

【例 2-3】 甲、乙两家公司在某所属企业某一项目中同时投标，两家公司使用的资质证书均系伪造，而且甲公司成为该项目的中标人并领取了中标通知书，乙公司因未响应招标文件规定的实质性要求被评标委员会否决。后来均被查实资质证书造假，但甲公司拒不承认造假而且态度恶劣。按照集团公司规定，资质证书造假为严重失信行为，基础分为 8 分，加重分为 2 分。该所属企业根据甲、乙两家公司具体表现和后果的严重程度处理如下：

甲公司资质证书造假记基础分 8 分，甲公司通过弄虚作假成为该项目的中标人，而且被查实资质证书造假后拒不承认而且态度恶劣，记加重分 2 分，甲公司本次失信记 10 分，失信等级由严重直接升级为特别严重；乙公司资质证书造假记基础分 8 分，考虑到乙公司资质证书造假未造成严重后果，且认识问题态度端正，免于记加重分，乙公司本次失信记 8 分，失信等级为严重。

（二）投标人失信行为惩戒措施

投标人失信行为惩戒措施包括失信加价或扣分、暂停投标资格、取消投标资格。招标人或招标专业机构在资格预审文件或招标文件中应设置相应信用评审条款。

1. 失信加价或扣分

未被暂停或取消投标资格的失信行为人，参加集团公司及所属企业投标，在投标评审时进行加价或扣分。

（1）失信加价：是采用经评审的最低投标价法时，将失信分折算为失信加价，计入失信投标人的评标价格。

【例 2-4】 某项目招标文件规定该项目采用经评审的最低投标价法，失信加价计算公式为：失信加价＝投标报价×（失信分/100）。假如甲公司的投标报价为 50 万元，记分周期内的失信记分为 5 分，那么甲公司的评标价格计算过程和计算结果如下所示：

甲公司的失信加价＝50×(5/100)＝2.5(万元)。

甲公司的评标价格＝50+2.5＝52.5(万元)。

（2）失信扣分：在采用综合评估法时，将失信分折算为失信扣分，计入对失信投标人的商务评审。

【例 2-5】 某项目招标文件规定该项目采用综合评估法评标，失信扣分计算公式为：失信扣分＝信用分值×（失信分/10），商务部分总分值为 50 分。其中，信用分值权重为 10%，即 5 分，其他商务因素分值为 45 分。假如甲公司记分周期内的失信记分为 8 分，且经评审甲公司的其他商务因素得分为 41 分。那么甲公司的最终商务得分计算过程和计算结果如下所示：

甲公司的失信扣分＝50×10%×(8/10)＝4(分)。

甲公司的商务得分＝信用得分+其他商务因素得分＝(5-4)+41＝42(分)。

2. 暂停投标资格

暂停投标资格是对失信行为人在记分周期内，处以一定期限的暂停投标资格的惩戒。暂停期满后恢复投标资格，有效期内的失信分继续加价或扣分。

3. 取消投标人资格

取消投标人资格是取消失信行为人一个记分周期的投标资格。期满重新获得投标人资格时，失信分不清零，失信分在招标评审时继续进行加价或扣分，有效期继续顺延一个记分周期。

第七节　招标统计管理和相关指标

本节主要介绍集团公司招标统计工作的情况、招标统计工作的对象、招标统计工作的内容以及工作流程、统计评价指标介绍及其应用等。

第二章 招标管理

一、集团公司招标统计工作概述

集团公司招标统计工作，是一项具体业务的统计实践，形成的各项报表以及统计指标则是形成统计资料以及统计理论的依据，目的是更好地指导招标管理工作的决策。集团公司的招标统计工作，是对招标投标活动涉及的招标项目信息，以及包括招标从业人员、评标专家、招标专业机构等招标资源情况，按照项目实际招标采购实施方式和招标资源的分布情况，从不同维度开展全面的数据采集和调查工作，通过整理、分析和研究，为集团公司提升招标管理水平，做好生产经营保障工作提供管理及决策咨询服务，同时，也是对不同所属企业的管理状态和管理情况进行较为客观的评价。任何一项统计工作都需要确保数据的真实性、准确性、完整性和及时性，这也是大数据分析的基础，集团公司招标统计管理工作也是如此。

集团公司招标统计工作主要包括基础报表、统计指标的计算和统计分析报告。基础报表主要是来源于日常的招标项目（包括招标失败转其他采购方式、可不招标项目）实施过程中涉及的项目信息、管理类别、招标方式、组织方式、电子招标实现方式、评标专家组建方式、投标人情况、中标人情况、合同签订情况等产生的数据。

二、集团公司招标统计工作内容和程序

招标统计主要包括招标采购、非招标采购的项目统计以及招标从业人员统计工作内容，重点是从人员、采购方式、频次等多维度反映总部层面和所属企业层面招标采购的真实情况。从采购的组织方式统计，则反映了公开招标、招标失败转其他采购方式以及可不招标等采购实施的情况。

招标统计的主体为招标管理部门，需要协同招标人（即用户单位）、招标机构、合同管理等多个部门完成招标统计工作，包括项目的立项，招标过程的时间节点，人力的投入以及投标竞争情况等。具体可见招标工作统计台账（表 2-5、表 2-6、表 2-7）。

表 2-5 招标工作统计台账（招标项目统计表）

单位名称	公告次数	项目编号	开标日期	项目名称	参与单位数量	招标方式	中标人数量	招标组织方式	公示日期	实施机构名称	中标通知书发出日期	概算金额	授标包数	项目分类	中标金额	项目属性	合同金额	属性分类	合同编号	标包数	专家库使用	电子招标情况	专家履职评价	招标结果	专家抽取	委托日期	是否有异议	招标公告日期	招标节约金额

表 2-6 招标工作统计台账（招标失败转谈判项目统计表）

单位名称	项目编号	项目名称	项目分类	项目属性	谈判日期	标包数	原项目包数	组织方式	选商方式	实施机构名称	招标失败原因	概算金额	合同金额

第二章 招标管理

续表

合同编号	审批部门	是否有异议	节约资金额	合同编号	审批部门

表 2-7 招标工作统计台账（可不招标项目统计表）

单位名称	项目编号	项目名称	项目分类	项目属性	属性分类	可不招标组织方式	实施机构名称	选商方式	可不招标情形	是否信息公示	公示日期	概算金额	合同金额	合同编号

审批部门	是否有异议	节约资金额

63

招标统计资料的归档、阅览、复制或摘录,应按《中国石油天然气集团公司档案工作规定》(中油办〔2008〕521号)执行。集团公司及所属企业统计年报、统计资料应指定专人按时收集整理、立卷归档。招标统计资料的密级、保密期限、知悉范围等按照《中国石油天然气集团公司保密管理规定》(中油办〔2016〕80号)进行管理。

三、招标统计指标

招标统计指标以数量和金额两种计算方式进行计算,集团公司招标统计指标主要包括总体招标率、公开招标率、专业化招标率、招标节资率、电子招标率、全流程电子招标率。集团公司计算招标统计指标时,仅计算集团公司招标管理办法规定的达到应招标规模标准的项目。

(一)总体招标率 R

总体招标率主要用于衡量应招标的项目,在具体实施时,真实采用招标的方式进行采购的比率。

下面给出了总体招标率的计算方法:

$$R = \frac{A}{S} \times 100\% \qquad (2-1)$$

式中　R——总体招标率;
　　　A——总招标项目合同金额或项目数量,即采用招标方式且成功的项目;
　　　S——总采购金额或采购项目数量,即包括招标成功的项目合计,招标失败的项目合计和可不招标项目合计。

(二)公开招标率 K

公开招标率主要用于衡量采用招标的项目,公开竞争的程度。

下面给出了公开招标率的计算方法:

$$K = \frac{A_K}{A} \times 100\% \qquad (2-2)$$

式中　K——公开招标率;
　　　A_K——总公开招标项目合同金额或项目数量;
　　　A——总招标项目合同金额或项目数量。

（三）专业化招标率 Z

专业化招标率主要用于衡量采用招标的项目，采用专业化实施的程度。

下面给出了专业化招标率的计算方法：

$$Z = \frac{A_z}{A} \times 100\% \quad (2-3)$$

式中　Z——专业化招标率；

　　　A_z——招标专业机构（内部+外部）总招标项目合同金额或项目数量；

　　　A——总招标项目合同金额或项目数量。

（四）总招标节约资金额 P

总招标节约资金额是指通过招标节约的资金总额。

下面给出了总招标节约资金额的构成：

$$P = \sum_{i=1}^{T} P_i \quad (2-4)$$

$$P_i = G_i - A_i \quad (2-5)$$

式中　P——总招标节约资金额，元；

　　　P_i——单个招标节约资金额，元；

　　　G_i——单个招标项目估算金额，元；

　　　A_i——单个招标项目授标金额，元。

（五）招标节资率 X

招标节资率是指通过招标节约的资金总额占总项目估算金额的比率。

下面给出了招标节资率的计算方法：

$$X = \frac{P}{G} \times 100\% \quad (2-6)$$

式中　X——招标节资率；

　　　P——总招标节约资金额，元；

　　　G——总招标项目估算金额，元。

（六）电子招标率 E

下面给出了电子招标率的计算方法：

$$E = \frac{A_e}{A} \times 100\% \quad (2-7)$$

式中　E——电子招标率；
　　　A_e——总电子招标项目合同金额或项目数量；
　　　A——总招标项目合同金额或项目数量。

（七）全流程电子招标率 E_q

下面给出了全流程电子招标率的计算方法：

$$E_q = \frac{A_q}{A} \times 100\% \tag{2-8}$$

式中　E_q——全流程电子招标率；
　　　A_q——总全流程电子招标项目合同金额或项目数量；
　　　A——总招标项目合同金额或项目数量。

第八节　招标检查管理

本节主要介绍招标检查工作程序、方法和内容，同时对落实检查整改措施进行介绍。

一、招标检查概述

日常管理经营遵循的 PDCA 质量管理模式中，监督检查是其中一个重要环节，能有效查找管理过程中不适应不规范的方面，及时作出相应的调整和纠偏，有助于不断提升管理工作效率。开展招标检查工作，不断增强依法合规理念，强化制度执行力，防范企业生产经营过程中违法违规违纪的风险，通过检查不断发现共性问题，围绕问题查找症结，完善相关制度，堵塞管理漏洞，不断提升招标从业人员的业务能力，进而提升整体招标工作的质量和效益。

招标检查的依据主要包括《中华人民共和国招标投标法》《中华人民共和国招标投标法实施条例》等国家法律法规、《集团公司招标管理办法》等集团公司招标管理相关规章制度，以及《招标项目管理与实施工作规范》等集团公司企业标准规范，上述制度列表可详见本章第一节集团公司招标管理制度列表情况。

第二章　招标管理

二、招标检查的流程和要点

（一）招标检查的工作流程

招标检查主要分为计划阶段、检查阶段和整改阶段。计划阶段主要是确定检查工作目标、检查方式、检查范围等，制定检查工作方案，组建检查专家组，准备相应检查资料等。检查阶段主要包括问卷调查、企业自查和现场检查。问卷调查是以问题的形式，了解各子、分公司对招标管理制度贯彻执行和招标项目实施规范性等；企业自查由企业对照制定的检查标准自行开展检查；现场检查由组建的检查专家组赴企业当地，查阅相关的招标管理制度规定、业务流程等，以及能够反映招标管理工作的文件、台账、记录等，核实有关内容及数据，对招标项目实施全过程资料进行检查。现场检查的程序主要有检查专家组召开座谈会，听取相关工作情况介绍，与相关业务人员对接，进行资料查阅及现场核实，对问题进行澄清，形成共识，填写检查记录；整改阶段主要是针对发现的问题，剖析成立，举一反三，对能立查立改的问题予以纠正，对于不能立即整改的问题建立长效防控机制。

（二）招标检查的内容和要点

对照国家招标投标法律法规及集团公司招标管理制度，招标检查内容主要包括检查招标项目管理和实施情况，包括前期准备和招标过程开标、评标、授标等过程的合规情况，检查招标结果的执行情况及招标过程的保密情况。具体包括：

（1）招标项目是否具备条件。检查是否按照规定履行项目审批、核准、备案手续；可研、初步设计批复前的提前招标项目是否已获得投资主管部门批复同意；具有相应的资金或资金来源是否已经落实。

（2）项目审核审批情况。检查招标方案、可不招标事项是否经审批、备案；招标方式选择是否规范；邀请招标理由、可不招标理由是否充分，有无依据；已通过审核的招标文件是否规范、合理、科学，是否存在标段划分不科学，存在标段数与邀请投标人数量相近的情形。

（3）应招标未招标情况。检查是否存在人为将项目拆分到招标规定的限额以下规避招标；是否存在包括以项目工期紧、技术要求高、条件不具备等为借口，擅自将应招标项目采用其他方式实施；是否存在可不招标事项不按规定履行报批手续、可不招标原因与实际情况不符等情况。

67

（4）虚假招标情况。检查是否存在先施工或提供服务，后补办招标手续；是否提前确定中标人，拉其他企业陪标或串标，进行象征性招标；是否搞暗箱操作，有意为特定投标人创造机会或设置技术壁垒或不合理条件限制和排斥其他潜在投标人；是否蓄意造成招标失败，迫使转为其他方式采购等虚假招标情况。

（5）招标过程是否规范。检查包括招标组织方式选用、发标、评标委员会的组建、开标、评标和授标以及信息发布等招标实施过程是否规范。

（6）招标结果执行情况。检查是否按照评标委员会依法推荐的中标候选人确定中标人；是否存在针对价格、质量等实质性内容进行谈判的情况；是否按招标文件、投标文件和中标通知签订合同；是否存在违法转包；是否执行合同，分包是否按规定进行，检查合同的执行与结算凭证情况。

（7）招标过程保密情况。检查是否存在参与招标、评标人员泄密、恶意串通、履职失当等违反国家招标投标相关法律法规或集团公司招标管理相关规定的情况或线索。

检查的要点，见表2-8、表2-9、表2-10。

表2-8 招标管理检查要点

序号	检查内容
1	招标管理制度是否健全完善。有覆盖工程、物资和服务三类业务的管理办法、实施细则、内控流程、标准模板等
2	招标管理制度是否符合国家和集团规定。招标规模和范围是否合理；是否扩充了可不招标情形或邀请招标情形；专家组成、信息发布是否符合相关规定；是否建立招标异议投诉处理程序；是否建立监督制度等
3	国家招标法律法规及集团公司招标规定学习和宣贯情况。集团公司招标相关工作会议报告是否宣贯；各层管理与实施操作人员（领导班子、招标管理及相关部门和人员等）参加学习、宣贯和培训情况等
4	招标管理机构设置。是否建立了公司层面招标管理委员会，明确或设置了招标管理办公室及业务实施部门；招标管理和业务实施职责权限是否清晰，管办是否分开
5	招标归口管理。招标归口管理部门是否统一管理公司工程、物资、服务三类业务；三种业务是否由一名主管领导统一负责
6	是否开展招标统计与分析工作。是否建立年度或月度的统计台账；招标统计台账工程、物资和服务三类业务是否全面；是否按规定及时报送年度统计报表
7	招标项目、可不招标事项审核审批情况。审核审批手续是否与规定的流程一致；招标管理部门是否对项目审核审批执行日常管理；是否存在将三类招标项目拆分，规避本公司监管的情况
8	对提报总部的一类、二类招标项目、可不招标事项是否进行内部审核程序；是否存在将一类、二类招标项目拆分为三类项目，规避上级监管的情况

第二章　招标管理

续表

序号	检查内容
9	邀请招标项目,邀请招标情形审批是否符合相关规定,是否理由正确、依据充分等
10	可不招标事项审核审批情况。审核审批是否符合相关规定,是否理由正确、依据充分等
11	招标失败转其他采购方式的项目履行审核审批及备案手续情况。是否履行审核审批及备案手续;其他采购方式的选择是否合理
12	招标业务专业化实施情况。是否设置了专业化的招标机构或委托专业化机构招标;委托专业化招标机构是否在集团公司认可的名单内选择;非集团公司规定的招标项目按地区规定执行
13	自行招标是否规范。是否有招标师或取得工程建设类注册执业资格的专业人员,(1)自行招标负责招标的部门应至少有3名从事专业招标工作的招标师;(2)招标人自行进行工程建设项目招标的,从事招标工作的人员中还应至少有6人具有工程建设类注册执业资格(其中注册造价工程师不少于4人)
14	招标管理部门对招标专业机构或自行招标部门的业务实施管理情况。日常管理是否规范系统,建立相应台账、记录,文件归档;是否组织开展相应的资格审查、业绩考评或业务规范性、实施效果等评价工作
15	是否按规定梳理、推荐、审核本单位专家并纳入集团公司招标评审专家库统一管理
16	是否建立评标专家信息维护制度。是否有专人负责专家库管理;专家信息维护是否及时;专家信息是否完整且准确
17	是否根据本单位情况规定评标专家评审费标准并有效执行
18	是否建立评标专家履职考评制度;是否实施动态管理

表2-9　招标项目检查要点

序号	检查内容
1	招标条件是否具备: (1)投资计划是否已经下达,相应的资金或资金来源是否已经落实,若存在提前采购,是否得到投资主管部门批准; (2)可研、初步设计批复前的提前招标项目是否已获得投资主管部门批复同意; (3)招标所需的技术条件是否已经具备,例如,工程施工招标应具备所需的设计图纸及技术资料,物资招标项目能够提出物资的使用及技术要求,勘察设计等服务类招标项目所需的基础资料已收集完成或已明确使用和技术要求等
2	招标过程资料是否齐全。对照《招标过程文件管理规范》的内容,检查招标方案、招标方案审批表、招标文件(资格预审文件)及审批记录、发售文件登记表、文件接收登记表、评标报告、评标结果审批表、中标通知书等
3	招标方案、资格预审文件、招标文件是否规范。是否使用国家标准文本,无国家标准文本的是否参照集团公司标准文本;是否组织专家审核或相关部门审核

69

续表

序号	检查内容
4	招标信息发布的平台、发布期限、主要内容是否符合规定。检查招标信息是否在规定平台（www.cnpcbidding.com）发布；发布的时限、主要内容是否符合规定资格预审公告、招标公告-文件发售期5日、中标候选人公示-3日或中标结果公告
5	项目公告、投标、开标、评标、中标通知书和合同签订等时间节点是否合理。有无前后倒置、不合逻辑的情况；是否按资格预审公告、招标公告规定的时间、地点发售资格预审文件或招标文件
6	资格预审文件、投标文件提交时限、澄清修改是否符合规定。(1)是否符合资格预审文件自停止发售之日起到提交不得少于5日的规定(最后是节假日的应顺延1天)；(2)是否符合招标文件开始发出之日起至投标人提交投标文件截止之日止不得少于20日的规定；(3)澄清修改是否符合提前3日、15日的规定，是否通知所有潜在投标人
7	资格预审文件、招标文件是否存在不合理的限制性条款、排除性条款等。是否存在《招标投标法实施条例》第三十二条规定的七种情形：信息不对等、设置条款与项目无关、特殊加分、评审标准不一、限定品牌、限制所有制形式以及其他限制性要求等
8	有无分包情况，分包规定是否符合要求；是否存在对主体工程分包等不符合规定的情况；是否允许联合体投标，资质要求是否明确，联合体投标相关约定是否符合规定
9	评标方法和标准是否符合规范要求。(1)重点检查评标方法（经评审的最低投标价法、综合评估法）是否符合规范要求；技术商务权重设置是否符合项目情况；评审因素设置是否完整合理；(2)打分标准是否明确、主观分值所占比例是否较高；投标价格得分计算方法是否合理
10	评标专家的人数和组建是否符合规定。(1)对照《招标评审专家和专家库管理办法》，检查专家人数是否符合规定；专家抽取是否符合规定，检查三分之二专家是否在库内抽取，同一单位或部门的评委是否超过三分之一等
11	开标过程是否规范。记录是否齐全，内容是否真实准确，签署是否齐全
12	评委评审是否规范。(1)是否按照招标文件公布的评标方法进行评审，否决投标是否符合要求，澄清是否符合要求；(2)评委打分是否超过规定范围，是否存在明显不合理的情况
13	评标报告是否完整规范。(1)评标报告内容、签字等是否完整；(2)是否按评审打分情况推荐中标候选人；(3)有无评委意见不一致的情况，若有，如何处理，是否有相关记录
14	是否按评标委员会推荐的中标候选人排名顺序确定中标人。核对合同、中标通知书、评标报告等，检查有无推荐非排名第一的候选人为中标人的情况，若有，理由是否符合规定的四种情形，有无支持性文件；有无拆包授标的情况
15	是否按招标文件、中标通知书、投标文件签订合同。核对合同、中标通知书、招标文件、投标文件等，检查标的、价款、付款条件、质量、履行期限等主要条款是否一致，有无就主要条款谈判或签订背离实质内容的其他协议的情况；是否按规定签订合同
16	是否按已签订的合同执行。核对合同、竣工资料、物资验收单等，检查标的物、工期时间、结算价款等是否与合同一致，是否存在招小送大、结算价格与合同价款相差较大等情况
17	异议和投诉的处理情况。是否向投标人明确异议、投诉的渠道；异议或投诉处理是否符合规定；是否按规定处理有效异议或投诉

表 2-10　可不招标事项检查要点

序号	检查内容
1	可不招标事项信息公示情况。是否按规定在 www.cnpcbidding.com 网公示;公示时限、内容是否符合要求;有无异议反馈,如何处理
2	可不招标事项过程资料是否齐全
3	是否按审批的其他采购方式组织实施;选商方式是否科学合理
4	是否按评审结果签订合同。核对实施方案与谈判记录等,检查实际参加谈判人员、标的物、成交原则等关键内容是否与方案一致
5	是否存在应招标项目未履行审批手续/谈判程序,直接与所属独立法人企业直接签订合同情况

(三) 招标检查的过程资料

招标检查应做好过程资料的记录和归档工作。招标过程资料主要包括：调查问卷、自查资料、现场检查工作情况记录、现场检查发现问题底稿单、现场检查发现问题清单、检查工作报告等。现场检查工作情况记录主要包括查阅制度、访问人员及招标项目数据等；现场检查发现问题底稿是记录项目真实情况以及问题事实的重要资料，是检查的重要凭证，也是检查报告形成的重要依据；检查发现问题清单是对检查发现的问题形成梳理记录单，有助于发现共性问题，为检查报告分析提供重要依据；检查报告是对检查过程和检查发现问题进行系统的分析总结，提出管理提升建议。招标检查报告一般包括受检单位实际工作情况及亮点、管理体制机制问题、招标项目实施的问题、原因分析及整改建议等。

三、招标检查整改

招标检查整改主要包括四个方面。

(一) 管理制度完善

依据国家法律法规和集团公司管理制度的规定，对招标管理制度不符合项的条款及时修正，对缺失遗漏的条款进行补充，根据企业实际情况进行持续的制度优化。

（二）运行机制优化

针对检查发现的在招标组织机构设置、人员配备、业务流程等方面存在不科学、不合理、不顺畅的问题，根据本单位实际情况，进行相应调整，以适应管理要求，便于制度贯彻执行。

（三）加强队伍建设

通过加强制度宣贯和业务培训，增强理念认识，提高人员业务操作能力，持续提升业务的专业性。

（四）责任人员追究

对于检查发现的违规违纪行为，依据相应的管理规定，追究责任人员的责任。

第九节 招标项目后评价

本节主要介绍招标项目后评价的组织体系、评价项目的选择及工作程序、评价原则和方法、具体的评价内容、评价报告的编制及评价成果的应用，为招标管理部门开展后评价工作提供指导。

一、招标项目后评价概述

招标项目后评价是对已经完成招标项目的结果、执行过程、效益和影响进行系统的、客观的分析，通过项目招标到合同履行整个过程中活动及结果的检查总结，确定招标项目预期的目标是否达到，或招标方案是否合理有效，项目的主要效益指标是否实现。通过分析评价找出成败的原因，总结经验教训，并通过及时有效的信息反馈，为未来同类招标项目的决策和实施提供经验及参考，同时也为正在实施的招标项目中出现的问题提出改进建议，从而达到提高企业效益的目的。招标项目后评价具有公开透明的特点，能客观、公正地评价招标活动成败的主客观原因，客观公正地指出招标人和招标专业机构的工作业绩和存在问题，是不断改进和完善招标工作的可行途径。

二、评价项目选择和评价依据

（一）评价项目选择

招标管理部门应根据管理权限和管理需要，对认为有必要进行后评价的招标项目直接进行后评价，或直接选取批量招标项目进行后评价。后评价应优先选取的项目包括且不限于：集团公司一、二类招标项目；需报国家核准的重点项目；对经营有重大影响的项目；招标或实施过程中问题突出的项目；合规管理监察或审计发现问题的项目；实际实施效果与预期目标差距较大的项目；多次招标失败的同类项目；异议或投诉成立的项目；三个及以上项目为同一中标人的项目。

（二）评价依据

进行招标项目后评价工作时的主要依据包括：《招标投标法》相关法规、政策与规范性文件；相关行业标准、规范及准则；集团公司相关管理制度和管理要求；合同文件、中标通知书、招标文件、投标文件及评标报告；招标项目实施过程、验收文件；集团公司规定的其他相关文件。

三、评价原则和评价方法

（一）评价原则

开展招标项目后评价工作应以"科学性、客观性、公正性、反馈性"为原则，坚持独立、客观、公正、科学地开展评价工作，力求能够真实客观地反映被评价招标项目相关评价指标。

科学性原则：评价方案和评价标准应具备科学性，以国家法律法规和集团公司制度为依据，评价内容和程序科学合理，满足评价需求。

客观性原则：评价工作小组在招标项目后评价过程中，应恪守客观性原则，以真实资料和数据为评价基础，以国家适用法律法规和集团公司制度为准绳，客观地对招标项目进行评价，并作出评价报告。

公正性原则：公正性是指评价结论要公正，既要指明现实存在的问题，也要客观分析问题产生的历史原因和时代的局限性；既要实事求是地总结成功的经验，也要认真负责地总结失败的原因。

反馈性原则：评价结果应及时反馈到项目相关方。

（三）评价方法

开展招标项目后评价工作的评价方法既要定性分析又要定量分析，既重视招标程序和过程的合规性评价，又重视招标工作计划及实施质量的效果性评价。评价方法包括对比分析法、因素评分法、因果分析法、现场调查法等。在实际开展后评价的活动中，一定要结合项目类别、运行特点及背景等因素，选取适合的评价方法。

定性评价：对招标及合同资料，依据国家法律法规和集团公司制度及规范，客观公正地作出符合性或偏离性分析评价。

定量评价：对招标及合同的相关数据进行数学计算，客观真实地反映被评价项目的费用、进度、质量等效果性指标。

对比分析法：通过对招标项目实施过程与国家法律法规、集团公司制度及规范的要求进行对比，实施结果与预期目标进行对比，找出评价项目存在的问题。

因素评分法：根据后评价因素及相应的分值，对每个评价因素进行打分。

因果分析法：通过对符合性评价和效果性评价得出的结果进行分析，并找出存在问题的原因。

现场调查的方法，通常包括现场观察法和询问法。

四、评价内容

招标项目后评价的内容主要包括以下两部分：

（1）对招标项目采购全过程回顾的符合性评价。在程序方面，包括项目公开性、公平性和公正性的评价；分析招标的方式选择是否合理；投标人的资格审查是否严格；招标文件的编制是否符合基本规定、内容是否完备、有无前后矛盾之处；最高投标限价是否合理；开标、评标、定标和授标等程序是否符合规范等。

（2）对招标项目采购绩效的效果性评价。主要是评价合同执行的情况，合同履行时的人员、材料和设备与资格预审和投标文件的差异，项目进度、价格（造价）、质量的控制与招标采购管理方案的差异，招标采购活动与项目总体目标要求的差异等。

（一）符合性评价

符合性评价对象包括招标前期准备工作、招标实施过程和合同签订过程三部分。符合性评价可采用符合或不符合评价和一票否决（带 * 的关键性评价内容）评价相结合的方式。评价完成后应对不符合国家法律法规、集团公司规章制度及规范，以及关键性条款项数进行统计，作为效果性评价中程度符合度的评价依据。

（1）招标前期准备工作符合性评价。招标前期准备工作符合性评价，主要评价招标方案审批阶段及招标失败后改其他采购方式审批过程的合法、合规性，招标条件、招标方案的完整性、严谨性。

（2）招标实施过程符合性评价。招标实施过程，指从招标公告的发布到中标通知书发出的过程，主要评价实施过程的合法性、合规性、资料完整性、整个招标过程的异议投诉处理情况等。具体评价内容包括：资格预审文件及招标文件的编制、公告的发布、资格预审文件及招标文件的发售、招标文件的澄清和答疑、开标的程序和内容、评标委员会组成及专家的抽取、评委的评审、结果公示、招标结果通知书发送、招标失败改谈判后的实施过程等各个环节的合规性。

（3）合同签订过程符合性评价。合同签订过程符合性评价，主要评价是否按招标文件、中标通知书、投标文件签订合同；在合同、中标通知书、招标文件、投标文件中，标的物、价款、付款条件、质量、履行期限等主要条款是否一致；有无就主要条款谈判或签订背离实质内容的其他协议的情况。

（二）效果性评价

效果性评价主要通过对程序的符合度、费用、进度、质量、HSE 管理、招标次数、有效异议及投诉七大要素进行评价，并进行问题描述，找出存在问题的原因。评价时可以采取打分法的方式或一票否决方式（例如，采购质量引发安全事故）。效果性评价得分 85 分及以上的为优秀；得分 70~84 分的为良好；得分 60~69 分的为合格；得分 60 分以下的为不合格。

五、评价成果的应用

招标管理部门应及时将招标项目后评价成果反馈到项目相关方，使其利用招标项目后评价成果规范管理、完善制度，并借助现有信息平台，建立畅通快捷的招标项目后评价信息反馈及信息共享机制。

项目相关方应根据招标后评价反馈的问题落实整改，加强合同管理，督促中标人全面履行合同，将招标项目后评价成果与承包商、供应商及服务商的信用评价、责任追究相结合，加强对承包商、供应商及服务商的信用管理。

招标人或招标实施部门在招标项目立项后应根据类似项目的评价成果，随招标项目的进程开展监测分析，改善招标工作的日常管理。

六、评价的工作程序

后评价工作由招标管理部门组织实施，按以下程序进行（图2-4）：

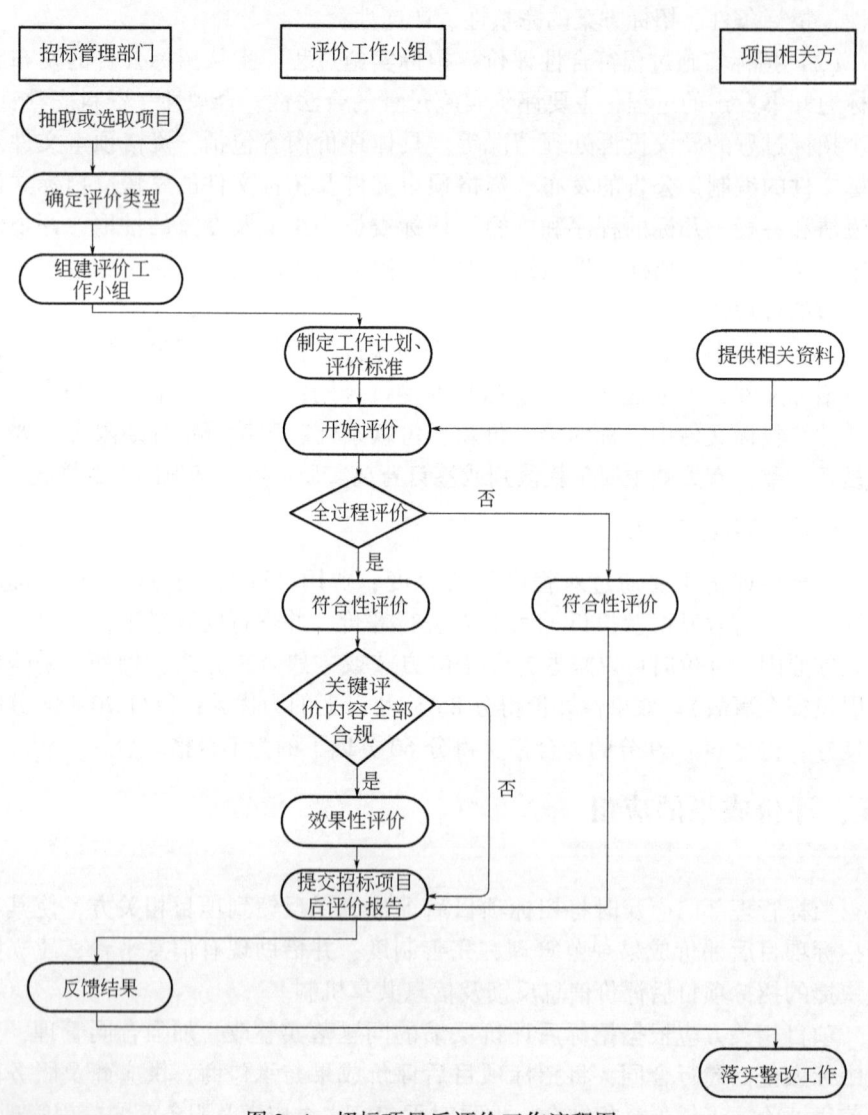

图2-4　招标项目后评价工作流程图

(1) 招标管理部门抽取或选取评价项目，确定评价类型并牵头组建评价工作小组。其中评价类型分为阶段性评价和全过程评价。阶段性评价应包括招标前期准备工作符合性评价、招标实施过程符合性评价和合同签订过程符合性评价，全过程评价应包括阶段性评价和效果性评价。

(2) 评价工作小组制定评价工作计划、评价标准，并通知项目相关方准备项目资料。项目相关方按照评价工作小组的要求提供招标项目后评价所需各种资料、数据信息，配合招标项目后评价工作。

(3) 评价工作小组按照评价工作计划、评价标准进行评价。在进行全过程评价时，如符合性评价中的关键性评价内容有任何一条不符合规定，则不再进行效果性评价。

(4) 评价工作小组完成评价后，应当向招标管理部门提交招标项目后评价报告。

评价报告是评价工作小组的工作成果。评价报告应当如实记载以下内容：被评价项目的基本情况；符合性评价中存在的问题及改进建议；效果性评价中存在的问题、存在问题的原因及改进建议。评价工作小组对本项目各项资料进行分析，结合此次后评价工作的实际情况，得出总体评价结论，并总结经验，指出亮点，提出整体改进建议。评价工作小组全体成员应在评价报告中进行实名签署。符合性评价表、效果性评价表以及与后评价工作相关的其他资料应作为评价报告的附件。

第十节　相关名词与释义

(1) 招标人。指的是提出招标项目、进行招标的法人或其他组织。

(2) 招标管理部门。指的是集团公司及所属企业设立的统一归口管理招标工作的综合管理机构。

(3) 招标实施机构/部门。指的是集团公司及所属企业负责招标项目具体实施的机构，包括集团公司认可的招标专业机构及各企业内部从事招标操作的部门（单位）。

(4) 项目实施单位。指的是提出工程、物资或服务采购项目，并具体负责组织实施项目的法人或其他组织。

(5) 资格预审公告。指的是采用资格预审的项目发出的公告，邀请不特定的潜在投标人参加资格审查。

（6）招标公告。指的是不采用资格预审的项目，即采用资格后审的项目，采用公开招标方式时所发出的公告，邀请不特定的潜在投标人参加投标。

（7）投标邀请书。指的是采用资格后审的项目采用邀请招标方式时所发出的通知，邀请特定的潜在投标人参加投标。投标邀请书还可以是采用资格预审的项目所发出的资格预审结果通知，通知对象是通过资格审查的、具备投标资格的潜在投标人。

（8）中标候选人公示。指的是需要公示的评标情况，主要是对中标候选人信息进行公示。

（9）中标结果公告。指的是明确中标人的公告。

（10）邀请招标事项公示。指的是拟邀请招标项目在招标方案报审前公示的信息，公示截屏随同招标方案报送。

（11）可不招标事项公示。指的是必须进行信息公示的可不招标情形在采购方案报审前公示的信息，公示截屏随同采购方案报送。

（12）招标评审专家。是指在集团公司招标投标采购活动中依法对投标人提交的资格预审申请文件和投标文件进行审查或评审的具有一定水平的专业人员。

（13）评标委员会。是指在集团公司招标投标采购活动中，依法由招标人代表和有关技术、经济等方面的专家组建，负责对投标文件进行评审并提出评审意见的临时性权威机构。

（14）集中采购招标。是一种以框架招标实现的战略采购形式，指集团公司或所属单位下属多个实施主体在一定时期内，存在相同的物资、工程及咨询服务类招标需求，为了发挥规模优势，降低采购成本，由相关管理部门负责组织统一招标的方式。

（15）授权管理小组。集团公司授权专业公司或所属企业成立一级采购物资管理小组，完成集中采购招标或谈判，确定供应商和采购价格等工作，是授权集中采购的决策和执行机构。

（16）集采招标管理部门。是指集中采购招标工作的归口管理部门。

第三章　招标实施——招标人篇

本章主要介绍招标人在招标项目实施各阶段应进行的工作内容，包括招标准备、招标业务委托、招标、开标、评标、定标、资料管理等各阶段，应自主完成或配合招标专业机构完成的工作。适用于集团公司国内工程、物资、服务类招标项目。

本章适合招标人、招标管理部门和资料管理部门学习使用。

第一节　招标准备

本节主要介绍招标项目组织实施前期，即从项目批复后提出招标采购需求起至招标方案通过审批止的准备工作程序、内容和一般性要求。

一、落实招标条件

（一）明确招标基本条件

招标人应根据具体项目特点，逐项落实招标基本条件。具体内容如下：

（1）招标人已经依法成立。招标人是指在招标投标活动中以择优选择中标人为目的的提出招标项目、进行招标的法人或者其他组织。招标人应具备签订合同的资格。

（2）国家实行立项审批、核准的依法必须招标的项目。招标人已经先行履行项目审批、核准以及招标范围、招标方式和招标组织形式的审批、核准手续。

（3）项目资金或资金来源已经落实。已列入集团公司年度投资计划或财务预算安排，初步设计及概算已批复，资金已经落实。初步设计批复前实施的招标项目，应按照管理规定获得关于项目提前采购的批复。

（4）招标所需的技术条件已经确定。例如，工程施工招标已具备所需的设计图纸及技术资料，物资招标项目已提出物资的使用及技术要求，勘察设计等服务类招标项目所需的基础资料已收集完成或已明确使用和技术要求等。

未落实招标基本条件的，招标人可开展招标准备工作，但不得启动招标程序。

（二）明确选商方式

采购单位首先应对采购需求进行分析，根据工作内容、项目性质、单次采购合同估算额、技术特点、采购范围与频次等，结合集团公司及所属企业现行管理制度要求，确定该项采购使用的选商方式，即招标采购或非招标采购。

依据国家法律法规、集团公司及所属企业招标管理制度，必须招标的范围、具体分类管理标准及申报程序详见第二章第三节招标项目管理。

招标人不得人为将项目拆分到招标规定的限额以下，不得改变项目性质，或者采取将项目化整为零的其他方式规避招标。

集团公司规定的必须招标项目有特殊情形的，招标人按招标管理权限履行审批手续后，可不进行招标，具体管理要求详见第二章第三节招标项目管理。进行可不招标申报时，采购单位应提交项目投资批复或立项文件、可不招标事项报审表、符合可不招标的事由、采用其他选商方式的实施方案以及可不招标事项信息公示证明材料。需注意可不招标事由是否符合相关规定，依据是否充分，阐述理由和支持性文件（专家论证、市场调研等）是否清晰、确凿、合理。

【例3-1】某单位将工程关键设备"脱碳撬"采购拆分为溶液处理撬、吸收塔撬和再生塔撬三部分，并与同一家公司分别签订采购合同，金额分别为96万元、95万元、89万元，三次采购总金额280万元，均采用非招标方式选商。该单位的行为属将项目拆分到招标限额以下的方式规避招标。该物资采购项目整体已达到招标限额，应采用招标方式采购。

【例3-2】某单位无损检测项目，估算金额680万元，以"技术要求高，仅有一家服务商具备能力实施"为由，采取可不招标方式，直接选择某检测公司为项目服务商。该单位的行为属可不招标依据错误，将技术并不复杂、金额已达到招标限额本应招标的项目，借口其有特殊的技术要求，只能交由某一服务商承担为由，规避招标。该项目应采用招标方式采购。

（三）明确招标方式

确定采用招标方式采购的，招标人应结合项目特点进一步明确招标方式，即公开招标或邀请招标。招标人应依据法律及企业规定，结合招标项目需求的技术、管理特点以及市场竞争供应的状态，选择合适的招标方式。为保证充分的竞争性，原则上应采用公开招标的方式；确实符合邀请招标条件的，可采用邀请招标。

招标人不得滥用邀请招标。邀请招标属于有限竞争性招标，与公开招标相比，投标人数量相对较少，竞争开放度相对较弱；受招标人在选择邀请对象前已知信息的局限性，有可能会损失应有的竞争效果。

公开招标与邀请招标的适用范围、管理要求详见第二章第三节招标项目管理。

【例3-3】 某单位科研楼新建施工招标项目，以"技术复杂，受自然地域环境限制，只有少量潜在投标人可供选择"为由，拟采用邀请招标。该单位行为属招标方式选择错误。科研楼新建施工客观上并无技术复杂性；施工区域也不属受自然地域环境限制。该项目应采用公开招标方式。

（四）明确招标组织形式

招标项目按照招标组织形式分为自行招标和委托招标。集团公司鼓励招标人采用委托招标的方式招标，对自行招标作了适当限制。招标项目应优先委托招标专业机构组织，并从集团公司认可的招标专业机构名单中选择招标专业机构。招标人与招标专业机构签订服务协议，确定委托事项，明确双方的权利和义务。

招标人具备编制招标文件和组织评标能力，并按管理权限取得招标管理部门资格认可的，可自行招标。具备编制招标文件和组织评标能力包括：负责招标的部门应至少有3名从事专业招标工作的招标师；招标人自行进行工程建设项目招标的，从事专业招标工作的人员中还应至少有6人具有工程建设类注册职业资格（其中注册造价工程师不少于4人）。具体管理要求详见第二章第三节招标项目管理。

集团公司一、二类招标项目应当委托集团公司招标中心组织实施；涉及地方行政管理部门有特殊要求的招标项目，可以委托集团公司认可的具有相应资质的外部招标代理机构组织实施并向集团公司招标管理办公室备案。

二、编制招标方案

（一）市场调研

在招标前期准备阶段，若未了解市场情况，未初步掌握拟提出的项目要求的市场响应程度，可能会导致因各项要求不符合市场实际情况而造成响应程度低。因此，在招标需求要素基本确定之后，需要进行市场调研，将招标范围、资格条件、技术要求等内容进行初步了解、验证、分析，以达到市场摸底、寻源的效果。实践中，针对首次实施、多次招标失败、标的物价格变化大等情况的招标项目，市场调研的必要性尤其明显。

1. 市场调研目的

招标人需了解有可能参与招标项目的潜在投标人的数量、资质能力、资信、专业技术能力、类似业绩、可供使用的人力、设备资源以及历史价格等有关信息。

2. 市场调研对象

招标人可选取以下市场资源作为调研对象：以往服务单位、以往实施过的同类或类似招标项目的有效投标人、公司市场资源库内对应类别单位、行业、协会靠前的单位。

3. 市场调研方法

招标人在明确项目基本需求后，应通过网络、媒体、书刊、已完工类似项目历史资料、行业信息、实地调查等方式进行市场调研。

4. 市场调研成果

招标人根据项目需要形成调研报告，可包含以下内容：

1）招标项目概况

招标项目背景情况简介，根据招标项目批复的有关文件、资料，结合项目实际情况，初步提出招标项目的主要内容、范围、商务和技术需求等。

2）市场情况

市场供需资源情况包括市场供需状况、市场价格、影响因素及技术现状等。潜在投标人情况包括潜在投标人的规模数量、资质能力、资信、专业技术能力、类似业绩、可供使用的人力、设备资源以及历史价格等情况。

3）招标项目需求调整

通过招标项目需求情况与市场现状之间的差异性分析，如差异性较大，对招标项目有较大影响，应提出调整建议。

（二）总体要求

招标人编制招标方案应符合集团公司《招标项目管理与实施工作规范》（Q/SY 1587—2013）的要求。招标方案应根据已确定的各要素进行编制，即

第三章 招标实施——招标人篇

将准备过程中已明确的内容按照招标方案格式要求填入相应位置。招标方案编制应依法合规，具备完整性、可操作性，既要满足项目实际需求，且应符合技术、商务、法律、合同、质量、安全、环保、财务等专业的要求。招标人可请招标专业机构参与或协助编制招标方案。

1. 项目基本情况

需准确填写项目背景概况、项目批复（含文号）、项目单位、项目承办人等基本信息。

工程项目：主要介绍项目的名称、功能用途、建设地址、建设单位、计划工期、资金来源、投资审批、规模、标准等基本情况；介绍规划许可、勘察设计及相关核准手续等基本情况。

物资项目：主要介绍项目名称、种类及规模、使用功能、技术标准、质量、交货地点、交货期、培训售后服务等内容。

服务项目：主要介绍项目名称、服务内容、服务标准及服务期限等内容。

2. 招标范围

详细描述该招标项目中标单位需进行的工作内容、工作量、工作要求等，应描述准确、界限清晰。

3. 招标组织形式

选择委托招标或自行招标。若为委托招标，需明确招标专业机构名称。

4. 招标方式

招标项目应根据招标投标法律法规和集团公司规章制度规定，选择公开招标或邀请招标的方式进行招标。采用邀请招标方式的，应按照相关管理制度要求，履行相关审批手续。邀请招标拟邀请的承包商、供应商和服务商应当在集团公司相应的资源库中选择，未纳入准入管理的除外。

5. 资格审查方式

公开招标的资格审查方式可采用资格预审或资格后审。实践中，资格审查方式多使用资格后审，即在开标后由评标委员会按照招标文件规定的标准和方法对投标人的资格进行审查。资格预审一般适用于潜在投标人较多或者大型、技术复杂以及投标文件编制费用较高的招标项目，其法定程序会多于资格后审方式。采用此方式的，还须确定采用合格制或有限数量制。

6. 招标工作计划

列明计划的招标公告发布、招标文件发售、开评标、招标结果审批备案等关键时间节点。各阶段时间下限应符合法定要求，可结合实际适当调整。

7. 主要技术要求或技术方案

列明正式颁布的技术标准、技术规格书，简要描述主要技术要求、技术方案等。招标人应确定招标项目的技术要求主要包括：功能、技术指标、质量标准、验收标准、节能环保指标、专用工具、备品备件、安装调试、试运行、技术服务、培训、知识产权、专利技术、安全等方面要求。

技术要求应以技术规格书、技术方案、加工图纸、安装图纸、施工图纸等形式提出。且技术标准或要求中不得要求或标明某一特定的专利、商标、名称、设计、原产地或生产供应者，不得含有倾向或者排斥潜在投标人的其他内容。如果必须引用某一生产供应者的技术标准才能准确或清楚地说明拟招标项目的技术标准时，则应当在参照后面加上"或相当于"的字样。

技术要求的设置应与招标项目的具体特点和实际需要相适应，不得以不合理的条件限制、排斥潜在投标人或者投标人；设置的内容不得违反法律、行政法规的强制性规定，不得违反公开、公平、公正和诚实信用原则。

8. 投标人资格条件

列明该招标项目投标人应满足的基本资格条件。采用公开招标选择市场主体的，投标人不受集团公司及所属企业对市场准入资格的限制。

招标人根据项目情况明确对投标人的资质条件、类似项目业绩、财务状况、拟投入的主要技术人员和管理人员、拟投入的设备、信誉等的基本要求。招标人应明确是否接受联合体投标、是否接受代理商投标。若接受联合体投标，须明确联合体协议文本和对联合体的资质要求；若接受代理商投标，须明确对代理商的资质要求。

资格条件的设置应与招标项目的具体特点和实际需要相适应且应与合同履行相关，不得以不合理的条件限制、排斥潜在投标人或者投标人；设置的内容不得违反法律、行政法规的强制性规定，不得违反公开、公平、公正和诚实信用原则。

9. 拟邀请投标人名单、理由及产生方式（邀请招标适用）

管理要求详见第二章第三节招标项目管理。

招标人须根据市场调研情况，按《邀请招标条件与拟邀请投标人确定工作规范》（Q/SY 13005—2016）确定拟邀请投标人。

10. 确定招标范围及标段（包）的划分

需要划分标段（包）的应参照《招标项目标段（包）划分指南》（Q/SY 13006—2016）进行划分。招标人不得利用划分标段限制或者排斥潜在投标人。依法必须进行招标的项目的招标人不得利用划分标段规避招标。

11. 确定最高投标限价和标底

招标项目应当按照不高于批准的概算投资额度或财务预算额度进行限额招标，招标人原则上应在招标文件中明确最高投标限价。招标人可以自行决定是否编制标底。

12. 评标委员会组成

招标人根据招标项目特点依法确定资格预审委员会或评标委员会的人数、专业结构以及各专业所占的比例。

资格预审委员会或评标委员会由招标人代表以及有关技术、经济等方面的专家组成。一类招标项目成员人数为 9 人及以上单数；二类招标项目成员人数为 7 人及以上单数；三类招标项目成员人数为 5 人及以上单数；其中，招标人代表人数不能超过成员总数的三分之一；从集团公司招标评审专家库中采取随机抽取的方式产生的技术、经济等方面的专家不得少于成员总数的三分之二；一、二类招标项目评标委员会成员组成中，集团公司总部管理的技术、经济等方面专家不得少于成员总数的二分之一。

对技术特别复杂、专业性要求非常特殊或者国家有特殊要求的招标项目，拟采用其他方式确定评审专家的，须在招标方案中明确说明。

13. 评标方法、标准及授标原则

对于评标方法的选择、评标标准的制定，招标人应按集团公司《评标方法选择和评标标准编制规范》（Q/SY 1736—2014）要求执行。

评标标准编制应遵循以下原则：

（1）对于实质性要求（即投标人资格条件），不应再进行量化评审；

（2）评标因素分值或权重的设置应根据具体情况设置，使投标人的得分范围覆盖整个分值区间，避免所有投标人得分一致；

（3）对同一评标因素不得重复评审；

（4）评标因素分值的设置应根据评标因素对项目的影响程度和招标人的需求确认，且权重应均衡，避免出现某一评审因素权重过大，使其他评审因素失去作用的情况。

有关授标原则，国有资金占控股或者主导地位的依法必须进行招标的项

目，招标人应当确定排名第一的中标候选人为中标人。排名第一的中标候选人放弃中标、因不可抗力不能履行合同、不按照招标文件要求提交履约保证金，或者被查实存在影响中标结果的违法行为等情形，不符合中标条件的，招标人可以按照评标委员会提出的中标候选人名单排序依次确定其他中标候选人为中标人，也可以重新招标。非依法必招项目的授权原则应在招标方案中明确。

14. 其他需要说明事项（含专用合同条款）

招标人应明确拟采用的合同文本，明确合同专用条款，并对合同条款的合法性、公正性和完备性进行分析研究、评估。与主合同配套的从合同（如安全环保、监造合同等）也应依据项目需求确定。

法律、合同管理部门应参与对合同文本、合同条款等要素的确定。合同的重点条款包括合同标的、数量、质量、价款或者报酬、履行期限、履行地点和方式、违约责任和解决争议方法等。特别注意，确定的合同关键要素应与招标方案中同一事项要求一致，如合同标的应与招标范围一致。

"专用合同条款"可对"通用合同条款"进行补充、细化，但除"通用合同条款"明确规定可以作出不同约定外，"专用合同条款"补充和细化的内容不得与"通用合同条款"相抵触，否则抵触内容无效。

招标人应确定招标项目的商务要求主要包括：实施（交货）地点、工期（交货期）、报价要求、计价方式（采用工程量清单计价的须提供工程量清单）、包装、运输、履约担保、结算方式、付款条件、质量保证、售后服务、培训、违约责任、争议解决等。

（三）工程类招标方案编制

1. 明确需求要素

招标人应分析招标项目的使用功能、规模、标准、节能、环保等特征，明确以下技术经济和管理的需求目标，具体内容包括：

（1）标段划分。应结合招标人的建设管理力量、招标项目的承包管理模式、各单位工程的专业结构和技术管理关联程度、工程设计进度、工程施工组织规划及工程进度计划要求、投标人规模和数量结构，以及市场竞争状况等因素综合考虑。

（2）工程质量必须符合国家现行法律法规规定、设计标准要求和施工质量验收标准规范要求。

（3）工程造价控制必须符合相关计价规定、规范标准、定额体系、造价信息、取费文件、市场价格等要求。

（4）工程进度必须符合工程项目的总体进度计划和施工工序要求，充分考虑影响工程施工的相关变化因素，合理确定招标项目的总工期、开工日期、竣工日期及阶段目标工期等。工程进度安排还应考虑招标实施周期的法定要求时间。

（5）工程安全及环保必须符合国家、行业主管部门的安全生产和环境保护的相关法律法规、标准规范及招标人的规章制度要求。

（6）最高投标限价或其计算方法、报价要求、工期（计划开工日期和计划竣工日期）、合同价款调整范围和方法、结算方式、付款条件、质保期、违约索赔等可能构成合同文本的部分。其中报价要求包括报价范围、报价依据、报价方式（采用工程量清单计价的须提供工程类清单）等。安全文明施工费、规费应按照国家或项目所在地建设主管部门，以及中国石油天然气集团有限公司的规定计取。

2. 投标人资格条件

1）资质条件要求

应根据《建筑业企业资质标准》《工程设计资质标准》等相关文件规定，合理设定投标人应具备的企业资质序列、类别和等级；施工项目根据《安全生产许可证条例》规定，投标人还应具有许可范围与本项目相符的安全生产许可证。

2）类似项目业绩和能力要求

可对投标人完成类似项目的规模和数量等作出基本规定，并要求投标人在投标文件中提供类似项目的中标通知书、合同协议书或工程竣工验收文件等证明材料。

3）财务状况要求

可对投标人的负债经营能力、短期偿债能力以及盈利能力状况等财务指标作出基本规定，如总资产、净资产、资产负债率、速动比率、净利润率等，保证投标人处于正常生产经营状态且能够为招标项目提供足够的生产流动资金。

4）拟投入设备要求

可对拟投入的施工设备、专有安全及检测设备等的规格、数量、技术指标等作出基本规定，并要求投标人提供拟投入设备的来源、规格、型号、数量、技术指标、制造年份、工况、所在地、可到达项目现场时间等资料，以评定投标人是否具有完成招标项目所必需的设备设施。

5）拟投入主要技术人员和管理人员要求

可对投标人拟投入的主要技术人员和管理人员的专业技术职业资格、技术职务、职业（执业）资格及已经完成的类似项目业绩条件等作出基本规定。

项目经理的资格要求：设计施工总承包项目应当具备工程设计类或者工程施工类注册执业资格；施工总承包项目应当具备工程施工类注册执业资格；设计项目负责人应当具备工程设计类注册执业资格。

6）信誉的基本要求

包括但不限于：未被"国家企业信用信息公示系统"网站（www.gsxt.gov.cn）列入严重违法失信企业名单；投标人、法定代表人或者负责人未被人民法院在"信用中国"网站（www.creditchina.gov.cn）列入失信被执行人；投标人、法定代表人或者负责人、拟委任的项目经理无行贿犯罪；工程建设项目投标人、拟委任的项目经理、拟委任的设计负责人、拟委任的施工负责人未被"全国建筑市场监管公共服务平台"网站（http://jzsc.mohurd.gov.cn/asite/jsbpp/index）列入黑名单；以及未被国家、招标人及其上级部门明文规定暂停、中止或取消交易资格。

3. 评标标准和方法

（1）评标方法依据项目类别按照以下原则选择。

工程施工项目：对于技术含量高的天然气处理厂、脱硫厂、炼油化工主体工程、天然气储运、原油储运、天然气集输、原油集输、炼油化工配套工程等项目应采用综合评估法；对于具有通用技术性能标准或招标人对其技术性能没有特殊要求的工程可采用经评审的最低投标价法。

设计施工总承包项目：包含设计、采购、施工等内容的工程总承包项目应采用综合评估法。

（2）评标标准的编制内容按照要素设置。

对于商务要素的设置，应把投标报价、投标人资信、投标人管理水平、投标人的财务状况等作为评标因素。采用综合评估法的复杂工程施工项目、设计施工总承包项目报价评标因素的权重不应低于总权重（100%）的40%。

对于技术因素的设置，应把项目总体目标及总体实施方案、项目管理组织机构及主要管理人员、职业健康安全与环境管理体系及方案、质量管理体系及方案、进度计划及方案、资源配置计划、设计方案及主要施工图、采购管理、施工方案及技术措施、分包管理、保修承诺及措施等作为评标因素。其中设计方案和主要施工图不作为工程施工项目的评标因素。

（四）物资类招标方案编制

1. 明确需求要素

（1）物资的名称、种类、规格、数量、使用功能、技术性能指标、质量标准、验收标准、节能环保指标、价格构成、税种、税率、服务要求、交货地点、交货方式、交货期、专用工具、备品备件、包装要求、检验检测等基本要求。

（2）物资标包的划分。

（3）物资运输方式、使用寿命、使用成本、知识产权等要求。

（4）最高投标限价、报价要求（明确报价范围、税种、税率、设备全生命周期使用成本等）、结算依据、付款条件、结算方式、质量保证、售后服务、培训、违约责任、争议解决等。

2. 投标人资格条件

应根据招标项目的内容范围、功能用途、规模标准、项目需求、国家标准和技术特点以及国家对投标人资质要求设定投标人资格条件。

（1）国家对投标人的生产、经营等资格条件有强制性要求的，应明投标人须取得相应生产、经营等许可。

（2）对投标人业绩有基本要求的，可对投标人的产品在类似工况条件下成功运用的业绩数量作出基本规定，并要求投标人在投标文件中提供类似工况条件下的中标通知书、合同协议书等其他证明材料。

（3）对投标人财务状况（如：负债经营能力、短期偿债能力以及盈利能力状况等财务指标）有基本要求的，可明确投标人的基本财务指标，并要求投标人提供经审计的财务报表等证明材料。

（4）对投标人制造、生产物资所需设备有基本要求的，可对投标人提供拟投入设备的来源、规格（型号、容量）、数量、制造年份、功率、工况等其他技术性能作出基本要求，并要求投标人提供相应证明文件。

（5）还可对投标人拟投入制造、生产物资的技术、管理人员的资质、能力作出基本要求。

3. 评标标准和方法

（1）评标方法依据项目类型按照以下原则选择。

对于技术含量高、工艺复杂的大型或成套设备，技术规格、性能、制作工艺要求难以统一，标准化程度低或非标准的物资，宜采用综合评估法；对于具有通用技术、性能标准或者招标人对其技术、性能没有特殊要求的物资，或技术规格、性能、制作工艺要求统一，标准化程度高的物资，宜采用经评审的最低投标价法。

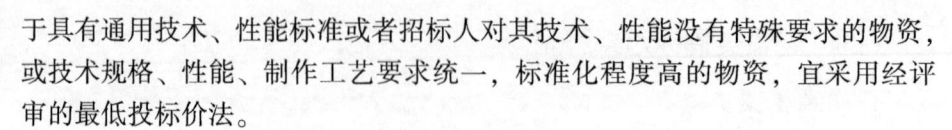

（2）评标标准的编制内容按照要素设置。

商务要素的设置应符合：投标价格、投标人资质、投标有效期应作为实质性要求；交货期、质量保证期宜作为实质性要求；投标人业绩、投标人管理水平、投标人的资源状况等其他因素可以根据项目具体情况和招标人的需求作为评标因素。价格评分时应采用低价优先的原则，即有效评标价格中的最低值得最高分。需对商务、技术进行量化评价的，技术部分分值权重应不高于总权重（100%）的60%；商务部分中投标报价权重应不低于总权重（100%）的30%。

技术因素的设置应符合：应根据物资的特性、相关标准、技术规格书或图纸的要求，选择适宜的技术因素作为评标因素；国家对物资的技术、标准有规定的，应作为实质性要求。

（五）服务类招标方案编制

1. 明确需求要素

（1）项目名称、服务的内容范围、服务方式、服务地点、服务期限、质量标准、计价方式和计费标准、验收方式、安全环保等基本要素。

（2）投标补偿、知识产权要求、服务质量考核、服务承诺、质保期、售后服务、培训。

（3）服务人员资质要求、服务应遵守的招标人提出的规章制度、服务成果的提交及验收。

（4）最高投标限价、报价要求、付款条件、结算方式、违约责任、争议解决等内容。

【例3-4】 某单位拟对食堂服务进行招标，需求要素中仅载明了服务地点、服务年限等，对服务范围仅描述为"提供食堂管理服务"，未明确具体的工作内容、工作标准、服务团队要求等。导致投标人无法根据工作内容测算成本，无法准确响应，不断要求招标文件澄清，并质疑招标文件的公正性，认为招标文件的"模糊化"表述是有利于已经长期提供服务的单位。此案例因招标需求要素不完整导致招标方案编制质量降低，无法准确形成与项目实际匹配的招标方案，影响招标工作推进效率和投标人猜测质疑。为避免发生类似情形，应尽可能地完善招标需求要素，细化要求，便于投标人准确响应。

2. 投标人资格条件

1）资质条件要求

应明确投标人应具备的相应资质类别和等级，资质主要是指由国家行政机关有明确规定的资格条件。

2）拟投入的主要人员（含操作人员）要求

应明确投标人拟投入的主要人员应具有的从业资格能力条件，包括专业、资质、职称、最低工作业绩等要求，要求具有某种资格、资质证书时，应该明确颁发相应证书的机关名称、资质级别及有效范围等。

3）拟投入的主要设备（含试验检测设备）及关键工艺要求

可明确投标人拟投入主要设备的规格、数量、技术性能指标、注册登记情况、检验许可文件以及关键工艺等的基本要求。

4）类似项目业绩要求

可对投标人应具有的约定年限内完成的类似项目业绩作出基本要求，包括项目的数量、规模、质量、运行情况等内容。

5）财务状况要求

可要求投标人具有抵御财务风险顺利完成项目的基本能力，包括资产规模、营业收入、现金流量、资产负债率、速动比率等应达到的基本指标。

3. 评标标准和方法

（1）评标方法依据项目类型按照以下原则选择。

对完成项目的人员素质及能力要求不高，达到基本条件就能保证项目工作质量，同时潜在投标人较多、市场竞争充分的服务项目，可以采取经评审的最低投标价法。

对完成项目需要人员素质、技术储备、设备设施、质量控制等有较高要求，需要综合评价投标人各项能力的服务项目，宜采用综合评估法。

对工程建设设计方案等需要从设计造型美感度、布局合理性、功能完善性等评标因素进行综合评审，同时评标因素指标难以客观量化，主要依靠评审专家的专业素质和经验修养评判的项目，可采用投票法或排序法。

（2）评标标准的编制内容按照要素设置。

商务因素的选择应突出对投标人能力的评比，评标因素除价格以外一般宜包括售后服务、付款条件等其他商务因素。执行统一价格标准的服务项目，其价格不应列为评分因素。

技术因素的选择应根据项目的具体特点，重点评审投标人对项目需求认识程度、项目实施的总体构想、技术思路、对策的可行性、先进性、创新性、项目进度、质量、安全、信息管理等管理控制措施的有效性。

采用综合评估法时，应根据具体项目特点，设置商务与技术部分分值权重。工程勘察、设计、监理、项目管理、油气技术服务、科研、信息、财务、审计、金融、法律、公共咨询等服务项目报价评标因素的权重不应高于总权重（100%）的40%；机械、动力设备、特种设备等修理、租赁、交通运输与物流等服务项目报价评标因素的权重不应低于总权重（100%）的60%。

三、审批招标方案

编制完成的招标方案及其附件，招标人应按集团公司及所属企业招标管理制度，向具有相应管理权限的招标管理部门报审招标方案。报审应采用"招标项目报审相关材料标准格式"（招标办〔2013〕1号），并确保资料的完整性与准确性。

集团公司管理项目的招标方案由集团公司招标管理办公室审批；所属企业管理项目的招标方案由所属企业自行审批。报审过程中，相关部门提出的问题，招标人应修改完善后再次进行报审。

第二节　招标业务委托

本节主要介绍招标人进行招标业务委托应开展的工作内容，包括选择招标专业机构、签订代理服务协议、准备委托资料等。

一、确定委托机构

招标专业机构拥有相应的专业人才和较丰富的实践经验，能够为招标人提供规范化、专业化和集约化的招标代理服务，规范招标采购行为，提高招标采购的质量、水平和效率，依法维护招标投标公开、公平、公正的市场竞争秩序。本着专业人做专业事的原则，招标人原则上应当委托招标专业机构实施招标。

招标人在选择招标专业机构时，应遵循以下原则：

（1）合规原则。在选择招标专业机构时，应遵循相关法律法规的规定，以及集团公司、股份公司及所属企业有关管理制度的规定。集团公司招标项目应当优先选择内部招标专业机构实施。内部招标专业机构不能满足需要的，按管理权限经招标管理部门批准后方可委托集团公司认可的外部招标代理机构实施。针对部分单位涉及的市政、房建等特殊项目，国家及地方政府有相关管理规定的，招标人在选择招标专业机构时，应遵从其规定。

（2）就近原则。招标人在选择招标专业机构时，在满足合规原则的基础上，还应遵循就近选取原则。招标工作涉及大量的协调与沟通，就近选择招标专业机构，可为项目实施提供诸多便利。

（3）唯一原则。招标具有很强的法律法规约束性，属于程序性很强的工作，在招标实施过程中前后关系紧密。为确保招标实施的一致性，招标人在选择招标专业机构时，应遵循唯一原则，即不应将一个招标项目分拆委托给不同的招标专业机构实施。

二、确定委托范围

招标人应根据自身情况，结合所委托招标专业机构的实际能力，进行综合考虑，确定委托范围。招标专业机构可服务范围详见第二章第七节。

招标人可根据招标专业机构的服务范围及项目的实际确定委托范围，原则上从资格预审文件或招标文件编制到发出中标通知书的招标实施，应委托招标专业机构。招标准备阶段，包括市场调研、招标方案编制等，招标人可要求招标专业机构予以协助。后期合同签订应由招标人主导实施，招标专业机构协助。

三、签订代理服务协议

根据集团公司或所属企业有关制度规定，已明确具体实施招标专业机构的，可不签订代理服务协议。除此之外，招标人在委托前，应与招标专业机构签订招标代理服务协议，明确双方权责。招标代理服务协议，应当载明服务范围、双方工作界面及程序、权利义务与期限等，协议内容应当符合国家法律法规和集团公司相关规定。

有关双方的职责和权限，由招标人根据自身企业的情况，与招标专业机构协商确定，见表3-1。

表 3-1　招标代理协议中双方的职责和权限

工作阶段	工作程序	职责划分	
		招标人	招标专业机构
业务委托与招标准备阶段	业务委托	办理业务委托有关手续	接受委托
	收集和分析基础信息	提供开展招标项目所需的相关基础资料和信息	
	落实招标基本条件	保证招标项目具备法定的招标条件	
	拟订招标方案	招标方案的拟订、审查、修改及决策	协助招标方案的拟订及修改
资格预审阶段	编制资格预审文件	资格预审文件的审查、决策及报批(备案)	资格预审文件的编制及修改
	发布资格预审公告	对资格预审公告内容进行确认	资格预审公告的发布
	发售资格预审文件		发售资格预审文件
	资格预审文件澄清与修改	资格预审文件澄清或修改的审查、决策及报批(备案)	发布资格预审文件澄清或修改
	接收资格预审申请文件		资格预审申请文件的接收
	组织资格审查	安排招标人代表参与资格审查	抽取、通知专家组建资格审查委员会,提供资格审查工作的各项保障条件,协助资格审查委员会完成资格审查
	通知资格审查结果	对资格审查结果通知书进行确认	资格审查结果通知书的拟订及发放
招标投标阶段	编制招标文件	招标文件的审查、决策及报批(备案)	招标文件的编制及修改
	发布招标公告或投标邀请书	对招标公告或投标邀请书内容进行确认	招标公告的发布或投标邀请书的发放
	发售招标文件		发售招标文件
	组织潜在投标人踏勘现场	提供现场踏勘条件	组织潜在投标人踏勘项目现场
	组织召开投标预备会	相关问题答复的审查及决策;协调设计单位或其他单位对相关问题进行澄清或说明	投标预备会的会议安排及主持召开;相关问题的收集、汇总和分析,提出初步答复建议并修改

第三章　招标实施——招标人篇

续表

工作阶段	工作程序	职责划分 招标人	职责划分 招标专业机构
招标投标阶段	招标文件澄清与修改	招标文件澄清或修改的审查、决策及报批（备案）；协调设计单位或其他单位对相关问题进行澄清或说明	发布招标文件澄清或修改
	收取投标保证金		收取投标保证金
	接收投标文件		投标文件的接收
开标、评标与定标阶段	组织开标		完成开标准备工作及开标活动的具体实施
	组织评标	安排招标人代表参与评标工作	提供评标工作的各项保障条件，抽取、通知专家组建评标委员会，协助评标委员会完成评标
	评标结果公示	对评标结果进行确认	办理评标结果公示的相关事宜
	处理异议	处理异议	协助处理异议，对异议进行分析并提出处理建议；实施异议的答复等
	协助处理投诉	配合监督管理部门依法组织开展的调查取证及相关处理工作	配合监督管理部门依法组织开展的调查取证及相关处理工作
	定标	进行招标结果备案，确定中标人	
	发布中标公告，发放中标通知书和招标结果通知书	对中标通知书及招标结果通知书进行确认	中标公告的发布，中标通知书和招标结果通知书的拟订和发放
合同签订及后续服务阶段	签订合同	与中标人签订合同	协助招标人与中标人签订合同
	退还投标保证金		投标保证金及其利息（如有）的返还
	编制招标投标情况报告	招标投标情况的书面报告的确认及报备	编制招标投标情况的书面报告
	招标资料收集及移交	接收招标过程资料	收集并移交招标投标活动中形成的相关文件和资料
其他	招标咨询、策划及招标知识培训	按招标代理委托合同约定执行	按招标代理委托合同约定执行

招标代理服务协议可一委托一签，也可签订框架协议。签订框架协议的，在具体项目委托时，招标人应向招标专业机构下达招标项目委托单。

一项目一合同时，招标代理服务协议主要包括以下内容：
（1）招标人及招标专业机构名称和地址；
（2）委托招标项目概况、招标实施所需资料等；
（3）委托招标代理期限；
（4）委托招标代理内容；
（5）双方权利与义务；
（6）服务费金额、支付时间、方式；
（7）合同生效、变更与终止；
（8）违约责任；
（9）争议解决；
（10）其他事项。

签订框架协议时，招标框架服务协议主要包括以下内容：
（1）招标人及招标专业机构名称和地址；
（2）委托招标代理范围及内容；
（3）职责和权限界面；
（4）委托招标代理期限；
（5）双方权利与义务；
（6）服务费计费标准、支付时间、方式；
（7）合同生效、变更与终止；
（8）违约责任；
（9）争议解决；
（10）其他事项。

招标人与内部招标专业机构签订协议时，原则上签订框架服务协议；与外部招标专业机构签订协议时，原则上签订一项目一合同的招标代理协议，且在合同签订前，应征得有关招标管理部门的同意。招标代理协议，还应符合集团公司、所属企业合同管理的相关要求。

四、提交委托资料

招标人在进行招标代理委托时，应向招标专业机构出具正式委托书或委托函，并提供完整、准确的审定版招标代理委托资料。根据招标实施的形式，

第三章 招标实施——招标人篇

可提供电子版或纸质版资料,原则上传统招标项目提供纸质版资料、电子招标项目提供电子版资料。委托资料应签字盖章齐全,技术要求文件签字和盖章应符合相关规范及管理制度规定要求。招标委托时间交接点以招标人提供给招标专业机构的委托资料达到上述标准的时间为准。

招标项目的委托资料原则上包含技术资料和商务资料两大部分,且委托资料应能体现项目的实际所需。一般招标项目包括如下委托资料:

(一) 工程类招标项目的委托资料

(1) 招标项目委托单/委托函及委托资料清单。

(2) 需履行项目审批、核准或备案手续的,应提供审批、核准或备案的相关资料。

(3) 初步设计及概算批复,初步设计批复前需提前实施的项目,需提供投资主管部门(或财务管理部门)关于提前实施的批复或确认资料。

(4) 工程招标项目招标方案报审表、招标方案及其附件。其中招标方案及其附件应包括如下内容:

① 项目基本情况(包括招标范围、工期、施工地点及质量要求等)说明。

② 商务要求文件,包括报价要求(例如,计价方式、报价须知、结算依据、付款方式等)、验收标准、违约责任等。

③ 最高投标限价、招标工程量清单(采取工程量清单计价的施工招标项目适用)等价格文件。

④ 发包人需求及初步设计文件等技术资料(适用于设计施工总承包项目)。

⑤ 技术标准、施工图设计文件等技术文件(适用于施工招标项目)。

⑥ 工程合同及 HSE 合同等。

⑦ 评标方法及评标标准。

⑧ 针对潜在投标人所需的资料文件:

邀请招标:被邀请潜在投标人的信息和有关资料。例如,联系人、电话、电子邮箱、通信地址等资料信息。

公开招标:对潜在投标人的资格要求,并应明确是否接受联合体投标、是否接受分包的要求。如果接受联合体投标,还需要提供联合体协议文本和对联合体各方的资格要求,联合体业绩认定标准等;如果接受分包,应明确分包的范围及分包商的要求。

⑨ 评标委员会组成。包括评委会成员人数、招标人代表人数及抽取评标

97

专家的评审专业及商务、技术评标专家的人数构成情况说明。

⑩ 其他应提供的资料，如与招标项目实施相关的管理制度规定，项目单位的项目机构情况等。

（二）物资类招标项目的委托资料

（1）招标项目委托单/委托函及委托资料清单。

（2）项目批复文件或招标人经审批的物资采购计划。

（3）物资采购招标方案报审表、招标方案及其附件。其中招标方案及其附件应包括如下内容：

① 招标项目概况。包括采购物资需求清单、物资采购项目的交货日期及地点、包装要求和运输方式、付款方式、验收标准、技术服务、售后服务及培训等的要求、违约责任等。

② 最高投标限价文件，提供造价管理部门或规划计划部门确认限价的依据文件。

③ 技术要求文件包括经设计单位或招标人确认的技术规格书、设备数据单和图纸、质量和技术标准、备品备件附件、零配件、专用工具等有关要求。

④ 评标方法及评标标准。

⑤ 针对潜在投标人所需的资料文件：

邀请招标：被邀请潜在投标人的信息和有关资料。例如，联系人、电话、电子邮箱、通信地址、邮编等资料信息。

公开招标：对潜在投标人的资格要求。并应明确是否接受联合体投标和是否接受代理商投标；如果接受联合体投标，还需要提供联合体协议文本和对联合体各方的资质、资格要求，联合体业绩认定标准等；如果接受代理商投标，还需提供对代理商的资格要求。

⑥ 评标委员会组成。包括评委会成员人数、招标人代表人数及抽取评标专家的评审专业及商务、技术评标专家的人数构成情况说明。

⑦ 招标项目所需的《买卖合同》文本条款；如对 HSE 方面有要求的还需要提供《HSE（健康、安全、环境）管理合同》文本条款；如需监造，还需要提供《监造合同》文本条款。

⑧ 其他与本招标项目相关的管理制度、规定及办法或要求等资料文件。

（三）服务类招标项目的委托资料

（1）招标项目委托函/委托单及委托资料清单。

（2）需履行项目审批、核准或备案手续的，应提供审批、核准或备案的相关资料。

（3）资金落实文件资料，资金尚未落实的，需提供投资主管部门（或财务管理部门）关于提前实施的批复或确认资料。

（4）服务招标项目招标方案报审表、招标方案及其附件。其中招标方案及其附件应包括如下内容：

① 服务项目基本情况（包括服务范围、服务期限、服务地点等）说明。

② 商务要求文件，包括报价要求（例如，计价方式、报价依据、结算依据、付款方式等）、验收标准、违约责任等。

③ 基本服务要求，例如，人员要求、服务方案、服务质量、服务标准、成果提交及考核方法等。

④ 最高投标限价，提供造价管理部门或规划计划部门确认限价的依据文件。

⑤ 服务协议文本，协议文本应填写好已确定的重要条款（服务期限、付款方式、结算方式、验收方式、违约金等）。

⑥ 评标办法及评标标准。

⑦ 针对潜在投标人所需的资料文件：

邀请招标：被邀请潜在投标人信息和有关资料和信息。例如，特许经营许可证、联系人、电话、电子邮箱、通信地址、邮编等资料信息。

公开招标：对潜在投标人的资格要求，并应明确是否接受联合体投标。如果接受联合体投标，还需要提供联合体协议文本和对联合体各方的资格要求，联合体业绩认定标准等。

⑧ 评标委员会组成。包括评委会成员人数、招标人代表人数及抽取评标专家的评审专业及商务、技术评标专家的人数构成情况说明。

⑨ 其他应提供的资料，例如，与招标项目实施相关的管理制度规定，项目单位的项目机构情况等。

第三节　招标

本节主要介绍招标人委托招标专业机构后应完成或配合招标专业机构完成的工作内容，包括审核招标文件、协助踏勘现场、招标文件澄清与修改等。

一、协助编制和确认资格预审文件、招标文件

（一）协助编制资格预审文件、招标文件

招标人应当及时提供技术文件和招标方案等资料，协助招标专业机构编制资格预审文件/招标文件，招标人应对招标文件中的投标人资格条件、技术要求、技术标准及商务要求等内容负责。当双方发生争议时，应按照"公开、公平、公正、诚实信用；合法、合规、合理，务实有效"的原则处理，可以组织召开招标文件审查会共同协商，需要设计单位或其他单位予以说明的，招标人予以协调。

（二）确认资格预审文件、招标文件

资格预审文件/招标文件编制完成后，招标人应核对是否与报审的招标方案内容一致。重点审核招标文件内容是否有歧义、要求是否明确、前后是否有矛盾等。对于技术复杂、重大项目的资格预审文件/招标文件，招标人可组织相关专家对资格预审文件/招标文件进行审查。资格预审文件/招标文件审查完成后，招标人应出具资格预审文件/招标文件审查确认函，确认是否可以发售或需要修改的内容。

二、资格预审

资格预审是指招标人通过发布资格预审公告，向不特定的潜在投标人发出邀请，并组织资格审查委员会按照资格预审文件确定的资格预审条件、标准和方法，对资格预审申请人的经营资格、专业资质、财务状况、类似项目业绩、履约信誉、企业认证体系等条件进行评审，确定合格的潜在投标人。未通过审查的资格预审申请人，不具有投标资格。资格预审适用于技术路线较多、且难以统一、潜在投标人数量较多的招标项目。

通过审查，合格资格预审申请人的数量少于3个的，招标人应分析具体原因，采取相应措施后，重新组织资格预审或不再组织资格预审而采取资格后审方式。

资格预审推荐的合格申请人名单在开标前应保密，资格预审的结果不得进行公示。

三、协助踏勘现场

招标人应确定合理的踏勘时间，尽量选择在工作日组织踏勘，并编制现场安全告知书，给予招标专业机构必要的支持和协助，包括维持现场秩序和相关设施的操作演示、招标项目及其现场有关介绍信息和相关单位（勘察、设计等）或其他涉及单位的协调等事项。

工程设计、监理、施工和工程总承包等项目一般需要组织踏勘现场。踏勘过程中，应注意潜在投标人信息的保密，例如，进入门岗要求登记时不应要求所有潜在投标人在一张登记表上登记；应遵守招标专业机构关于踏勘现场的纪律要求；招标人的现场介绍内容应有文字资料，并在踏勘现场后要求招标专业机构以招标文件澄清的形式发送给所有潜在投标人。

【例3-5】 某招标项目，已购买招标文件的潜在投标人表示需要踏勘现场，招标人根据潜在投标人的要求，分批次组织部分潜在投标人进行踏勘现场；对于部分潜在投标人在踏勘现场提出的疑问，仅在现场进行了口头解答。

问题：以上做法是否正确？简述理由。

解析：不正确。首先，招标人不得单独或者分别组织任何一个或一部分投标人进行踏勘现场；其次，对于潜在投标人在踏勘现场过程中提出的疑问，可以召开投标预备会的方式解答，但需同时将解答内容以书面方式通知所有购买招标文件的潜在投标人。

四、协助组织投标预备会

招标人应派代表参加投标预备会对潜在投标人在踏勘现场过程中提出的问题，以及潜在投标人对招标文件提出的问题进行答复。

招标人可以利用投标预备会对招标文件中有关重点、难点等内容作出主动说明。潜在投标人提出的问题涉及技术标准和要求、设计图纸或工程量清单等内容，需要设计单位代表或其他单位予以澄清或说明的，招标人予以协调。

最终答复意见或解答的内容应以书面形式通知所有购买招标文件的潜在投标人。

五、招标文件的澄清与修改

（一）招标文件的主动澄清与修改

招标人认为已发出的招标文件内容存在模糊、遗漏、错误或者矛盾的，应主动进行必要的澄清或修改。澄清或修改的内容可能影响投标文件编制的，例如，关键技术指标、工程量清单等修改，招标人应在递交投标文件截止时间至少15日前通知招标专业机构，不足15日的，招标人应要求招标专业机构顺延递交投标文件的截止时间。不会影响投标文件编制的澄清或修改，则不受上述时间的限制，例如，更改开标会议室等。

（二）应潜在投标人澄清要求的答复

针对潜在投标人对招标文件提出的澄清需求，或在踏勘现场和投标预备会提出的相关问题，招标人应认真进行分析，确属招标文件内容存在模糊、遗漏、错误或者矛盾的，应进行招标文件澄清或修改；若所提澄清要求或问题存在排斥、歧视其他潜在投标人或涉及保密事项的，例如，要求调整技术评分表对某一专有技术或品牌进行加分、询问潜在投标人数量等，招标人应当拒绝。

（三）注意事项

招标人对招标文件进行澄清与修改的，须满足以下要求：

（1）澄清或修改的内容不应限制或排斥潜在投标人依法参加投标竞争。如果澄清或修改的内容存在改变潜在投标人资格的情形，例如，资质条件、业绩实质性要求等变化，应当修改并重新发布招标公告，并顺延招标文件售卖时间和投标截止时间。

（2）禁止通过澄清或修改投标人资格要求、评标办法等内容限制、排斥潜在投标人。

（3）国家或集团公司要求招标文件的澄清或修改内容应履行审批或备案手续的，招标人应在完成规定的报批或备案手续后方可将招标文件的澄清或修改内容发给招标专业机构。实际工作中，一般澄清或修改涉及招标方案实质性内容改变的，例如，招标范围改变、投标人资格条件变化、评分标准改变等，招标人应履行原审批程序。招标文件的澄清或修改构成招标文件的组成部分，对招标人和潜在投标人均具有约束力。

【例3-6】 某依法必须进行招标项目，由于需要澄清或修改的内容较多，

第三章 招标实施——招标人篇

且影响投标文件的编制，招标人组织设计单位和招标专业机构对招标文件完成澄清或修改时，距项目的投标截止时间仅剩5日。招标人要求招标专业机构在发布招标文件澄清或修改时，要求每个潜在投标人写下书面承诺不会因为招标文件的澄清或修改影响其投标。

问题：以上做法是否妥当？简述理由。

分析：不妥当。招标人的做法违反《招标投标法实施条例》第二十一条，澄清或者修改的内容可能影响投标文件编制的，招标人应当在投标截止时间至少15日前，以书面形式通知所有获取招标文件的潜在投标人；不足15日的，招标人应当顺延提交投标文件的截止时间之规定。招标人要求每个投标人写下书面承诺不会因为招标文件的澄清或修改而影响其投标文件编制的行为，违反了法律法规的规定。正确的做法是，招标人应在发出招标文件的澄清或修改的同时，委托招标专业机构相应延长投标截止时间，以保证投标人在收到招标文件的澄清或修改后，有足够时间编制投标文件。

第四节　开标、评标、定标

本节主要介绍招标人在开标、评标、定标等招标实施阶段应完成或配合招标专业机构完成的工作内容。

一、开标

招标人可派人员出席开标仪式。如招标项目设有标底的，招标人应将标底密封带到开标现场，并在开标仪式上当众拆封并宣读。

电子招标项目，招标人可登录中国石油电子招标投标交易平台参加在线开标仪式。

涉及招标人有关开标的异议，招标人应当场作出答复，并作记录，招标人不应在开标现场对投标文件是否有效作出判断。

【例3-7】　某公开招标项目，招标专业机构按照招标文件要求的时间和地点召开了开标会议，共有四家投标人投标，A公司在开标后，要求撤回其投标文件。招标人授意招标专业机构不开封、不唱标A公司投标文件，将其退还A公司，对其余三家的投标文件进行拆封、唱标。

103

问题：以上做法是否妥当？简述理由。

分析：不妥当。招标人授意招标专业机构对 A 公司已提交的投标文件在开标后退还、对其不拆封、不唱标，违反了《招标投标法》第三十六条，"招标人在招标文件要求提交投标文件截止时间前收到的所有投标文件，开标时都应当当众予以开封、宣读"之规定，正确做法是告知 A 公司，开标后投标文件无法撤回，并应在开标会上予以当众开封、宣读。

二、评标

招标人应派代表作为评标委员会成员之招标人代表准时参加评标，招标人代表应独立评审，不得诱导和干扰其他评委评标，与其他评委具有同等表决权，原则上不推荐为评标委员会主任。

评标开始前，招标人可以根据招标文件的内容对项目的特点和基本情况进行简单介绍，提供评标过程所需项目资料，如招标文件规定投标人存在被招标人及上级部门暂停交易等应被否决投标的，招标人应提供单位盖章的相关文件。招标人代表应遵守"公平、公正"原则，不得有诱导、限制、排斥等行为。

三、定标

招标人根据评标委员会提出的书面评标报告和推荐的中标候选人情况确定中标人。招标人也可以授权评标委员会直接确定中标人。

（一）核查评标报告

招标人收到评标报告后，应对评标报告进行复核，主要复核以下内容：一是否决项是否判断有误；二是分值汇总计算是否正确；三是细项评分是否超出评分标准范围；四是评标委员会对客观评审因素评分是否一致。复核发现评审存在错误，可能影响中标结果的，应报招标管理部门审批同意后，要求招标专业机构重新组织评标。

（二）确定中标人

1. 履约能力审查

在发出中标通知书前，如果排名第一的中标候选人的经营、财务状况发生较大变化或者存在违法行为，招标人认为可能影响其履约能力的，应提请

第三章 招标实施——招标人篇

原评标委员会按照招标文件规定的标准和方法审查确认。如果投标人被确定为无能力履行合同,其投标将被否决。在该情况下,招标人将按中标候选人排名顺序的下一个投标人作出同样的审查,最终确定中标人或重新招标。

2. 确定中标人

确定中标人一般在中标候选人公示期满,没有投标人或其他利害关系人提出异议(投诉),或异议和投诉已经妥善处理,双方再无争议时进行,招标人应当形成招标结果(拟授标建议),并附评标报告,按管理权限履行报审手续。

中标人的投标应当符合下列条件之一:能够最大限度地满足招标文件中规定的各项综合评价标准;能够满足招标文件的实质性要求,并且经评审的投标价格最低;但是投标价格低于成本的除外。

法律规定国有资金占控股或者主导地位的依法必须进行招标项目,招标人应确定排名第一的中标候选人为中标人。主要是贯彻"三公"原则,落实择优选择中标人的要求,且有利于提高招标公信力,可以防止受决策者个人主观倾向和非法不当交易,避免招标投标活动因随意确定中标人而失去规范性、严肃性和公信力。排名第一的中标候选人放弃中标、因不可抗力提出不能履行合同,或者招标文件规定应当提交履约保证金而在规定的期限内未能提交,或者被查实存在影响中标结果的违法行为等情形,不符合中标条件的,招标人可以按照评标委员会提出的中标候选人名单排序依次确定其他中标候选人为中标人。依次确定其他中标候选人与招标人预期差距较大,或者对招标人明显不利的,招标人可以重新招标。

(三)签订合同

中标通知书对招标人和中标人均具有法律效力。中标通知书发出后,招标人改变中标结果的,或者中标人放弃中标项目的,应当承担法律责任。招标人和中标人应当在投标有效期内自中标通知书发出之日起三十日内,按照招标文件和中标人的投标文件订立书面合同,明确双方责任、权利和义务。合同的标的、价款、质量、履行期限等主要条款应当与招标文件和中标人的投标文件的内容一致,中标人的投标文件的正偏离和优惠条件应加入合同内容。招标人和中标人不得再行订立背离合同实质性内容的其他协议。签订合同时,双方在不改变招标投标实质性内容的条件下,对非实质性差异的内容可以通过协商取得一致意见。

书面合同的订立应按照《中国石油天然气集团公司合同管理办法》办理

合同审批或授权手续；合同文本优先使用集团公司标准合同文本。

应当注意：

(1) 中标人不与招标人订立合同的，投标保证金不予退还，给招标人造成的损失超过投标保证金金额的，还应对超过部分予以赔偿；

(2) 中标人将中标项目转让给他人的，转让无效，由招标人责令其改正并按照集团公司有关规定和招标文件约定处理；造成损失的应赔偿；违反国家和地方政府有关规定的，交送有关部门处理。

【例3-8】 某公开招标项目，招标专业机构于2018年7月13日发出中标通知书，由于招标人和中标人就价格进行了多次协商，才达成一致意见，招标人最终于2018年9月15日与中标人签订合同。

问题：以上做法是否妥当？简述理由。

解析：不妥当。一是合同的价款应当与招标文件和中标人的投标文件的内容一致，不应再次协商；二是招标人和中标人应当自中标通知书发出之日起30日内，按照中标通知书、招标文件和中标人的投标文件签订合同。

第五节 资料的收集、接收与管理

本节主要介绍招标人在招标过程中应如何进行资料的收集与管理，包括招标前期准备阶段、招标实施阶段及后期履约能力考察阶段的资料收集和整理工作。

一、资料的收集

为便于资料的利用和项目的可追溯，招标人应对招标项目从前期招标准备到招标项目实施完成的所有过程资料进行收集和整理。收集的资料应能反映招标项目从前期准备到招标结果的全过程情况。

资料的收集、整理应及时。纸质资料，应建目录、立卷、装订及归档保存；电子资料，应建目录，做标识后存放于脱机的可靠载体中。原则上由招标项目经理负责对资料的收集和整理。

招标人可从两个方面收集招标项目的资料。一方面是自行收集招标前期的准备资料及后期履约能力考查等所形成的资料，包括招标项目的市场调研、招标策划、招标方案报审表、招标方案及其附件、与招标专业机构等的沟通函件、委托书、履约能力考查方案、履约考察过程文件及履约能力考察报告等;另一方面是接收招标专业机构移交的招标实施过程的资料,包括招标、投标、开标、评标及定标等实施过程所产生的资料。

二、资料的接收

招标人应要求招标专业机构移交招标实施过程资料。移交的时间,招标人应与招标专业机构按照有利于项目合同签订、双方工作便利的原则进行协商,一般在项目实施完成后十日内完成资料的移交。

原则上招标专业机构完成资料的收集、整理,建目录后,移交招标人。实施全流程电子招标投标的项目,应以电子资料为主,纸质资料为辅,原则上招标人接收的移交资料中,电子版本的资料应是一整套完整的资料。未实施全流程电子招标投标的项目,应以纸质资料为主,电子资料为辅,原则上招标人接收的移交资料中,纸质版本的资料应是一整套完整的资料,且应为原件资料,对于投标文件,至少应是所有投标人的一整套正本投标文件。

对于委托外部招标代理机构实施的项目,应要求外部招标代理机构移交所有的招标投标过程文件,包括纸质和电子版本文件,不应在外部招标代理机构留存招标项目的有关资料文件。

招标人在接收招标专业机构移交的资料时,应对资料进行审核,确保资料齐全,资料中的相关签字没有缺漏。审核无误后,双方签订资料移交记录,注明移交资料的内容,资料的移交人和接收人以及移交、接收的时间等信息。资料的内容可参照表(3-2)招标实施过程资料清单,并根据实际情况进行增减。

三、资料的保存与借阅

招标人在接收招标专业机构移交的资料后,应与自行收集的项目资料进行整理合并,形成一套完整的资料,并按照档案管理的要求,移交档案进行管理(表3-2)。保存与纸质文件内容相同的电子文件时,要与纸质文件之间,相互建立准确、可靠的标识关系。电子资料的格式原则上应是通用格式,普通办公软件即可打开,若普通办公软件不可打开的,应进行转化或将专用查看器软件的安装文件一并进行保存。

表 3-2　招标实施过程资料清单

序号	资料清单内容	备注
1	邀请招标的投标确认函（若有）	
2	资格预审文件、招标文件（含招标公告、投标邀请书）	
3	资格预审文件、招标文件审查记录资料	
4	发售资格预审文件登记表、发售招标文件登记表、购买人授权委托书等	
5	踏勘现场登记表、投标预备会登记表	
6	招标过程中的答疑、澄清资料	
7	评标专家抽取记录表、不能抽取评标专家时的状态截图、招标人指定专家函件	
8	参加开标仪式人员登记表（招标人、招标专业机构人员）	
9	参加开标仪式人员登记表（投标人）	
10	开标程序及开标纪律	
11	开标记录表	
12	投标文件递交登记表、投标保证金缴款凭证	
13	资格预审申请文件、投标文件	
14	评标委员会成员承诺书	
15	评标工作人员登记表	
16	评标工作人员承诺书	
17	评标报告	
18	招标实施基本情况表	
19	评标委员会成员签到表	
20	初步评审表	
21	否决投标情况说明表	
22	技术评分表、商务评分表和综合评分汇总表	
23	澄清说明补正、澄清说明补正事项纪要	
24	评标价格比较表、综合评估比较表	
25	投标文件正本	
26	评标结果公示及截图	
27	中标通知书、招标结果通知书	
28	其他相关资料	

对于不需要归档保存的资料文件（如多余的投标文件副本等资料），应及时进行保密销毁。销毁应当履行有关审批手续，涉密文件的销毁应当按照国

家、集团公司保密法律法规和规章制度执行。

文件利用人员应对资料进行妥善保管，符合保密要求，不应任意扩大利用范围，利用者应对所利用的文件负有安全、保密责任。未经许可，不应擅自扩散和泄露文件内容。不应私自复制、转借他人、带到公共场所或存放在无安全防护措施的地方。

招标人也可以根据自身实际情况和相关管理要求，与招标专业机构进行协商，由其代为保管过程资料。原则上委托外部招标代理机构实施的项目，不应委托其保管过程资料。委托内部招标专业机构实施的项目，协商由其代为管理过程资料的，应在招标代理服务协议中进行明确，并注明代为保管的资料内容、期限、保管及借阅方式等信息。招标专业机构代为保存过程资料的，招标人若需使用资料时，应按照招标代理服务协议及招标专业机构的相关管理要求，履行相应的借阅手续。

第六节　其他

本节主要介绍在招标投标活动中招标人可以选择重新招标和重新评标的情形、中止招标和终止招标的情形、异议的受理和处理、投标人失信行为的核查和认定等内容。

一、重新招标

重新招标是招标项目因招标失败、或存在违法违规等情形未能产生合同相对人，招标人再次开展招标活动的行为。

（一）资格预审文件、招标文件购买不足三家

当资格预审文件、招标文件发售期满，购买资格预审文件或招标文件的潜在投标人不足3个，招标人在分析失败原因并采取相应措施后，应当重新招标。

（二）投标不足三家

投标截止时间，如果递交投标文件的投标人不足3个，不得开标。招标人在分析失败原因并采取相应措施后，应当重新招标。

(三) 否决所有投标

经评标委员会评审，认为所有投标都不符合招标文件实质性要求，或通过初评不足3家、评标委员会判定不具备竞争性，否决了所有投标，招标人应当重新招标。招标人应分析失败原因，如果是招标文件资格条件设置、技术要求等不合理原因造成，招标人修改相应内容后应当重新招标。

(四) 中标人不能履行中标义务

国有资金占控股或者主导地位的依法必须招标项目，如果排名第一的中标候选人放弃中标、因不可抗力不能履行合同、不按照招标文件要求提交履约保证金，或者被查实存在影响中标结果的违法行为等情形，不符合中标条件的。招标人如果按照评标委员会提出的中标候选人名单排序依次确定其他中标候选人为中标人，与招标人预期差距较大，或者对招标人明显不利，招标人可以重新招标。

(五) 违反法律、法规规定

招标人编制的资格预审文件、招标文件的内容违反法律、行政法规的强制性规定，违反公开、公平、公正和诚实信用原则，影响资格预审结果或者潜在投标人投标的，招标人应当在修改资格预审文件或者招标文件后重新招标。招标投标活动中相关方违反《招标投标法》和《招标投标法实施条例》相关规定，对中标结果造成实质性影响，且不能采取补救措施予以纠正的，招标、投标、中标无效，也不能采取重新评标和重新确定中标人等方式进行补救的，招标人应当重新招标。

二、重新评标

评标过程中存在明显错误且可能对中标结果造成影响，或中标候选人的经营、财务状况发生较大变化或者存在违法行为，招标人认为可能影响其履约能力的，为保证招标投标活动的公平、公正，维护招标人的利益，应组织重新评标。招标人应准确掌握重新评标需要满足的条件和要求，否则可能导致招标结果无效。

(一) 重新评审的主要情形

重新评审的主要情形有：

(1) 评标委员会的组成存在问题的，报招标管理部门审批同意后，可以

第三章　招标实施——招标人篇

要求招标专业机构重新组织评标。

（2）招标人通过核查评标报告，发现评审有误，且可能对招标结果造成影响的，报招标管理部门审批同意后，可以要求招标专业机构重新组织评标。

（3）投标人或其他利益相关方对评标结果提出异议或投诉，如投诉或异议内容属实、证据确凿，可能对招标结果造成影响的，报招标管理部门审批同意后，招标人可以要求招标专业机构重新组织评标。

（4）在发出中标通知书前，如果中标候选人的经营、财务状况发生较大变化或者存在违法行为，招标人认为可能影响其履约能力的，经报招标管理部门审批后，招标人可以要求招标专业机构请原评标委员会按照招标文件规定的标准和方法重新评标。

（二）重新评审评标委员会的选用

重新评审是评标工作的一部分，原则上应由原评标委员会进行评审；但当原评标委员会组成存在问题或行为存在明显过错时，例如，评标委员会成员有投标人单位人员，或未按照招标文件载明的评标方法、评审标准进行评审，或评审过程中评委存在不当履职行为等，招标人应报招标管理部门审批后，重新组建评标委员会进行评标。

三、中止招标

中止招标是指在招标实施过程中，因商务条款、技术要求或外部法律法规的不确定性，临时需要进行复核、确认而导致招标暂停的行为。中止招标主要来自招标人或者潜在投标人的澄清要求，招标人负责招标中止的确认。招标项目需要中止的，招标人应及时通知招标专业机构和所有购买招标文件的潜在投标人。对于招标中止时间过长的招标项目，建议招标人报招标管理部门履行重新招标手续。

四、终止招标

招标项目终止前，招标人应报招标管理部门履行审批手续，并及时通知招标专业机构，招标人不得随意终止招标程序，须有合适的理由。

常见的终止招标有以下几种情形：一是发现招标文件有重大错误，招标投标活动无法继续进行，必须先终止招标后重新招标；二是国家法律法规或政策发生了变化或调整，原招标项目需要调整招标采购内容，或者需取消原

111

有招标项目不再继续建设，必须终止招标活动；三是企业发生重大经营困难，无力继续维持该项目的投入；四是招标人调整经营管理方向或生产任务，须停止招标项目建设等。

已终止的招标项目需重新启动的，招标人应报原审批部门重新履行审批手续，招标人以书面的形式通知招标专业机构重新实施招标。

五、异议处理

异议的内容分为对资格预审文件和招标文件的异议、对开标的异议、对评标结果的异议和其他异议四种。招标人在收到异议后，应及时受理，依法、妥善处理投标人或者其他利害关系人提出的异议。

（一）异议的受理

1. 受理的条件

异议应以书面的形式提出，但涉及开标的除外。异议书应符合下列四个条件：

（1）异议提起人是所招标项目的潜在投标人、投标人或其他利害关系人。

（2）异议申请的主要内容符合要求。

异议提起人是法人的，应由其法定代表人或者授权代表签字并盖章（由授权代表签署的，应附法定代表人签署的授权委托书原件）；异议提起人是其他组织或者个人的，应由其主要负责人或者异议提起人本人签字，并附有效身份证明文件。异议提起人应有明确的请求和必要的证明材料。异议有关材料是外文的，异议提起人应同时提供其中文译本，并以中文译本为准。

（3）异议事项之前已向招标人或招标专业机构提出的，附有答复意见。

（4）就同一问题提出异议的，异议提起人有新的事实证据。

2. 异议书的审查

异议书存在下列情形之一的，招标人可不予受理：异议提出人不是所招标项目的潜在投标人、投标人或其他利害关系人的；未在有效期限内提出的；未以书面形式提出的；未按要求签字盖章的。

对于不符合受理条件的，招标人应告知异议提起人在 3 个工作日内补充或修改后重新递交。异议提起人在规定时限内，未补充或重新提交异议申请的，视为放弃异议。

招标人在办理接收受理手续时应建立异议处理台账。异议处理台账应包

第三章 招标实施——招标人篇

括异议提起人、事由、受理时间、受理人、处理人、处理情况、答复时间等信息。

3. 特殊情形

已经受理的异议，异议提出人要求撤回的，应准予撤回，异议处理过程终止，异议提出人不得以同一理由再次提出异议。已查实有违法违规情形的，异议不得撤回，招标人应采取相应的补救措施或移交纪检监察部门。

对于异议提出人在异议时限届满后提出的异议，确实存在违法违规情形的，招标人应采取相应的补救措施或移交纪检监察部门。

(二) 异议的处理

1. 总体要求

招标人认为异议事项可能影响资格预审结果或者潜在投标人投标的，或者对中标结果造成实质性影响，且不能采取补救措施予以纠正的，应要求招标专业机构暂停招标投标活动。

因异议致使招标投标活动暂停的，招标人应根据招标项目具体实施阶段要求招标专业机构书面通知潜在投标人、投标人、中标候选人或中标人。

异议应自异议办理登记之日起3日内作出答复（开标现场的异议除外）。

招标人要求招标专业机构答复的，答复的内容需经招标人同意，并不得涉及商业秘密。

招标人的答复，不以异议人是否满意为标准。由于信息不对称或对同一问题的理解有误造成的异议，招标人应当耐心、仔细、主动地向潜在投标人进行澄清、说明，消除潜在投标人误解。

2. 对资格预审文件、招标文件异议的处理

（1）对潜在投标人提出的异议情况属实的。招标人可组织商务、技术人员对资格预审文件、招标文件结合异议事项进行重新审查，是否存在排斥潜在投标人、对投标人实行歧视待遇等违法违规情形，并将审查意见形成异议答复。招标专业机构将异议答复以书面形式通知异议人。

（2）如果对异议的答复涉及变更资格条件的，招标人应要求招标专业机构重新招标。

（3）如果对异议的答复构成对资格预审文件或招标文件澄清或者修改的，招标人应要求招标专业机构将澄清或修改的内容以书面的形式通知所有获取资格预审文件或者招标文件的潜在投标人。澄清或修改的内容可能影响资格

预审申请文件或投标文件编制的,招标专业机构应当顺延提交资格预审申请文件或投标文件的截止时间。

3. 对开标异议的处理

由招标专业机构在开标现场答复,并做好签字及确认。

4. 对评标结果异议的处理

(1) 招标人依据异议事项针对招标文件、投标文件、评标过程文件等进行核查。如有必要,要求招标专业机构组织原评标委员会或重新组建评标委员会进行重新评审,根据核查和评审情况形成异议答复,并将异议答复以书面形式通知异议人。

(2) 原评标委员会重新评审后评标结果需要修改或者变更的,应重新出具评标报告,招标专业机构依据复核意见重新进行中标候选人公示。如果经评标委员会认定招标失败的,招标专业机构应报招标人。招标人根据项目实施情况重新组织招标或变更采购方式。

(3) 无法组织原评标委员会予以纠正或者评标委员会无法自行予以纠正的,招标人应要求招标专业机构重新组建评标委员会进行评审。

5. 对其他内容异议的处理

参照上述处理程序实施。

六、投标人失信处理

招标人一旦发现潜在投标人、投标人及其他利害关系人在招标项目的采购过程中存在弄虚作假、串通投标、中标违约、干扰招标、不当异议(投诉)等失信行为,应及时进行核查认定、信息发布以及惩戒等管理工作。

(一) 核查认定

招标人应在发现投标人存在失信行为后的 3 个工作日内,启动投标人失信行为核查认定。核查认定的程序包括收集证据、行为认定并记分、复核和告知等环节。

1. 收集证据

招标人发现投标人以他人名义投标、为谋取中标排斥其他投标人或者损害招标人利益、中标后无正当理由放弃中标、采用不正当手段破坏招标工作秩序、缺乏事实依据而进行的恶意异议等行为时,应主动收集和要求失信信息提供部门提供证据。

2. 行为认定并记分

招标人根据投标人失信行为的性质和情节轻重进行认定并量化记分。招标人的记分规则见第二章中投标人失信行为管理有关内容。

3. 失信行为复核

招标人要对失信行为人的基本情况和失信情况进一步进行核实。核实的内容包括：项目名称、失信行为的提出单位信息；失信行为人的名称、社会统一信用代码、法定代表人及其身份证号等；失信行为的描述及证据、认定的基础分和加重分、相关证据资料等。

4. 失信行为告知

招标人对投标人失信行为认定复核后，应以书面的形式告知失信行为人。失信行为人在收到告知函之日起3个工作日内无不同意见，视为无异议。

（二）信息发布

招标人可自行在中国石油招标投标网发布投标人失信行为信息，也可委托招标专业机构发布。

投标人失信行为信息发布内容包括：失信行为人名称、统一社会信用代码、法定代表人（或负责人）姓名、法定代表人（或负责人）身份证件类型、法定代表人（或负责人）身份证件号码、项目名称、失信行为具体描述、适用的失信行为代码及描述、失信记分、失信记分有效期的起止时间、发布人等。

失信行为信息有效期自发布之日起算，有效期为三年，有效期届满后记录自动失效。

发布的失信行为信息有错误，招标人应在履行内部审核审批手续后及时撤销或修改并及时公告。

（三）失信惩戒

招标人要根据中国石油招标投标网上发布的失信行为人累积失信分进行惩戒。受到惩戒的法定代表人（或负责人）、委托代理人、项目经理等自然人在其他法人或组织任职的，应受到等同惩戒。

（1）失信分<8分的，招标人应在资格预审文件或招标文件中设置相应评审条款，对失信行为人的投标予以限制、加价或扣分。投标人失信分以开标当日中国石油招标投标网发布的失信行为信息为准。

(2) 8分≤失信分<10分的,暂停其在集团公司范围内的投标资格1~3年。暂停期满后恢复投标资格。

(3) 10分≤失信分的,失信分10分及以上,或在暂停期间再次发生失信行为,永久取消集团公司范围内的投标资格。在合同签订前,中标候选人或中标人因失信被处以暂停或永久取消投标资格的,应取消其中标资格。

第四章 招标实施——招标专业机构篇

本章主要介绍招标专业机构在招标项目实施各阶段应进行的工作内容,包括在招标准备、业务委托、招标、开标、评标、定标、资料管理等各阶段,应自主完成或配合招标人完成的工作。

本章适合招标专业机构学习使用。

第一节 协助招标准备

本节主要介绍在招标准备阶段,若招标人提出协助准备的要求,招标专业机构协助招标人分析招标条件、细化招标需求、完善招标方案等内容。

一、协助招标方案准备

(一) 协助分析招标条件

招标专业机构应依据获取的项目信息和基础资料,合理判断招标人拟招标的项目是否已经具备必要的招标条件。招标专业机构发现招标项目尚不具备招标条件的,应及时告知招标人,说明原因和进一步落实相关招标条件的工作建议,并保留相关记录。

(二) 协助细化招标需求

招标专业机构应协助招标人根据项目批复的有关文件、资料,结合项目实际情况确定招标项目需求要素,主要包括:标段(标包)划分、工期(交货期)、计价方式、结算方式等。若需求要素不完整,将导致招标范围不清晰,投标人无法准确响应。

（三）协助完善招标方案

招标专业机构协助招标人完善招标需求后，在市场调研分析的基础上，协助招标人逐步确定招标方案的核心内容，例如，招标范围描述、投标人资格条件、评标办法等。

招标专业机构应协助招标人完善招标方案编制，可把以往类似招标项目的情况提供给招标人，供招标人决策参考，应充分考虑招标项目特点和投标人市场竞争情况，避免因判断失误导致招标失败。招标方案编制应符合集团公司《招标项目管理与实施工作规范》（Q/SY 1587—2013）的要求。招标专业机构可协助招标人完成招标准备阶段的程序性工作。

二、协助招标资料准备

（一）资料收集

招标专业机构应充分了解招标人基本情况，及时从招标人处获取依法实施和顺利开展招标项目所需的相关基础资料和信息，主要包括：

（1）招标项目前期工作完成情况及相关资料和证明文件，例如，立项批复、招标内容核准意见、规划许可等；

（2）招标项目相关技术经济资料，例如，采购任务说明、技术规格与要求、设计文件及相关资料等；

（3）招标项目所需资金落实情况；

（4）招标人对招标项目实施的初步设想和要求，例如，标段/标包划分、项目完成期限、评标方法、合同关键条款表述等方面的建议和要求；

（5）招标人负责开展招标工作的相应部门或机构等。

（二）数据分析

为提高招标服务质量，招标专业机构应建立、完善并及时更新招标服务基础数据库，在日常工作中全面收集、积累相关资料和信息，并对已完成的招标项目相关数据进行汇总、整理和分析，主要包括：

（1）相关法律法规、部门规章和行政规范性文件；

（2）相关技术标准和规范；

（3）相关招标文件的标准文本、示范文本或其他参考性资料；

（4）相关市场主体、交易、价格趋势等信息；

（5）相关招标项目以往投标情况。

第二节　招标业务承接

本节主要介绍招标专业机构在招标业务承接，接受招标业务委托过程中应遵守的原则和有关注意事项。

一、接受委托

（一）接受委托的原则

1. 合法合规原则

招标专业机构接受委托应遵守国家、地方有关法律、法规及规章和公司相关制度规定，在管理制度规定或招标代理服务协议范围内接受委托。招标专业机构应在业务承接前，充分了解委托招标项目的相关信息，不得承接明知违法违规的委托事项，也不得承接超越其权限许可范围的招标代理业务。比如针对集团公司总部管理招标项目，非集团公司招标中心或者未经集团公司招标管理办公室特别许可，均不应承接。

2. 勤勉尽责原则

招标专业机构接受委托应在依法维护社会公众利益的基础上，对招标人负责，勤勉认真、尽职尽责，并恪守职业道德、廉洁自律。在服务过程中应向招标人及时告知招标代理工作实施情况的相关信息，除非得到事先授权，否则在招标活动中形成的招标工作计划、资格预审公告和招标公告、资格预审文件和招标文件及其澄清和修改、中标通知书等主要文件，以及需作出的可能影响招标结果的各类重要决策，均应按照委托合同约定提前报告招标人审核确认。

3. 利益回避原则

招标专业机构不得承接需要进行投标或者代理投标的招标项目，也不得承接需要为相关投标人提供咨询的招标项目。

（二）委托资料的接收和检查

招标专业机构可设置专岗负责接收委托资料。在接收委托资料时，应与委托经办人做好交接记录，记录的内容应至少包括接收资料的内容及份数、接收资料的时间等信息，由交接双方签字，各存一份。鼓励采取信息化的手段进行委托和接收。在接收委托资料后，应对委托资料的可实施性、完整性进行核查。

1. 可实施性

（1）已列入招标人年度投资计划或财务预算安排，初步设计及概算已批复，资金已经落实。初步设计批复前需提前招标的项目，已获得招标人投资主管部门（或财务管理部门）关于项目提前实施的批复或确认。

（2）招标所需的技术标准、设计图纸等技术文件已经确定。

（3）招标项目审批手续已履行并取得批准。

（4）其他与项目招标有关的前期准备工作已经就绪。

（5）招标委托项目给予了招标专业机构合理的招标实施时间。

2. 完整性

完整性是指招标项目的委托资料齐全，且已完成相关签字盖章手续。工程施工项目一般应提供以下资料：

（1）招标项目委托书或招标项目委托函；

（2）经审批的招标方案报审表及招标方案；

（3）明确的招标项目所需或技术要求、服务要求；

（4）经过设计单位签字盖章的技术规格书、数据单、明确的技术标准要求；

（5）最高投标限价、招标工程量清单等；

（6）明确的商务要求，例如，付款条件、工期等内容。

除此，招标专业机构还应对委托资料的合法合规性进行检查，并对方案合理性进行分析、提出专业建议，在委托范围内维护招标人的合法权益，并承担相应的经济和法律责任。

二、处理委托

招标专业机构接受招标业务委托后，应采取项目管理模式处理委托业务。应当依据项目特点和其技术经济需求、招标人管理要求等，组建由专业人员组成的招标项目组，实施招标代理工作。实行招标专业机构统一管理下的招

第四章 招标实施——招标专业机构篇

标项目经理负责制，招标项目经理负责领导和管理招标项目各项具体工作，保证招标代理活动质量，并承担相应的责任。招标项目组确定后，应第一时间告知招标人，并与其建立沟通联系机制。

招标项目组可由一人或多人组成。对于复杂程度比较高，难度系数大的招标项目或成批次的招标委托项目，原则上应由多人组成。

招标项目经理业务素质及招标项目组成员数量、专业结构及能力水平，应与招标项目规模、技术复杂程度、代理工作量等实际需要相匹配，具体组建方案还应符合招标专业机构在承接业务阶段作出的承诺及招标服务协议中相关约定。招标项目组成员应具备与其岗位和职责分工相适应的专业背景、工作能力和从业经验。

招标项目组成员按照职责分工，配合招标项目经理实施招标代理服务所涉及的各项工作。其中招标项目经理的主要职责包括：

（1）确定招标项目组成员岗位及职责分工；

（2）制定详细招标工作进度计划；

（3）主持编写资格预审公告或招标公告、资格预审文件或招标文件及其澄清和修改等文件；

（4）协助招标人处理异议；

（5）指导、协调和检查团队成员的工作；

（6）按照招标服务协议约定协助招标人开展合同谈判等工作。

在招标代理服务期限内，项目经理和招标项目组中的其他关键成员应相对固定。由于特殊原因，招标专业机构需更换项目经理等关键成员的，应使用同等或更高资格和经验的人员代替。招标项目组的任何成员无法胜任本职工作或行为不端的，招标专业机构应及时对该人员进行更换。

第三节 招标

本节主要介绍招标专业机构在招标项目资格预审文件/招标文件编制、资格预审、发布招标公告、发售招标文件、组织踏勘现场、组建评标委员会、接收投标文件等招标实施过程中应完成或配合招标人完成的工作内容。

一、编制资格预审文件、招标文件

以下重点对招标文件的编制进行介绍，资格预审文件的编制可参照编制招标文件的有关要求和方法。

（一）总体要求

招标专业机构应根据招标项目特点和实际需要，以招标方案及其附件为依据，编制满足项目实际需求的招标文件。

招标专业机构编制招标文件，应优先使用集团公司统一编制并发布的招标文件标准文本。对于集团公司标准文本未覆盖的，应使用国务院发展改革部门会同有关行政监督管理部门制定的最新版标准文本。使用标准文本编制，须遵照标准文本的相应使用要求或注意事项。

集团公司发布的招标文件标准文本是依据国家法律法规，参照国家标准文本，结合集团公司规定及实际情况编制，并不断更新完善，发布的标准文本清单详见集团公司招标管理办公室发布的有关文件。国家标准文件详见表4-1。

表 4-1 国家标准文件

类别	名称	发布年份
工程类	《中华人民共和国标准施工招标文件》	2007 年
	《中华人民共和国标准设计施工总承包（EPC）招标文件》	2012 年
	《中华人民共和国简明标准施工招标文件》	2012 年
物资类	《中华人民共和国标准材料采购招标文件》	2017 年
	《中华人民共和国标准设备采购招标文件》	2017 年
服务类	《中华人民共和国标准设计招标文件》	2017 年
	《中华人民共和国标准监理招标文件》	2017 年
	《中华人民共和国标准勘察招标文件》	2017 年

招标文件作为招标专业机构的核心成果文件，招标专业机构在编制招标文件时应遵照以下要求：

（1）招标文件应符合现行法律法规要求。不得存在不公平、不公正的条款；不得出现招标文件发售、澄清或修改及投标截止时间等时效与法律法规抵触的情况；不得出现通过设定与招标项目具体特点和实际需要不相适应的资格条件要求、以特定行政区域或者特定行业的业绩、奖项作为评标加分条件或中标条件以排斥潜在投标人等问题。

第四章　招标实施——招标专业机构篇

（2）招标文件内容应完整，包括但不限于招标范围、报价要求、技术要求及评审标准和合同文本等，招标文件应能体现招标项目实际需求。

（3）招标文件文字应严谨、规范、简洁，不应出现招标文件前后要求不一致、意思表述存在歧义或重大漏洞等现象。

（4）在使用标准文本时，其"投标人须知"（投标人须知前附表和其他附表除外）、"评标办法"（评标办法前附表除外），应当不加修改地引用。"投标人须知前附表"用于进一步明确"投标人须知"正文中的未尽事宜，在编制过程中不得与"投标人须知"正文内容相抵触，否则抵触内容无效。

此外，招标专业机构在编制招标文件过程中，应与招标人就文件主要内容进行充分讨论和沟通，并将沟通过程中针对关键问题的各方观点、结论方案和保留意见（如有）真实记录备案。

招标专业机构针对招标人提出的意见，应从专业角度作出合理判断，发现招标人提出的意见违反国家现行法律法规规定或集团公司有关管理规定，或存在歧视性条款，或与委托招标项目特点明显不符等情况，应当及时告知招标人，并与招标人进行协商，给出专业的合理化建议，避免招标文件存在违法违规内容。

（二）工程类招标文件

施工招标文件一般包括招标公告/投标邀请书、投标人须知、评标办法、合同条款及格式、工程量清单、图纸、技术标准和要求，以及投标文件格式八个章节。

设计施工总承包招标文件一般包括招标公告/投标邀请书、投标人须知、评标办法、合同条款及格式、发包人要求、发包人提供的资料和投标文件格式七个章节。

以下针对各章节在编制过程中需要注意的事项进行说明：

1. 招标公告/投标邀请书

招标公告为广而告之，投标邀请书仅发送给受邀请的或经过资格预审的潜在投标人。考虑到投标截止时间前潜在投标人信息保密，故投标邀请书上的潜在投标人名称，仅在一对一发送时填写，发布到网上的投标邀请书不应填写潜在投标人信息。

（1）招标条件。应明确写出招标项目名称、审批情况、资金落实情况及招标人名称等信息，其中招标人一般填写招标项目最终签订合同的单位或部门，应写全称，资金渠道一般来自投资、部分来自大修，根据立项资料确定。

（2）项目概况与招标范围。项目概况一般介绍招标项目的背景情况、规模、计划工期、施工地点、质量要求、标段划分及招标范围等信息。

（3）投标人资格要求。应明确是否接受联合体投标，若接受联合体投标的，应进一步明确对联合体各方的要求，特别是业绩的认定标准和要求；有关投标人的资质要求，应严格按照国家行政许可名称填写，且填写资质名称的全称；若有类似业绩要求的，应以金额或技术特征等明确类似业绩的范围，并明确有效业绩的年限要求；对于投标人资格要求，应逐条描述，避免潜在投标人在阅读时遗漏。

（4）招标文件的获取。纸质招标项目，获取时间截止日应为法定工作日，获取方式、地点及售卖价格应清晰表述，地点应精确到房间号，以保证潜在投标人一次性即可成功购买招标文件，对于部分在厂区或大楼内部的售卖地点，有门岗等限制的还应清楚告知如何通过门岗等限制；电子招标项目，获取时间、售卖价格应与中国石油电子招标投标交易平台中系统数据一致，还应告知报名及购买的流程和网址等信息。

（5）投标文件的递交。填写的投标截止时间（即开标时间）建议为24小时制时间；递交地点，纸质招标项目应明确到房间号，电子招标项目应明确在中国石油电子招标投标交易平台递交；收取投标保证金的，应明确金额和递交方式，针对多个标包的项目，还应明确投标保证金是按照项目收取，还是按照标包收取。

（6）发布招标公告的媒介。招标公告在中国石油招标投标网发布，并同步推送到中国招标投标公共服务平台。

（7）联系方式。建议完整填写招标专业机构的有关信息，联系人一般为招标项目经理。

2. 投标人须知

重点载明招标内容，招标投标活动应遵循的程序规则以及对编制、递交投标文件等投标活动的要求，由正文及其前附表两部分组成，招标专业机构应结合招标项目具体特点和实际需要编制和填写投标人须知前附表中内容，在填制时应注意以下内容：

（1）项目名称及投标人资格要求等。此部分招标公告中已有内容，填制时应保持和招标公告要求和描述一致，为避免出错或前后描述不一致，该部分内容，建议可直接描述为："详见招标公告**条款"。

（2）踏勘现场。招标文件应载明是否组织踏勘现场。原则上项目的实施

第四章 招标实施——招标专业机构篇

与周边环境或者现场情况密切相关的工程项目，均应组织踏勘现场，以便潜在投标人充分了解项目信息，有针对性编制施工组织设计，精准预算成本。当组织踏勘时，应明确告知踏勘的集合时间和地点，以及踏勘联系人、联系电话、应配备的劳动保护装备等信息；踏勘时间应合理确定，给招标人足够的路途时间。

（3）投标预备会。若需召开，应明确告知召开投标预备会的时间和地点。若有踏勘现场的，投标预备会一般在踏勘现场后一周内进行；若未进行踏勘现场的项目，应给潜在投标人足够时间熟悉招标文件。

（4）分包。应明确招标项目是否允许分包，若允许分包的，应明确分包的范围及对分包商的要求。特别注意：主体工程不允许分包；专业工程发包时，除劳务分包外原则上不应允许分包。

（5）偏离。原则上不允许负偏离，若允许负偏离的，应明确允许负偏离的内容、范围和幅度。

（6）投标有效期。根据招标项目的实际需求进行填写。若需要进行履约能力考查的项目，投标有效期时间相对较长。通常情况下，投标有效期多数为 90~120 日历日。投标有效期越长，因市场价格变化等因素影响，会一定程度上增加投标人的风险，投标人将此风险考虑入投标报价中，不利于招标人节约成本。

（7）是否允许递交备选投标方案。考虑工程招标项目的相对确定性，而且最终仅对中标人的备选投标方案进行评审，且只有优于投标方案的备选方案才被采纳，实际几乎没有意义，故原则上不允许。

（8）是否退还投标文件。考虑公司存档和项目可追溯等需求，原则上对投标文件不予退还。

（9）投标报价。应明确最高投标限价的金额或计算方法，计算方法所计算的数应唯一，一般应给出具体的金额，不得有多个控制价；并明确最高投标限价是否含税；对于安全文明施工费和工程规费等不可竞争项目的要求，也应在此进行清楚阐述。

（10）投标保证金。应明确是否需要交纳投标保证金。若需要交纳的，应与招标公告有关要求一致，建议直接明确一个数值，且投标保证金金额不应超过招标项目估算金额或最高投标限价的 2%，原则上取整数，且最高不得超过 80 万元人民币。依法必须招标项目投标保证金采用电汇的必须从投标人的基本存款账户汇出，投标文件中应提供投标人的基本存款账户开户许可证或基本存款账户开户银行出具的证明。

(11)履约担保。应明确是否需要履约担保。若需要的，应明确履约担保的形式和金额及递交时间等信息。特别注意，收取质量保证金的项目不应同时收取履约保证金，且履约担保金不应超过合同金额的10%。

(12)其他。若需要中标人交纳招标服务费的，应在此进行明确，并明确交纳的金额或计算方法、交纳时间及收款账号等信息；应明确投标人提出异议、投诉的渠道，包括受理异议、投诉的单位/部门名称、联系人、联系电话及地址等信息，电子招标项目应明确投标人对项目有异议的，应通过中国石油电子招标投标交易平台提出；同时建议明确受理投诉的有关前提条件和要求。

3. 评标方法

一般包括评标方法、评标标准、评标程序及评标标准附表四个部分，相关编制要求如下：

评标标准和方法应科学、公平和公正，满足评标委员会对投标文件的评审和比较，以及择优推荐中标候选人或依招标人授权确定中标人的需要。

依据招标项目的技术、经济要求通常选择经评审的最低投标价法或综合评估法，评标因素和标准如下：

初步评审：一般包括形式评审、资格评审和响应性评审，对投标文件响应形式、投标人资格、投标文件是否响应招标文件实质性要求等进行评审。采用经评审的最低投标价法时，初步评审还包括施工组织设计和项目管理机构的评审。

详细评审：采用经评审的最低投标价法时，应对投标报价进行算术性错误修正，并明确计算评标价的方法、因素和调整标准，评标委员会按照评标价由低到高的顺序推荐中标候选人或依招标人授权确定中标人。

采用综合评估法时，一般采用打分方法衡量投标文件对招标文件中规定的价格、商务、技术等各项评价因素的响应程度，一般包括投标报价、施工组织设计、项目管理机构及财务能力、业绩与信誉等评标因素。评标委员会按照综合得分由高到低的顺序推荐中标候选人或依招标人授权确定中标人。

无论采用何种评标方法，评标委员会发现投标人的报价明显低于其他投标报价，或者在设有标底时明显低于标底，使得其投标报价可能低于其成本的，应当要求该投标人作出书面说明并提供相应的证明材料。投标人不能合理说明或者不能提供相应证明材料的，由评标委员会认定该投标人以低于成本报价竞标，按否决投标处理。

4. 合同条款及格式

本章应采用集团公司或所属企业的标准合同文本，一般由通用合同条款、专用合同条款、HSE 合同条款及合同有关附件组成。编制本章节时，应结合招标项目实际特点和管理要求，在专用合同条款中对合同主体的责任和义务、工程质量、进度计划、开竣工时间、合同价格的确定与调整、计量与支付、变更、竣工验收、缺陷责任与保修责任、违约、索赔、争议的解决等实质性内容和关键性条款作必要的细化和补充。在工程施工过程中，发包人需承包人遵守的项目建设管理制度或需承包人满足的其他合同要求，也应在本章节中予以阐明。

有关细化的招标范围、合同形式、结算条款、付款方式、违约、索赔及保修条款等应与招标文件其他章节的要求保持一致。对于部分评审项内容，投标人需要应答的，在合同细化中可标注为："以优于招标文件规定要求的投标应答为准"，比如工期、保修期等。

5. 工程量清单

施工招标项目，应提供招标工程量清单，提供的招标工程量清单应符合《建设工程工程量清单计价规范》或《石油建设项目工程量清单编制规则》的要求。为便于投标人使用，建议以附件的形式提供 EXCEL 电子版清单和 PDF 版或纸版清单各一份，并保持两份文件的一致。此外，还应在本章明确投标报价的详细要求。工程量清单招标的投标报价要求一般由工程量清单的编制说明、清单报价须知、合同形式、设计变更处理原则等内容组成。特别应明确招标人和投标人双方权责及投标人应承担的有关风险，以及不可竞争费的报价要求等。

6. 图纸

施工招标项目应提供审定的施工图，提供的图纸应是招标工程量清单的编制依据，图纸与清单应保持一致；设计施工总承包招标项目根据实际情况，一般提供审定的初步设计文件；在招标文件中应明确图名、图号、版本及出图日期等信息；图纸一般以附件形式提供。

7. 技术标准和要求

本章主要对图纸等技术文件所未包含的技术标准和要求进行阐述，重点应明确如下事宜：

（1）针对部分有乙供材料、设备的招标项目，需要对乙供材料、设备的有关技术标准和要求进行说明，若有相应技术规格书的，应作为本章附件。

但应特别注意，不得要求或标明某一特定的专利、商标、名称、设计、原产地或生产供应者。

（2）对招标项目所在地施工环境、"三通一平"等情况，发包人和承包人的工作界面，承包人现场办公条件和监理等情况进行详细说明。

（3）对于有专业工程暂估价或材料设备暂估价的项目，应对暂估价的使用要求进行阐述；对于达到招标限额的专业暂估工程，还应采取招标的方式进行选商。

（4）发包人有相关管理要求的，应一并在此说明，并将相关管理要求作为本章附件。

8. 投标文件格式

重点阐明投标人在编制投标文件时应使用的各类格式文件及相关编写要求，例如，投标函及投标函附录、法定代表人身份证明或授权委托书、联合体协议书、投标保证金、已标价工程量清单、施工组织设计、项目管理机构、拟分包项目情况表、资格审查资料、其他材料等。

本章内容应与投标人须知中投标文件构成内容及编制要求，以及评标标准和方法中评审内容相匹配，<u>不</u>应设置与评审内容无关的格式并要求投标人响应。针对有承诺要求的响应项，应在本章设置相应的承诺格式文件或者直接将承诺内容编辑入投标函中。

9. 其他内容

设计施工总承包招标项目还有发包人要求和发包人提供的资料两个章节的内容。发包人要求一般包括发包人对项目指标性能的要求、对项目管理的要求以及设计施工总承包报价要求几个部分。根据项目实际所需进行填写即可。发包人提供的资料，一般包括项目的勘察报告、初步设计文件和有关管理规定等资料文件。

（三）物资类招标文件

物资类招标文件一般包括招标公告/投标邀请书、投标人须知、评标办法、合同条款及格式、供货要求，还有投标文件格式六个章节。

以下针对各章节在编制过程中需要注意的事项进行说明。

1. 招标公告/投标邀请书

对于投标邀请书，应注意潜在投标人信息的保密，具体作法详见工程类招标文件中有关要求。

第四章 招标实施——招标专业机构篇

（1）招标条件。应明确写出招标项目名称、审批情况、资金落实情况及招标人名称等信息；其中招标人一般填写招标项目最终签订合同的单位或部门，应写全称；资金渠道一般有投资、大修和生产成本三个渠道，根据实际情况选填。

（2）项目概况与招标范围。一般介绍本次所采购材料或设备的用途、使用地点、标段划分和本次招标采购设备的名称、数量、技术规格、交货地点、交货期等信息。

（3）投标人资格要求。有关投标人的资质要求，应严格按照国家行政许可名称填写，且填写资质名称的全称；若有类似业绩要求的，应以数量、金额或技术特征等明确类似业绩的范围，以及类似业绩的时间要求；若允许代理商投标的，应在此进行明确，同时建议对制造商和代理商的资质资格要求进行分别描述，避免歧义；除此，还应对投标人资格条件进行逐条描述，避免潜在投标人在阅读时遗漏。

（4）招标文件的获取、投标文件的递交、发布招标公告的媒介及联系方式的填制要求，详见工程类招标文件对应条款编制说明。

2. 投标人须知

重点载明招标内容，招标投标活动应遵循的程序规则以及编制、递交投标文件等投标活动的要求，由正文及其前附表两部分组成，招标专业机构应结合招标项目具体特点和实际需要编制和填写投标人须知前附表中内容，在填制时应注意以下内容：

（1）招标代理机构、项目名称、交货期及投标人资格要求等。此部分招标公告中已有内容，填制时应保持和招标公告要求和描述一致，为避免出错或前后描述不一致，该部分内容，建议可直接描述为："详见招标公告＊＊条款"。

（2）技术性能指标。根据实际情况，可不在此进行详细描述。此处可填写为："详见第五章供货要求"。

（3）是否允许联合体投标、分包、是否召开投标预备会。根据以往物资采购项目的情况，一般物资招标项目不需要采用联合体形式，也无须中标人进行分包，但是对于部分设计、制造合并招标的特殊项目，且市场上多数为两个单位合作方可完成的，为扩大竞争，原则上应接受联合体投标或允许分包，例如，平台橇装设备采购；投标预备会通常情况下无须召开，若有特殊需求的，对应填写要求详见工程类招标文件相应条款的编制要求。

（4）偏离。原则上不允许负偏离。若允许负偏离的，应明确允许负偏离的内容、范围和项数。

（5）投标有效期。具体要求详见工程类招标文件对应条款编制说明。

（6）最高投标限价。填制最高投标限价金额或计算方法，并明确是否含税，是否包括运输费、安装费、调试费及培训费等。

（7）投标报价。一般填写投标报价所包括的内容及有关注意事项，特别注意应明确投标报价是否含包装、运输、安装调试及售后培训等费用，且应与最高投标限价所包括内容保持一致。

（8）投标保证金。具体要求详见工程类招标文件对应条款编制说明。

（9）履约保证金。应明确是否需要履约保证金。若需要的，应填制履约保证金的金额及递交时间等信息。履约保证金金额不应超过合同金额的10%。

（10）其他。若需要中标人交纳招标服务费的，应在此进行明确，并明确交纳的金额或计算方法、交纳时间及收款账号等信息；应明确投标人提出异议、投诉的渠道，包括受理异议、投诉的单位/部门名称、联系人、联系电话及地址等信息，电子招标项目应明确投标人对项目有异议的，应通过中国石油电子招标投标交易平台提出。同时建议明确受理投诉的有关前提条件和要求。

3. 评标方法

一般由评标方法、评标标准、评标程序及评标标准附表四个部分组成，相关编制要求如下：

评标标准和方法应科学、公平和公正，满足评标委员会对投标文件的评审和比较，以及择优推荐中标候选人或依招标人授权确定中标人的需要。

依据招标项目的技术、经济要求通常选择经评审的最低投标价法或综合评估法。技术简单或技术规格、性能、制作工艺要求统一的物资，一般采用经评审的最低投标价法。技术复杂或技术规格、性能、制作工艺要求难以统一的物资，一般采用综合评估法。相关评标因素和标准如下：

初步评审：一般包括形式评审、资格评审和响应性评审三个部分，对投标文件的外在形式、投标人资格、投标文件是否响应招标文件实质性要求等进行评审。采用经评审的最低投标价法时，还应对技术响应内容进行评审。

详细评审：采用经评审的最低投标价法时，应对投标报价进行算术性错误修正，并明确计算评标价的方法、因素和调整标准，评标委员会按照评标价由低到高的顺序推荐中标候选人或依招标人授权确定中标人。

采用综合评估法时，一般采用打分方法衡量投标文件对招标文件中规定的价格、商务、技术等各项评价因素的响应程度，包括投标报价、交货期、售后服务承诺及财务能力、业绩与信誉等评标因素。评标委员会按照综合得分由高到低的顺序推荐中标候选人或依招标人授权确定中标人。

4. 合同条款及格式

本章应采用集团公司或所属企业的标准合同文本，一般由通用合同条款、专用合同条款及合同有关附件组成。若需要监造的项目，还应有监造合同文本。编制本章节时，应结合招标项目实际特点和管理要求，在专用合同条款中对合同的标的、数量、质量、价款、履行期限、履行地点和方式、违约责任、解决争议的方法等实质性内容和关键性条款作必要的细化和补充。明确物资的运输与包装、装运与通知、装运标识、保险等事项；技术文件的交付、设计联络会以及具体履行地点、招标人计划的履行期限和合同履行方式等事项；明确物资的工厂检验和监造要求，明确物资的安装、调试和最终验收，包括检验标准、检验方法、检验程序和结果处理、质量保证期等事项；明确索赔处理程序、期限等事项。特别注意，有关细化的条款应与招标文件其他章节的要求保持一致。对于部分评审项内容，投标人需要应答的，在合同细化中可标注为："以优于招标文件规定要求的投标应答为准"，比如交货期、保修期等。

5. 供货要求

应尽可能清晰准确地提出对物资的需求，并对所要求提供的物资名称、规格、数量及单位、交货时间、交货地点、技术性能指标、检验考核要求、技术服务和售后服务要求等作出说明。供货要求一般包括以下几部分：

（1）项目概况及总体要求。根据需要对项目的概况进行介绍，以使投标人更清晰地了解供货的总体要求和相关信息。

（2）设备需求一览表。明确物资主机、部件、配件、辅助件、备品备件、相关服务的名称及需求数量。

（3）技术性能指标。按照招标项目技术需求和专业特点，应阐明招标项目需要遵守的国家标准、规范、规程和具体要求。本部分内容应符合国家强制性标准，不得要求或标明某一特定的专利、商标、名称、设计、原产地或生产供应者，不得含有倾向或者排斥潜在投标人的内容。如果必须引用某一供应者的技术规格才能准确或清楚地说明招标物资的技术规格时，则应当在后面加上"或相当于"的字样。

（4）其他。招标项目若有检验考核或售后服务、培训要求的，应在此一并进行阐述。

6. 投标文件格式

应阐明投标人在编制投标文件时应使用的各类格式文件及相关编写要求，例如，投标函、法定代表人身份证明或授权委托书、投标保证金、分项报价表、投标设备/材料技术性能质保、资格审查资料、其他材料等。本章节内容应与投标人须知中投标文件构成内容及编制要求，以及评标标准和方法中评审内容相匹配，不得设置与评审内容无关的格式并要求投标人响应。针对有承诺要求的响应项，应在本章有相应的承诺格式文件或者直接将承诺内容编辑入投标函中。

（四）服务类招标文件

服务类招标文件一般包括招标公告/投标邀请书、投标人须知、评标办法、合同条款及格式、发包人要求，还有投标文件格式六个章节。

以下针对各章节中在编制过程中需要注意的事项进行说明。

1. 招标公告/投标邀请书

对于投标邀请书，应注意潜在投标人信息的保密，具体作法详见工程类招标文件中有关要求。

（1）招标条件。应明确写出招标项目名称、审批情况、资金落实情况及招标人名称等信息，其中招标人一般填写招标项目最终签订合同的单位或部门，应写全称；资金渠道一般有投资、大修和生产成本三个渠道，根据实际情况选填，一般建设工程项目的服务招标项目资金渠道为投资，生产岗位劳务外包类招标项目资金渠道一般为生产成本。

（2）项目概况与招标范围。一般介绍服务的地点、规模、服务内容及期限、标段划分等信息。

（3）投标人资格要求。有关投标人的资质要求，应严格按照国家行政许可名称填写，且填写资质名称的全称；若有类似业绩要求的，应以金额或类别等明确类似业绩的范围，以及类似业绩的时间要求；还应明确是否接受联合体投标，接受联合体投标的，应明确联合体各方的资质、资格要求，各方的业绩认定标准要求等；除此，还应对投标人资格条件进行逐条描述，避免潜在投标人在阅读时遗漏。

（4）招标文件的获取、投标文件的递交、发布招标公告的媒介及联系方式的填制要求，详见工程类招标文件对应条款编制说明。

2. 投标人须知

重点载明招标内容，招标投标活动应遵循的程序规则以及对编制、递交

第四章　招标实施——招标专业机构篇

投标文件等投标活动的要求，由正文及其前附表两部分组成，招标专业机构应结合招标项目具体特点和实际需要编制和填写投标人须知前附表中内容，在填制时应注意以下内容：

（1）招标代理机构、项目名称、服务期限及投标人资格要求等。此部分招标公告中已有内容，填制时应保持和招标公告要求和描述一致，为避免出错或前后描述不一致，该部分内容，建议可直接描述为："详见招标公告＊＊条款"。

（2）质量要求。应满足招标人标的质量要求或符合相关技术规范标准的要求，具体要求应与发包人章节的内容对应。

（3）踏勘现场。原则上项目的实施与周边环境或者现场情况密切相关的服务项目，例如，设计、监理、勘察等招标项目，应组织踏勘现场，以便潜在投标人充分了解项目信息，有针对性编制服务方案，精准预算成本。具体要求和作法详见工程类招标文件对应条款编制说明。

（4）投标预备会。具体要求详见工程类招标文件对应条款编制说明。

（5）分包。应明确招标项目是否允许分包，若允许分包的，应明确分包的范围及对分包商的要求。服务项目多获取的是智力成果，原则上不允许分包。

（6）偏离。原则上不允许负偏离，若允许负偏离的，应明确允许负偏离的内容和范围。

（7）投标有效期。具体要求详见工程类招标文件对应条款编制说明。

（8）最高投标限价。填制最高投标限价金额或计算方法，并明确是否含税。

（9）报价方式。一般有固定总价、固定单价和固定费率几种类型，根据国家或行业相关管理规定，结合招标项目和相关市场交易特点以及招标人管理需求，合理确定招标服务计价模式、报价方法和相关要求。

（10）投标保证金。具体要求详见工程类招标文件对应条款编制说明。

（11）履约保证金。应明确是否需要履约保证金。若需要的，应填制履约保证金的金额及递交时间等信息。特别注意履约保证金金额不应超过合同金额的10%。

（12）其他。应明确是否允许或要求投标人提交备选投标方案，以及备选投标方案编制、提交的相关要求（一般适用于勘察、设计招标）；应结合项目重要性、规模和技术特征，以满足评标工作实际需要为原则，合理确定投标文件特别是表现投标方案的相关技术文件（模型、沙盘、展板、动画、音视频介绍、图纸图册等）的内容、形式、数量和制作要求等（一般适用于设计招标）；如投标技术文件拟采用暗标评审，须知中应明确暗标技术文件的具体制作要求；如设置投标补偿，须知中应明确招标人对投标人进行经济补偿的具体方案，包括补偿范围、标准和办法等；在满足相关法定投标准备时限的前提下，依据招标项目技术特点和复杂程度，结合投标技术文件编制内容及深度等要求，合理设定投标人编制和提交投标文件的时限；应明确投标方案知识产权范围、权属、侵权责任等相关事宜，通常可约定投标人拥有投标方案的著作权，招标人在其招标的建设项目中拥有中标方案的使用权，招标人若使用其他未中标人提出的投标方案应事先征得其书面同意并支付合理使用费等（一般适用于设计招标）；招标人要求中标人办理职业责任保险的，应在投标人须知中明确相关要求。

若需要中标人交纳招标服务费的，应在此进行明确，并明确交纳的金额或计算方法、交纳时间及收款账号等信息；应明确投标人提出异议、投诉的渠道，包括受理异议、投诉的单位/部门名称，联系人、联系电话及地址等信息，电子招标项目应明确投标人对项目有异议的，应通过中国石油电子招标投标交易平台提出。同时建议明确受理投诉的有关前提条件和要求。

3. 评标方法

一般包括评标方法、评标标准、评标程序及评标标准附表四个部分，相关编制要求如下：

评标标准和方法应科学、公平和公正，满足评标委员会对投标文件的评审和比较，以及择优推荐中标候选人或依招标人授权确定中标人的需要。服务项目一般选用综合评估法，部分招标项目可采用经评审的最低投标价法。相关评标因素和标准如下：

基于服务质量和专业能力进行择优选择的原则，评标方法通常采用综合评估法，具体形式包括打分法、投票法、排序法等，主要评标因素通常包括技术方案、类似项目业绩、人员专业素质和能力、技术设备和专业手段以及服务费报价等，可根据所属行业、专业特点和具体需求加以选择。

相关行业、地方对评标方法选择、评标因素及权重设定（选择打分法时）、评标工作程序等有具体规定和明确要求的，应遵照执行。

4. 合同条款及格式

本章应采用集团公司或所属企业的标准合同文本，一般由通用合同条款、专用合同条款及合同有关附件组成。在专用合同条款中对服务范围和工作内容、服务期限和进度、服务质量标准、服务成果交付及审查要求、酬金支付及调整方法、专业分包、知识产权、职业责任保险、工作开展条件及配合服务要求等实质性内容和关键性条款作必要的细化和补充。特别注意，有关细化的条款应与招标文件其他章节的要求保持一致。对于部分评审项内容，投标人需要应答的，在合同细化中可标注为："以优于招标文件规定要求的投标应答为准"，比如服务期限和进度、付款条款等。

5. 发包人要求

不同类别的服务招标项目，其发包人要求略有不同。但总体上应完整、清晰地提供投标人全面理解服务采购需求和服务工作开展条件、进行投标决策、准备投标文件和进行投标报价所必需的信息，并附必要的技术资料和证明文件，同时应注意与招标文件其他部分内容衔接一致。内容上一般由服务要求、需满足的规范标准、服务成果文件要求及产权归属等，还有发包人能提供的相关资料等部分组成。在编制时，应按照项目实际需求细化服务要求有关事宜。

6. 投标文件格式

重点阐明投标人在编制投标文件时应使用的各类格式文件及相关编写要求，例如，投标函及投标函附录、法定代表人身份证明或授权委托书、联合体协议书、投标保证金、投标报价表、服务方案、资格审查资料、其他材料等。本章节内容应与投标人须知中投标文件构成内容及编制要求，以及评标标准和方法中评审内容相匹配，不得设置与评审内容无关的格式并要求投标人响应。针对有承诺要求的响应项，应在本章有相应的承诺格式文件或者直接将承诺内容编辑入投标函中。

二、资格预审

招标人要求组织资格预审的项目，招标专业机构应组织资格预审。

资格审查工作结束后，招标专业机构应编写资格审查结果通知书，经招标人确认后，分别书面告知所有递交资格预审申请文件的申请人通过或未通过资格审查。

对于通过资格审查的申请人，招标专业机构向其发出投标邀请书代替资格审查结果通知书，告知其购买招标文件的地点、时间、方式和相关事项，对于未通过资格审查的申请人，招标专业机构仍应及时发出资格审查结果通知书。

资格预审推荐的合格申请人名单在开标前应保密。

三、发布招标公告和投标邀请书

采用资格后审的公开招标项目，招标专业机构应编制招标公告，以邀请不特定的潜在投标人参加投标；采用资格预审的公开招标项目或邀请招标项目，招标专业机构应编制投标邀请书，以邀请特定对象参与投标。

（一）发布招标公告

招标文件完成审批后，招标专业机构工作人员应登录中国石油电子招标投标交易平台，在线创建招标公告，经审批后发布到中国石油招标投标网，需要招标人提供相关资料或进行协调的，招标专业机构应提请招标人予以协助。

招标公告发布后，招标人需调整招标范围、申请人资格条件等实质性内容的，招标专业机构应重新发布招标公告或发布变更公告。

招标公告的发布应重点注意以下事项：

（1）招标公告的内容应齐全，符合国家和集团公司相关标准文件要求，并充分披露项目相关信息以及对申请人的资格条件要求；

（2）招标专业机构在不同媒介上发布的招标公告内容应一致；

（3）招标文件中包括的招标公告与各媒介发布的公告内容应一致。

（二）发出投标邀请书

资格预审的公开招标项目，招标专业机构应向通过资格预审的合格资格预审申请人发出投标邀请书，邀请其参与投标；邀请招标项目，招标专业机构应向招标人确定的邀请对象发出投标邀请书，邀请其参与投标。投标邀请书发布后，招标专业机构工作人员应及时与邀请对象联系，请其及时查收，并回函告知是否参与投标。

四、发售招标文件

招标文件发售前应由招标人履行确认手续，招标专业机构应当按照招标公告规定的时间、地点和方式，安排专人负责发售招标文件，并要求潜在投标人填写《领取（购买）招标文件登记表》。招标文件的发售期不应少于5

第四章 招标实施——招标专业机构篇

日，招标文件发售截止时间应为工作日。

招标专业机构的文件发售人员不得以任何形式限制潜在投标人购买招标文件，包括设置审查潜在投标人单位业绩、人员业绩、资格条件等环节，要求潜在投标人法人必须亲自购买招标文件，明示或暗示潜在投标人可以或不可以参与某标段/标包的投标等行为。

招标专业机构应及时汇总购买各标段/标包招标文件的潜在投标人名单。除招标人外，招标专业机构不得向他人透露已购买招标文件的潜在投标人的名称、数量以及可能影响公平竞争的有关招标投标的其他情况。

招标文件的发售费用应仅限于补偿招标专业机构印刷和邮寄招标文件的费用支出，不得以营利为目的，并应为潜在投标人出具招标文件售卖发票。国家或集团公司对招标文件收费有明确规定的，应执行其规定。

招标文件发售期满，购买招标文件的潜在投标人不足 3 个时，招标专业机构应及时告知招标人，协助招标人分析失败原因，调整招标文件的有关内容并重新组织招标。

电子招标项目，招标专业机构应登录中国石油电子招标投标交易平台，在线完成招标文件的编制和报审后，在发布招标公告的同时发布招标文件，在线完成招标文件的售卖。

五、组织踏勘现场

根据招标项目实际需要，拟组织踏勘现场的，招标专业机构应在招标文件中明确踏勘现场的时间、地点、应配备的劳动保护装备和相关注意事项。踏勘现场过程中，招标专业机构应组织相关人员向潜在投标人介绍招标项目有关情况。主要介绍招标项目的场地、经济、地理、地质气候、食宿交通、施工进度要求等情况。

踏勘现场的组织程序：

（1）招标专业机构工作人员在招标文件中规定的时间和地点，召集潜在投标人；

（2）检查进入现场人员的劳动保护装备；

（3）招标专业机构工作人员介绍踏勘现场的纪律要求；

（4）招标人代表介绍踏勘现场安全注意事项；

（5）组织潜在投标人前往项目现场；

（6）依据事先确定的踏勘路线，招标人代表介绍项目现场内外实施条件；

(7) 潜在投标人踏勘项目现场；

(8) 现场踏勘结束。

组织踏勘现场过程中，需要招标人给予必要支持的，招标专业机构应提请招标人进行协助，包括现场进入和相关设施的临时使用、招标项目及其现场有关信息的提供和介绍、相关单位（勘察、设计、造价等）或其他涉及单位的协调等事项。

踏勘现场应当注意如下事项：

(1) 踏勘现场应邀请所有潜在投标人参加，不得单独、分批组织潜在投标人进行踏勘现场；

(2) 踏勘现场应在招标文件发售截止时间之后并确保所有潜在投标人有足够的路途时间到达踏勘现场；

(3) 踏勘现场的潜在投标人应分别单独填写踏勘现场登记表；

(4) 招标人、招标专业机构现场的介绍仅作为潜在投标人的参考，最终以书面的澄清和答疑为准；

(5) 在踏勘现场的过程中，须对潜在投标人名称、联系人、联系方式等信息保密，同时应要求潜在投标人自身作好保密。招标专业机构不得聚众点名，潜在投标人不得穿戴有公司标识的服装，不得进行自我介绍或打听其他潜在投标人的信息。

【例4-1】 某招标文件规定，5月20日、5月25日分别为该项目两批次踏勘现场日，未参加踏勘现场的，投标无效。

解析：不妥当。踏勘现场不可分批次组织；踏勘现场是潜在投标人的权利不是义务，潜在投标人可以自主决定是否参与踏勘现场，不能因其未参加踏勘现场而认定其投标无效。

六、组织投标预备会

根据招标项目实际需要，拟组织召开投标预备会的，招标专业机构应在招标文件中明确召开投标预备会的时间、地点和相关注意事项。投标预备会的召开时间不宜距离招标文件出售截止时间过近，应保证所有潜在投标人有足够的时间熟悉招标文件相关内容。

招标专业机构应根据潜在投标人的数量预定投标预备会召开场所，准备会议所需的必要设备、设施，并提请招标人予以支持。

招标专业机构应对潜在投标人在踏勘现场过程后提出的问题以及潜在投

第四章　招标实施——招标专业机构篇

标人对招标文件提出的其他疑问进行汇总、分析，提出初步答复建议，与招标人充分沟通后，确定最终答复意见。潜在投标人提出的问题涉及技术标准和要求、设计图纸或工程量清单等内容，需要设计单位或其他单位予以澄清或说明的，招标专业机构应提请招标人予以协调。

投标预备会由招标专业机构负责组织召开。招标专业机构应提前通知招标人，邀请其派代表参加投标预备会。

投标预备会的组织程序一般如下：

（1）各潜在投标人分别填写投标预备会登记表；

（2）宣布会议开始；

（3）进行安全告知和会议纪律宣读；

（4）介绍招标专业机构工作人员及招标人的参会人员，但不得介绍潜在投标人；

（5）根据招标文件内容，介绍项目情况；

（6）解答潜在投标人的澄清要求和提出的问题，但存在误导招标人和招标专业机构的问题，应不予回答；

（7）宣布会议结束。

投标预备会应注意以下几点：

（1）投标预备会应邀请所有潜在投标人参加，不得单独、分批组织投标预备会；

（2）投标预备会应在踏勘现场后（招标文件出售截止日期之后）并确保所有潜在投标人有足够的时间到达会议现场；

（3）招标人、招标专业机构现场可以对招标文件中有关重点、难点等内容主动作出说明和回答潜在投标人的问题，对招标项目情况的介绍内容和问题的答复内容，最终应形成书面资料，发给所有潜在投标人；

（4）投标预备会应注意潜在投标人名称、联系人、联系方式等信息的保密。

【例4-2】某项目规定于某日上午10：00召开投标预备会。招标专业机构在会议室入口设置了签到处，提前将潜在投标人信息录入表格并要求潜在投标人在签到簿上对应位置签到；在投标预备会上，相关负责人对招标文件和现场情况作介绍或解释，并现场解答潜在投标人提出的问题，未参加投标预备会的潜在投标人不予答复。

解析：不妥当。潜在投标人信息保密，所有参加投标预备会的潜在投标人应分别单独签到登记；相关负责人对招标文件和现场情况的介绍或解释内容，以及现场解答潜在投标人问题的内容，应形成书面资料，以招标文件澄清或修改的形式，发给所有潜在投标人。

七、协助招标文件的澄清与修改

踏勘现场及投标预备会（如组织）结束后，针对潜在投标人提出的问题、澄清要求和招标文件中有待补充完善的内容，招标专业机构应及时告知招标人，并做好协助工作。招标人确定处理意见的，招标专业机构应及时将招标人的答复意见形成书面的招标文件澄清与修改资料。招标文件的澄清与修改作为招标文件的组成部分，招标专业机构在发出招标文件的澄清或修改之前，澄清或修改的内容应经招标人事先审核确认。国家或集团公司要求招标文件的澄清或修改应履行审批或备案手续的，招标文件的澄清或修改应在完成规定的报批或备案手续后方可发出，例如，对招标文件中资格条件的调整或评分细则修改等，招标人应按照招标方案报审程序完成报审。

招标文件的澄清或者修改的内容可能影响投标文件编制的，招标专业机构应当在投标截止时间至少15日前，以书面形式通知所有获取招标文件的潜在投标人；不足15日的，招标专业机构应当告知招标人，并顺延递交投标文件的截止时间。有些不会影响投标文件编制的，则不受上述时间的限制，例如，开标会议室的更改。

电子招标项目，招标专业机构对招标文件进行澄清或者修改的，应当登录中国石油电子招标投标交易平台进行"发布澄清"操作。

应当注意以下几点：

（1）澄清或修改的内容应说明潜在投标人提出的具体问题，以及招标人对问题的答复意见，但不能指明提出问题的潜在投标人名称。不得泄露已购买招标文件的潜在投标人的名称、数量以及可能影响公平竞争的有关招标投标的其他情况。

（2）澄清或修改的内容不应限制和排斥潜在投标人依法参加投标竞争。如果澄清修改内容影响潜在投标人投标资格的，例如，资质条件、业绩要求等变化，应当重新发布公告或发布变更公告。

（3）澄清或修改的内容必须提供给所有获取招标文件的潜在投标人，招标专业机构应要求潜在投标人在收到澄清或修改后予以回函确认。因潜在投标人联系方式发生变化且未及时通知招标专业机构导致上述澄清或修改无法送达，或已经送达潜在投标人但无法取得其回函确认的，招标专业机构应予以记录并载明原因。

（4）招标专业机构需发出多次招标文件澄清或修改的，应按时间顺序对其发出的招标文件澄清或修改进行编号，并明确以发出时间在后的招标文件澄清或修改文件为准。

【例4-3】 某依法必须招标项目，潜在投标人A对招标文件提出了异议，招标人对此异议进行了答复，招标专业机构整理完招标文件的澄清与修改后，向所有潜在投标人发出了澄清，该澄清内容指明潜在投标人A的名称以及问题。

解析：不妥当，澄清或修改的内容应说明潜在投标人提出的具体问题，但招标专业机构不能指明提出问题的潜在投标人名称。

八、组建评标委员会

招标专业机构应按照招标方案中评标委员会组成的要求抽取、通知评审专家，组建评标委员会。

（一）评标专家的抽取

招标专业机构一般应在投标截止时间前48小时内（遇节假日向前顺延），特殊项目可在投标截止时间前72小时内，通过中国石油招标投标交易平台随机抽取评标专家。

（1）评标委员会的专家成员应从集团公司组建的招标评审专家库中抽取，抽取时应兼顾区域和专业技术特点，国家和地方政府有规定的，从其规定；

（2）有特殊要求的招标项目，且采取随机抽取的方式无法抽取到满足项目审查需求的专家时，应及时告知招标人，由招标人提出专家预选名单，报招标管理部门审批后选取确定；

（3）抽取专家实际出席人数不能满足组建评标委员会需要时，应及时补充抽取。

（二）评标专家的回避事项

评标专家存在以下情形时，应主动回避：

（1）参加了招标文件评审的专家，不得参加同一项目的评标工作；

（2）凡与招标项目或投标单位有利害关系的专家，不得担任评标专家；

（3）评标专家在某投标单位任职、兼职或者持有股份的，或其近亲属在某投标单位担任领导职务的，不得担任该投标单位投标项目的评标工作；

（4）同一评标项目，来自同一单位或部门的评审专家人数不得超过评标委员会总人数的三分之一。

九、接收投标文件

招标专业机构应按照招标文件规定的时间和地点安排专人接收投标文件，并向投标人出具签收凭证。电子招标项目，投标人在投标截止时间前，自行登录中国石油电子招标投标交易平台递交投标文件。

（一）投标文件签收

投标文件签收凭证应如实记载以下内容：
（1）招标项目名称及所投标段/标包；
（2）投标人名称；
（3）投标文件递交时间；
（4）投标文件密封情况；
（5）其他需要记载的事项。
投标文件签收凭证经送达人、接收人签字后存档备查。

（二）投标文件拒收

出现下述情况之一的投标文件，招标专业机构应拒收：
（1）未通过资格预审的申请人递交的投标文件；或采用邀请招标方式时非邀请单位递交的投标文件。
（2）未按照招标文件要求密封。因密封不合格而被招标专业机构拒收的投标文件，经投标人再次封装，并在招标文件规定的投标截止时间前递交的，招标专业机构在重新检查后，应接收符合密封要求的投标文件。电子招标项目，未按照规定加密的，中国石油电子招标投标交易平台应当拒收并提示，按照规定加密后可再递交。
（3）逾期送达或未送达指定地点。投标截止时间后送达的投标文件招标专业机构应当拒收；招标专业机构应在招标文件中明确的地点接收投标文件，未送达指定地点的投标文件，招标专业机构将无法接收。
电子招标项目，投标截止时间后，中国石油电子招标投标交易平台将不再接收投标人递交的投标文件。

应当注意以下两点：
（1）在投标截止时间前投标人声明撤回投标的，招标专业机构应要求其出具书面撤回通知，并检查其是否按照招标文件要求进行了签字或盖章，确认无误后接受其撤回通知。招标专业机构退还已接收的投标文件，应与投标人进行签认。招标专业机构已经按照招标文件规定收取投标保证金的，应当自接受投标人撤回通知后5日内退还其递交的投标保证金。

（2）招标专业机构不得接收应当拒收的投标文件，也不得在接收投标文件后拒绝出具签收凭证、在签收凭证上弄虚作假或随意涂改相关内容。

第四节 开标、评标、定标

本节主要介绍招标专业机构在开标、评标、定标等招标实施过程中应完成或配合招标人完成的工作内容。

一、开标

招标专业机构应按照招标文件或澄清文件规定的时间和地点组织开标仪式。开标时，应邀请所有投标人派代表参加。

招标专业机构邀请所有投标人参加开标是法定义务，参加开标仪式是投标人的权利。投标人或者其授权代表有权出席并监督开标过程，也可以自主决定不参加开标会议，不影响投标的有效性。根据《招标投标法实施条例》的规定，如果投标人对开标有异议，应当在开标现场提出。因此，投标人不参加开标会议，将放弃对开标活动和开标记录行使确认和提出异议的权利。

（一）开标准备

开标会议的时间、地点及程序等，招标专业机构都应当事先在招标文件中准确表述，并在开标前作好周密安排。招标文件中公布的开标时间、地点、程序和内容一般不宜修改，招标专业机构如果需要修改开标时间和地点，应以书面形式提前通知所有获取招标文件的潜在投标人，且确保所有投标人有足够的在途时间达到开标现场。

招标专业机构应保证接收的投标文件不丢失、不损坏、不泄密。并组织工作人员将投标截止时间前接收的投标文件、投标文件的撤回通知书等运送开标地点。实践操作中，一般招标专业机构工作人员会在开标当日提前到达开标场所，在投标截止时间前现场接收投标文件。

招标专业机构应充分准备开标必需的现场条件，提前布置好开标会议室、准备好开标需要的设备及开标相关资料包括会议议程、开标记录表格式、投标文件签收凭证、招标文件及其澄清和修改等。

电子招标项目，招标专业机构工作人员应提前登录中国石油招标投标交易平台，到开标时间，点击进入开标大厅，在线完成开标工作。

应当注意：至投标截止时间，提交投标文件的投标人少于3个的，不得开标，并将接收的投标文件原封退回投标人，做好交接手续。招标专业机构还应将此情况告知招标人，并协助招标人对其原因进行分析并提出应对措施。

（二）开标程序

1. 传统开标

（1）宣布 HSE 提示及开标纪律。主持人宣布 HSE 提示及开标纪律，对参与开标会议的人员提出要求，例如，开标过程中不得喧哗，通信工具调整到静音状态，按规定的方式提问等。任何单位和个人不得干扰正常开标程序。

（2）确认投标人代表身份。由招标人或招标专业机构的工作人员查验参加开标仪式的投标人代表的法人授权委托书或身份证明。

（3）宣读开标程序，宣布有关人员姓名。主持人介绍开标程序及参会人员。

（4）公布在投标截止时间前接收投标文件的情况。主持人当场公布投标截止时间前提交投标文件的投标人名称、标包、递交时间以及投标人撤回投标等情况。

（5）检查投标文件密封情况。由投标人或者其推选的代表当众检查投标文件密封情况。

（6）宣布开标顺序并当众拆封。主持人宣布开标顺序，当众对所有在投标截止时间之前收到的投标文件予以拆封。

（7）唱标。招标专业机构工作人员根据法律规定和招标文件要求进行唱标，当众宣读投标人名称、投标价格、是否提交投标保证金等开标记录表内容。

（8）公布标底。设标底的，经投标人或其推选的代表检查标底密封情况后由招标人代表当众拆封标底并公布。

（9）确认开标记录。开标会议应当认真做好书面记录，记载开标时间、

第四章　招标实施——招标专业机构篇

地点、投标人、唱标内容等情况，并由参加开标的投标人代表签字确认，开标记录应作为评标报告的组成部分存档备案。

（10）开标结束。主持人宣布开标结束，并要求投标人在评标时段保持联系方式的畅通。

2. 电子开标

电子开标项目，投标人可以不到开标现场参加开标会，可提前登陆中国石油招标投标交易平台，在线参加开标会议。当到开标时间后，招标专业机构工作人员登录中国石油招标投标交易平台并点击进入开标大厅，进行开标解密、开标公示、开标异议处理、应急处理等操作。如果投标人数不足3家，则解密时提示投标人不足3家，系统不予解密。招标专业机构应对开标会议进行全过程录音录像备查。参加开标会议的投标人数量众多的，招标专业机构应特别注意做好投标人的进出场组织和场地疏导工作。

（三）特殊情况处理

（1）投标人代表在开标记录上签字确认不是强制性要求，投标人是否在开标记录上签字不对其投标文件的有效性产生影响。招标专业机构不应在开标现场对投标文件是否有效作出判断。

（2）电子招标项目，如果有提示解密失败的情况，点击"解密查看"按钮，并通过"重置解密"操作，重新对此文件进行解密。如果仍然失败，则应联系平台运维单位核查具体原因，并针对性进行解决。

（3）电子招标项目，因投标人原因造成投标文件未解密的，视为撤销其投标文件；因投标人之外的原因造成投标文件未解密的，视为撤回其投标文件。部分投标文件未解密的，其他投标文件的开标可以继续进行。招标专业机构可以在招标文件中明确投标文件解密失败的补救方案，投标人应按照招标文件的要求作出响应。

（4）对开标过程的异议应在开标会议当场提出，并当场进行答复。

【例4-4】　某招标项目开标过程中，某投标人A投标函（正本）投标报价一栏，填写的内容为：玖拾捌元人民币（大写）。投标人A在开标现场提出，因工作人员疏忽大意造成少写了个"万"字。招标专业机构在开标会上要求该投标人进行更正。该投标人将投标总报价更正为玖拾捌万元人民币（大写）。

问题：以上作法是否妥当？简述理由。

解析：招标专业机构的作法是错误的。开标会议上，招标专业机构没有

145

权利同意投标人进行投标差错的更正，因为开标会议上仅是依据招标文件要求和投标文件应答的内容开标，没有评审、比较和判断权利。正确作法是招标专业机构应告知投标人 A，唱标的内容来源于贵公司投标函中对应内容，不作任何更正。

二、评标

（一）评标程序

招标专业机构工作人员组织评标应履行以下程序：

（1）核对评标委员会成员身份，如专家缺席或身份不符，执行专家抽取程序补充抽取；

（2）宣读 HSE 提示、评标纪律；

（3）公布开标情况、投标人名单，告知评标委员会成员应当回避的情形；

（4）组织评标委员会成员签到并签署承诺书；

（5）组织招标人介绍项目情况（如必要）；

（6）组织评标委员会推选评标委员会主任，招标人代表原则上不推荐为评标委员会主任；

（7）评标委员会主任主持评标工作；

（8）评标委员会出具评标报告并签字确认；

（9）发放评审费用，进行评标专家履职评价。

（二）评标准备

招标专业机构应当向评标委员会提供评标所必需的重要信息和数据，并提供完善的工作环境、详尽的基础资料以及必要的协助，如需要招标人协助的，应提请招标人予以协助，以保证评标工作的顺利进行，一般包括以下内容：

（1）确定评标会议地点和场所，布置评标会议现场；

（2）准备评标工作必需的设施设备和工具，应当保证评标在有效监控和保密的环境下进行；

（3）准备评标工作所需的资料，包括招标文件及其澄清与修改、标底文件（如有）、投标文件、开标记录等；

（4）准备评标相关表格，包括评标委员会签到表、评标委员会承诺书、初步评审表等；

(5) 落实评标期间相关人员交通、食宿等各项生活保障条件；

(6) 招标专业机构收取投标保证金的，开标后招标专业机构应及时核对投标人投标保证金的实际到账或缴纳情况，并交由评标委员会确认。

电子招标项目，招标专业机构工作人员应登录中国石油招标投标交易平台，开启并设置评标大厅。

（三）辅助评标

招标专业机构工作人员可协助评标委员会完成投标报价算术性错误修正、在政府部门主页上查询投标人的资质证书真伪等辅助性工作。此外，投标文件中有含义不明确的内容、明显文字或者计算错误，评标委员会认为需要投标人作出必要澄清、说明的，招标专业机构应将评标委员会要求投标人澄清、说明的书面文件送达投标人，电子评标项目，评标委员会发出澄清、说明文件后，招标专业机构工作人员应及时通知投标人查收；接收投标人应评标委员会要求提交的书面澄清或说明，并送交评标委员会评审。

电子招标项目，招标专业机构工作人员应登录中国石油招标投标交易平台进入评标大厅，以主持人的身份辅助评标委员会成员在线完成评标工作。评标结束后关闭评标大厅。评标大厅关闭后评标专家账号将失效，无法再使用，应在最终确认评标活动完成后再关闭评标大厅。

招标专业机构工作人员应维持评标秩序，完成以下工作：

（1）评标过程中，发现评标委员会成员存在未按招标文件载明的方法和标准进行评标、发表倾向性言论、暗示或者诱导投标人作出澄清或说明、接受投标人主动提出的澄清或说明等违规行为，应请其予以纠正；相关行为经提醒并未得到纠正的，应予以记录并暂停评标，报告有关纪检监察部门或招标管理部门处理；

（2）对评委评审情况、打分情况和评标报告进行形式复核；

（3）应遵守与评标专家同等的保密义务；

（4）不得借协助开展评标工作之机直接参与评标工作，或针对投标文件或投标人发表任何意见，或出现向评标委员会成员明示或者暗示其倾向或者排斥特定投标人等干预评标的违规言论。

（四）形式复核

招标专业机构工作人员在协助评标委员会评标过程中，应对评委评审情况及打分情况进行形式复核。发现以下情况应要求评标委员会复核修正或书面写明理由：未按照招标文件规定进行初评；分值汇总错误的；分项评分超出评分标准范围的；评标委员会成员对客观评审因素评分不一致的；评标委员会个别成员评分畸高、畸低影响评标结果的。

除此，还应对评标报告内容进行形式复核，发现问题应及时告知评标委员会进行必要的修改完善，内容一般包括：

（1）评标报告内容及所附文件、表格是否完整、清晰；

（2）评标委员会成员签字是否齐全；

（3）涂改处是否有小签、计算是否有算术错误；

（4）推荐的中标候选人数量是否符合现行法律法规和招标文件规定。

招标专业机构工作人员告知相关问题后，评标委员会未予修改完善的，且可能影响中标结果的，应暂停评标，并报告有关纪检监察部门或招标管理部门处理。评标报告出具后，招标专业机构应将评标报告及投标文件报送招标人。

招标专业机构工作人员应将形式复核内容、提醒事项及提醒后评委的处置事项予以记录。

三、定标

（一）中标候选人公示

招标专业机构应当自收到评标报告之日起3日内，登录中国石油招标投标交易平台上公示中标候选人相关信息。公示期不得少于3日，且公示期最后一日应为工作日。中标候选人公示内容一般包括招标项目名称、中标候选人排序、名称、得分及投标报价等内容。

（二）协助确定中标人

在投标有效期届满之前，招标专业机构应当协助招标人依法确定中标人。

在确定中标人前，如果中标候选人的经营、财务状况发生较大变化或者存在违法行为，招标人认为可能影响其履约能力的，招标专业机构应提请原评标委员会按照招标文件规定的标准和方法审查确认。

（三）发出中标通知书

拟授标建议通过审批或中标人确定后，招标专业机构应当及时进行中标结果公告，并向中标人发出中标通知书，向未中标的投标人发出招标结果通知书。中标通知书的内容应当简明扼要，但至少应当包括告知投标人已中标、中标价款、签订合同的时间、地点、联系人及联系电话等内容。需要对合同

第四章 招标实施——招标专业机构篇

非实质性内容进一步补充或细化的,中标通知书上应载明合同谈判的有关安排。

电子招标项目,招标专业机构工作人员应登录中国石油招标投标交易平台,在线完成中标结果公告的编辑、审批和发布,并同步对中标人发送中标通知书,对落标人发送招标结果通知书。

招标人无法在投标有效期内及时确定中标人的,招标专业机构应当在投标有效期届满之前及时告知招标人存在的风险及补救建议,并视招标人决策情况通知投标人延长投标有效期等相关事宜。

(四) 协助签订合同

在中标通知书发出之后,招标专业机构应当协助招标人与中标人签订合同。

招标专业机构在合同签订阶段一般协助完成下列工作:

(1) 提醒招标人合同的标的、价款、质量、履行期限等主要条款应当与招标文件和中标人的投标文件内容一致;针对中标人的投标文件中有更优惠承诺的,应载入签约合同文本中。

(2) 招标文件要求中标人提交履约担保的,督促招标人落实中标人是否按照规定的形式、金额、递交时间等要求提交履约担保。

(3) 提醒招标人应在中标通知书发出之日起 30 日内签订合同。

根据招标委托合同的约定,招标专业机构在合同签订阶段还可协助完成下列工作:

(1) 组织或参与合同谈判工作,向招标人和中标人介绍谈判原则和注意事项;

(2) 根据谈判结果对合同非实质性内容进一步补充或细化,编写拟补充、细化的条款;

(3) 对合同双方提出的相关补充、细化条款的合法性和合理性进行分析,发现可能损害招标人合法利益、增加招标人义务、背离招标文件和中标人投标文件的实质性内容的,招标专业机构应当及时告知招标人并提出合理化建议。

由于中标人拒绝签订合同,未按照招标文件规定的形式、金额、递交时间等要求提交履约担保或其他原因导致在规定期限内合同无法签订的,招标专业机构应当及时告知招标人存在的风险及补救建议,并协助招标人办理相关事宜。

（五）退还投标保证金

招标专业机构收取投标保证金的，招标专业机构最迟应当在书面合同签订后 5 日内退还投标保证金。以保函形式递交投标保证金的，如果投标人要求退还保函的，招标专业机构最迟应当在书面合同签订后 5 日内退还保函。

出现以下情形时，除非招标文件另有规定，投标保证金不予退还：
（1）投标人在投标有效期内撤销投标；
（2）中标人无正当理由不与招标人订立合同；
（3）在签订合同时中标人向招标人提出附加条件；
（4）中标人不按照招标文件要求提交履约保证金。

以保函形式递交投标保证金的，如果出现投标保证金不予退还的情形，招标专业机构应与出具保函的金融机构、担保机构或其他机构办理相关手续。

四、评标专家履职评价

评标结束后，招标专业机构项目负责人应对招标评审专家在评标活动中的业务能力、工作纪律、诚信自律等方面进行履职评价。招标评审专家的履职评价应在中标候选人公示完成后 3 日内完成，并录入中国石油招标投标网专家库系统。

招标评审专家的履职评价结果分为优秀、称职和存疑。评价为优秀的人数一般不超过该项目评审专家总数的三分之一。专家存在下列行为之一的，应当评价为存疑：
（1）未按规定请假而缺席，对评审工作造成影响的；
（2）因迟到、早退、中途离开等，对评审工作造成影响的；
（3）有应当回避情形而未主动提出回避的；
（4）评审中有明显倾向或歧视现象的；
（5）干扰、诱导或影响其他专家工作的；
（6）不按照招标文件规定的评标标准和方法进行评标的；
（7）泄露有关评标情况及其他信息的；
（8）拒绝在评标报告上签字且不以书面形式说明理由的；
（9）其他违反职业道德、廉洁自律的行为。

招标专业机构应在每年年末对专家履职评价情况进行汇总，并将履职评价结果为优秀、存疑专家名单及专家出勤情况上报招标管理部门。

第五节　资料管理与移交

本节主要介绍招标专业机构在招标过程中应如何进行资料的管理，包括资料的收集、整理与移交等工作内容。

一、资料的收集

招标专业机构应建立相关管理制度，对招标投标过程资料的收集、整理、建目录和立卷、装订、保管等工作实施管理。并应设置专人、采取有效措施对招标投标活动中形成的相关文件和资料及时进行搜集、妥善整理并保存。一般由项目负责人对资料的收集与整理负责。招标专业机构需收集与整理的相关文件资料可参考《招标投标过程文件管理规范》。

实施全流程电子招标投标的项目，应以电子资料为主，纸质资料为辅。项目负责人在进行资料收集和整理时，应将纸质资料通过扫描等手段转化为可靠格式的电子资料，上传交易平台，在交易平台上形成一整套过程资料。未实施全流程电子招标投标的项目，项目负责人在收集、整理时，应以纸质资料为主、电子资料为辅，逐步向电子归档过渡。原则上应将电子资料打印为纸质资料，形成一整套纸质过程资料。

二、资料的移交

招标专业机构应将过程资料的原件进行收集、整理、建目录后，按照招标人要求进行分阶段或一次性移交招标人。为保证招标人合同签订等工作，原则上应在中标通知书发出后或招标项目失败后，尽快将整套资料移交招标人。

实施全流程电子招标投标的项目，项目负责人在进行资料收集和整理时，应将纸质资料通过扫描等手段转化为可靠格式的电子资料，同时在电子交易平台下载过程资料，形成一整套完整的电子资料移交招标人；未实施全流程电子招标投标的项目，项目负责人在移交招标人前，应将电子资料打印为纸质资料，建立相应的资料目录及备份（投标文件等移交招标人正本，招标专业机构可保存副本，所以不用备份）后，按照招标人要求移交招标人一整套完整的纸质资料。

资料移交过程中，双方应签订资料移交清单，注明移交资料的内容、形式、移交人及接收人，还有移交、接收时间等信息。资料移交清单应招标专业机构和招标人各保存一份。

三、资料的保存与借阅

（一）资料的保存

招标人委托招标专业机构保管过程资料的，招标专业机构应建目录、立卷、装订、保管招标实施过程的整套资料的原件资料。

实施全流程电子招标投标的项目，应以电子资料为主，纸质资料为辅。项目负责人应首先将纸质资料通过扫描等手段转化为可靠格式的电子资料，上传交易平台，形成一套完整的电子过程资料，并在交易平台按照规定进行一键归档。同时，在完成资料移交后将移交资料的备份文件、资料移交清单扫描件等资料，移交招标专业机构的档案管理人员，档案管理人员负责对资料进行审核、登记、保管等工作。电子资料应存储于能够脱机保存的载体上。保管部门定期对电子文件的保管情况、可读取状况等进行测试、检查，发现问题及时处理。电子资料运行的软硬件环境、存储载体等发生变化时，应当将其及时转移、转换，并记录转移、转换的过程。同时，对于辅助存储的纸质资料，档案管理人员应对资料进行审核、登记、立卷、装订、保管等工作。纸质资料应按照档案管理规定保存在档案室内。

保存与纸质文件内容相同的电子文件时，要与纸质文件之间，相互建立准确、可靠的标识关系。电子资料的格式原则上应是通用格式，普通办公软件即可打开，若普通办公软件不可打开的，应进行转化或将专用查看器软件的安装文件一并进行保存。

对于多余不需要归档、保存的资料（例如，过多的投标文件），应及时进行保密销毁。销毁应当履行有关审批手续，涉密文件的销毁应当按照国家、集团公司保密法律法规和规章制度执行。

（二）资料的借阅

招标专业机构对保存的资料应按照档案资料进行管理，资料的利用应按照规定严格履行审批手续，文件保存人应要求利用人按照管理规定填写《招标投标过程文件利用登记表》，并进行登记后方可借阅。文件利用人员不应任意扩大利用范围，利用者应对所利用的文件负有安全、保密责任。未经许可，不应擅自扩散和泄露文件内容。不应私自复制，转借他人、带到公共场所或存放在无安全防护措施的地方。政府有关部门依法执行公务、上级管理部门依照管理权限需要查阅文件时，文件保管部门应及时提供完整、准确的资料文件。

第六节 其他

本节主要介绍在招标投标活动中招标专业机构在重新招标、重新评标、中止招标、终止招标、异议的受理和处理、投标人失信行为的核查和认定等方面的主要工作内容。

一、重新招标

招标专业机构收到招标人提交的重新招标资料后，应核对招标人是否对招标失败原因进行了分析，是否对相应招标条款进行了修改。未分析原因或未修改相应条款的，应及时与招标人沟通，告知可能再次失败的风险，并提出合理化建议。

二、重新评标

重新评标是指组织原评标委员会或重新组建评标委员会按照招标文件规定的标准和方法对投标文件进行再次评审。

重新评标的条件：评标存在问题或投标人的经营状况发生重大变化等，招标人可要求启动重新评标程序。

重新评标的程序：重新评审程序同评标程序。

三、中止招标

因招标人原因需要中止招标的，招标专业机构在收到招标人书面通知后，应及时以澄清的方式通知所有购买招标文件的潜在投标人；因潜在投标人需要中止招标的，招标专业机构应及时书面向招标人汇报，并将招标人答复意见反馈至潜在投标人，若需中止的，应告知所有购买招标文件的潜在投标人。招标专业机构不得私自中止招标项目。

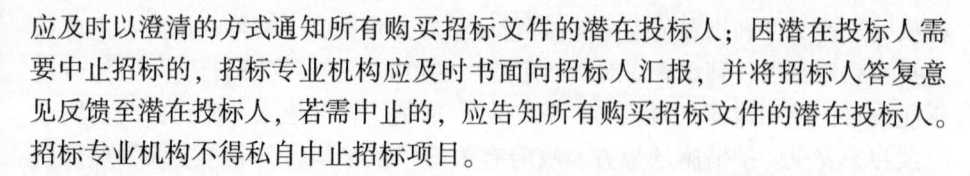

四、终止招标

根据《招标投标法实施条例》第三十一条规定："招标人终止招标的，应当及时发布公告，或者以书面形式通知被邀请的或者已经获取资格预审文件、招标文件的潜在投标人。已经发售资格预审文件、招标文件或者已经收取投标保证金的，招标人应当及时退还所收取的资格预审文件、招标文件的费用，以及所收取的投标保证金及银行同期存款利息。"招标项目的终止由招标人书面通知招标专业机构，招标专业机构负责发布公告，或者以书面形式通知所有购买文件的潜在投标人，已经发售资格预审文件、招标文件或者已经收取投标保证金的，招标专业机构应当及时退还所收取的资格预审文件、招标文件的费用，以及所收取的投标保证金及银行同期存款利息。

对已终止的招标项目，招标专业机构在接到招标人重新启动招标的书面通知后，重新按照招标一般程序组织招标。

五、协助异议处理

（一）总体要求

招标专业机构认为异议事项有可能影响资格预审结果或者潜在投标人投标的，或者对中标结果造成实质性影响，且不能采取补救措施予以纠正的，应获得招标人同意后暂停招标投标活动。

因异议致使招标投标活动暂停的，招标专业机构应根据招标项目具体实施阶段书面通知潜在投标人、投标人、中标候选人或中标人。

招标专业机构自异议办理登记之日起3日内作出答复（开标现场的异议除外），答复的内容需经招标人同意，并不得涉及商业秘密。因情况复杂，组织调查论证或审查时间较长的，所需时间不计入规定时限，但招标专业机构应在前款规定时限内明确告知异议提起人最终答复期限。

异议的答复不以异议人是否满意为标准，招标专业机构本着诚信的原则完成答复即可。

第四章 招标实施——招标专业机构篇

(二) 对资格预审文件、招标文件异议的处理

(1) 招标专业机构应招标人要求处理异议的,可组织商务、技术人员对资格预审文件、招标文件结合异议事项进行重新审查,是否存在排斥潜在投标人、对投标人实行歧视待遇等违法违规情形,并将审查意见形成异议答复报招标人备案。

(2) 招标专业机构将招标人或经招标人同意的异议答复,以书面形式通知异议人。

(3) 如果对异议的答复涉及变更资格条件的,招标专业机构应重新发布公告或变更公告。

(4) 如果对异议的答复构成对资格预审文件或招标文件澄清或者修改的,招标专业机构应将澄清或修改的内容以书面的形式通知所有获取资格预审文件或者招标文件的潜在投标人。澄清或修改的内容可能影响资格预审申请文件或投标文件编制的,招标专业机构应当顺延提交资格预审申请文件或投标文件的截止时间。

(三) 对开标异议的处理

投标人对开标有异议的,应当在开标现场提出。异议成立的,招标专业机构应当及时处理。异议和答复应记入开标会议记录或制作专门记录以备查。

【例4-5】 某项目开标现场唱标时,投标人A提交的开标一览表中报价单位标错,致使报价与投标文件中的不一致,投标人A现场提出异议。招标机构对此异议处理:仍按照开标一览表如实唱标,并将异议在开标备忘表中如实记录。

解析:招标机构做法是正确的,关于报价的问题,具体判定由评标委员做出判决,开标时无人有权力进行修改。

(四) 对评标结果异议的处理

(1) 招标专业机构应招标人要求处理异议的应组织原评标委员会重新评审,根据核查和评审情况形成异议答复报招标人备案。

(2) 招标专业机构将招标人或经招标人同意的异议答复,以书面形式通知异议人。

(3) 原评标委员会重新评审后评标结果需要修改或者变更的,应重新出具评标报告,招标专业机构依据复核意见重新公示评标结果。如果经评标委员会认定招标失败的,招标专业机构应报告招标人。招标人根据项目实施情

况重新组织招标或变更采购方式。

（4）无法组织原评标委员会予以纠正或者评标委员会无法自行予以纠正，需要重新评标的，重新评标的专家应从集团公司专家库中重新随机抽取，原评审专家应回避，并且参加重新评标的专家人数不得少于前一评标专家人数。

（五）对其他内容异议的处理

参照上述处理程序实施。

六、协助对投标人失信处理

招标专业机构一旦发现潜在投标人、投标人及其他利害关系人在招标项目的采购过程中存在弄虚作假、串通投标、中标违约、干扰招标、不当异议（投诉）等失信行为，应及时上报招标人，并协助招标人进行核查认定、信息发布以及惩戒等管理工作。

招标专业机构对提交的投标人失信信息有复核的义务，并确保提供信息的真实性。

招标专业机构可接受招标人的委托在中国石油招标投标网发布投标人失信行为信息。

招标人在资格预审文件或招标文件中设置相应评审条款，对失信行为人的投标予以限制、加价或扣分时，招标专业机构应在开标当日在中国石油招标投标网查询投标人有无失信行为，并提供给评委按照招标文件规定的评审方法和标准进行评审失信加价或者失信扣分，甚至否决投标。

第五章 招标评审

本章主要介绍评标委员会的职责、权利、义务及评标的基本方法、评审内容、评审依据和评标报告的编制等内容。

本章适合评标委员会成员学习使用。

第一节 评标专家入库及职责、权利和义务

本节主要介绍评标委员会的职责、权利和义务。

一、评标委员会的职责

（一）评标委员会职责

（1）审查投标文件是否符合招标文件要求，并作出评价。

（2）要求投标人对投标文件中的含义不明确的内容进行澄清、说明和补正。

（3）对评标过程中存在的重大问题进行表决。

（4）向招标人或招标实施部门（单位）提出书面评标报告，推荐中标候选人或者根据招标人授权直接确定中标人。

（5）向招标人或招标实施部门（单位）及有关部门报告非法干预评标工作的行为。

（二）评标委员会主任职责

（1）组织评委按照招标文件规定开展工作。

（2）组织评委研读招标文件、对评标过程中存在的争议问题进行讨论，并归纳评委意见。

（3）负责与监管部门、招标人、招标实施部门（单位）的沟通和联络。

（三）评标委员会成员职责

（1）评标前签名承诺公平、公正履行评标职责、严格遵守评标工作纪律。

（2）评标时熟悉招标文件中招标项目的目标、范围、性质和主要技术、商务条款，按照招标文件中规定的评标标准和方法，对投标文件进行独立评审和比较；出具真实、可靠的评审意见。

（3）对招标文件中有争议的条款或涉嫌违法违规的情况提出处理意见，必要时可提出后期签订合同时双方需注意的事项或建议。

二、评标专家的权利与义务

（一）评标专家的权利

（1）接受专家库组建机构的邀请，成为专家库成员；

（2）接受招标人依法选聘，担任招标项目评标委员会成员；

（3）熟悉招标文件的有关技术、经济、管理特征和需求，依法对投标文件进行客观评审，独立提出评审意见，抵制任何单位和个人的不正当干预；

（4）获取相应的评标劳务报酬；

（5）法律法规规定的其他权利。

（二）评标专家的义务

（1）接受建立专家库机构的资格审查和培训、考核，如实申报个人有关信息资料；

（2）遇到不得担任招标项目评标委员会成员的情况应当主动回避；

（3）为招标人负责，维护招标、投标双方合法利益，认真、客观、公正地对投标文件进行分析、评审、比较；

（4）遵守评标工作程序和纪律规定，不得私自接触投标人，不得收受他人的任何好处，不得透露对投标文件评审的有关情况；

（5）自觉依法监督、抵制、反映和核查招标、投标、代理、评标活动中的虚假、违法和不规范行为，接受和配合有关行政监督部门的监督、检查；

（6）评标时间不能满足评标需要时，应当提出延长评标时间；

（7）法律法规规定的其他义务。

三、回避情形

有下列情形之一的，评标专家应当在评标开始前主动提出回避：

（1）投标人或者投标人的主要负责人的近亲属；

(2) 与投标人存在人事、雇佣或管理关系；
(3) 与投标人有其他社会关系或经济利益关系，可能影响公平评审的；
(4) 法律法规规定的其他应当回避的情形。

四、评标工作要求及评标纪律

评标活动应当遵循公平、公正、科学、择优的原则。

（一）评标工作要求

(1) 认真阅读招标文件，正确把握招标项目的特点和需求；
(2) 全面审查、分析投标文件；
(3) 严格按照招标文件中规定的评标标准、评标方法和程序评价投标文件；
(4) 按法律规定推荐中标候选人或依据招标人授权直接确定中标人，完成评标报告的编制。

（二）评标纪律

(1) 评标活动由评标委员会依法进行，任何单位和个人不得非法干预；
(2) 评标委员会成员不得与任何投标人或者与招标项目有利害关系的人私下接触，不得收受投标人、中介人以及其他利害关系人的财物或其他好处；
(3) 评标委员会成员应严谨、客观、公正地履行职责，遵守职业道德，对所提出的评审意见承担个人责任；
(4) 评标委员会成员不得向他人透露对投标文件的评审和比较、中标候选人的推荐情况以及与评标有关的其他情况。

五、其他

（一）信息变更

(1) 招标评审专家工作单位变化的，职称、职务或执业资格以及评审专业变化的，本人应提交相应的资料及时到管理部门申请信息变更。
(2) 招标评审专家家庭、手机及其他联系方式变化的，因健康等原因不适宜担任评标专家的，不愿意继续担任评标专家的，本人到中国石油电子招标投标交易平台中自助维护状态。

（二）接受邀请

评审专家在接到电话/短信邀请后，应按照提示内容操作，选择接受或拒绝评审。未在规定时限内接听/回复的系统默认为拒绝邀请。接受后因特殊原因需请假的，应按照短信提示内容中的请假方式回复请假码进行请假。

（三）评标前准备

评标委员会成员应携带身份证，按照评审通知要求的时间、地点参加评标工作。采用签到机签到的，应在签到机上签到并打印账号密码，采用电子签到的应按照工作人员要求在电子进行签到，完成签到后应将手机调整为静音或关闭状态后存储在手机存储柜。评标开始前，评标委员会成员须签署承诺书，并根据招标项目评审的相关情况推选一位评标委员会主任，招标人代表原则上不能担任评标委员会主任。评标专家应认真研读招标文件，熟悉和掌握招标的目的、招标项目的范围、招标文件中规定的主要技术要求、标准和商务条款，招标文件规定的评标标准、评标方法和评标过程中应考虑的相关因素等。评标委员会无权修改招标文件中已经公布的评标标准和方法。

（四）回避

评标专家知晓应当回避的情形，要主动向招标代理机构的工作人员申请回避。招标人可以要求评标专家签署承诺书，确认其不存在回避情形。评标中，如发现某个评审专家存在回避情形，该评审专家已经完成的评审无效，招标人应当重新确定满足要求的评审专家替代。

第二节 初步评审内容及方法

本节主要介绍形式、资格、响应性评审的评审内容及评审方法。

一、初步评审内容

（一）工程类招标项目初步评审

工程类招标项目的初步评审分为形式评审、资格评审和响应性评审。采用经评审的最低投标价法时，初步评审的内容还包括对施工组织设计和项目

第五章 招标评审

管理机构等的评审。

具体审查内容，见表 5-1。

表 5-1 初步评审表

评审内容	评审因素	评审标准
形式评审标准	投标人名称	与营业执照、资质证书一致
	投标函签字盖章	有法定代表人或其委托代理人签字或加盖单位章
	投标文件格式	符合"投标文件格式"的要求
	联合体投标人	提交联合体协议书，并明确联合体牵头人
	报价唯一	只能有一个有效报价
	……	……
资格评审标准	营业执照	具备有效的营业执照
	安全生产许可证	具备有效的安全生产许可证
	资质等级	符合第二章"投标人须知"第×项规定
	财务状况	符合第二章"投标人须知"第×项规定
	类似项目业绩	符合第二章"投标人须知"第×项规定
	信誉	符合第二章"投标人须知"第×项规定
	项目经理	符合第二章"投标人须知"第×项规定
	其他要求	符合第二章"投标人须知"第×项规定
	QHSE 体系	投标人建立 QHSE 体系并有效运行
	联合体投标人	符合第二章"投标人须知"第×项规定
	禁止情形	不存在第二章"投标人须知"第×项规定
	……	……
响应性评审标准	投标报价	符合第二章"投标人须知"第×项规定
	投标内容	符合第二章"投标人须知"第×项规定
	工期	符合第二章"投标人须知"第×项规定
	质量标准	符合第二章"投标人须知"第×项规定
	投标有效期	符合第二章"投标人须知"第×项规定
	投标保证金	符合第二章"投标人须知"第×项规定
	权利义务	符合"合同条款及格式"规定的权利义务
	……	……

(二) 物资类招标项目初步评审

物资类招标项目的初步评审内容与工程类招标项目基本相同，初步评审也分为形式评审、资格评审和响应性评审。根据物资类招标的特点，资格评审中可能还包括代理商投标时对物资制造商授权的要求、生产许可证等相关内容的审查；响应性评审增加了对物资技术指标的逐项审查，评审投标文件是否对招标文件的每一项技术参数作出了实质性响应。

(三) 服务类招标项目初步评审

服务类招标项目的初步评审内容与工程类招标项目基本相同，初步评审也分为形式评审、资格评审和响应性评审。

二、形式评审

形式评审主要是对投标文件的形式进行评审，包括但不限于以下内容：投标人名称、投标函签字盖章、投标文件格式、联合体投标人、报价唯一等。

(一) 投标人的名称

投标人名称应与营业执照（图5-1）、资质证书（图5-2）上的名称一致。评委评标时，应当核对投标人名称、营业执照与资质证书上的名称，如不一致应否决其投标。投标人名称与资格预审时名称不一致的应否决其投标。投标人的名称应当以投标函上的公章名称为准，未加盖单位公章的应以投标函上填写的投标人名称为准，明显属于文字输入错误的情况不应否决其投标。

(二) 投标函签字或盖章

投标文件中投标函应有法定代表人（单位负责人）或其委托代理人签字或加盖单位章。仅由法定代表人（单位负责人）签字的，应附法定代表人（单位负责人）身份证明；仅由代理人签字的，应附法定代表人（单位负责人）身份证明、授权委托书及委托人身份证明，授权委托书须真实有效，所附投标函如图5-3所示。不满足以上条件的，应否决其投标。

第五章 招标评审

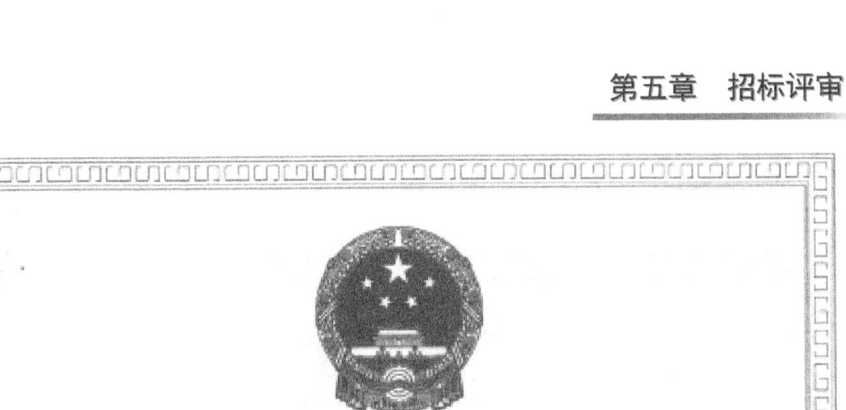

图 5-1 营业执照

图 5-2　建筑业企业资质证书

第五章　招标评审

一、　　　　　　　　投标函

　　████████████████████：

　　1. 我方已仔细研究了 ████████████████改造项目施工总承包（PC）标段 PC 总承包招标文件的全部内容，愿意以设备费下浮 __5__%，主要材料费下浮 __6__%，安装费下浮 __7__%，建筑费用下浮 __7__%投标报价，下浮后金额合计 __壹仟叁佰玖拾肆万零柒佰元整__ 大写（万元）__1394.07万元__ 小写（万元）。下浮后金额（包含施工队伍调遣费用）包干使用，不再调整。工期 __114__ 日历天，按合同约定实施和完成承包工程，修补工程中的任何缺陷，工程质量达到 __合格__ 。

　　2. 我方承诺在投标有效期内不修改、撤销投标文件。

　　3. 随同本投标函提交投标保证金一份，金额为人民币（大写） __壹拾万__ 元（¥ __100000__ ）。

　　4. 如我方中标：

　　(1) 我方承诺在收到中标通知书后，在中标通知书规定的期限内与你方签订合同。

　　(2) 随同本投标函递交的投标函附录属于合同文件的组成部分。

　　(3) 我方承诺按照招标文件规定向你方递交履约担保。

　　(4) 我方承诺在合同约定的期限内完成并移交全部合同工程。

　　5. 我方在此声明，所递交的投标文件及有关资料内容完整、真实和准确。

　　6. （其他补充说明）无。

投标人：＿＿＿＿＿＿＿＿＿＿＿＿（盖单位章）

法定代表人或其委托代理人：＿＿＿＿＿＿（签字）

地址：＿＿＿＿＿＿＿＿＿＿＿＿

网址：＿＿＿＿＿＿＿＿＿＿＿＿

电话：＿＿＿＿＿＿＿＿＿＿＿＿

传真：＿＿＿＿＿＿＿＿＿＿＿＿

邮政编码：＿＿541004＿＿＿＿＿＿

图 5-3　投标函

（三）投标文件格式

投标文件格式应满足招标文件"投标文件格式"的要求。一般招标文件中都明确了投标文件的内容及格式。基于鼓励交易的原则，只有不满足招标

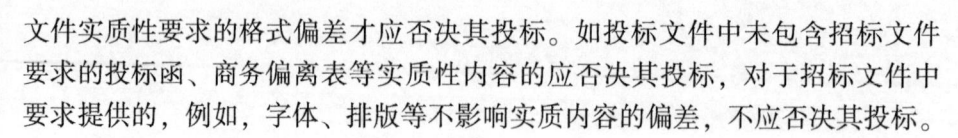

文件实质性要求的格式偏差才应否决其投标。如投标文件中未包含招标文件要求的投标函、商务偏离表等实质性内容的应否决其投标，对于招标文件中要求提供的，例如，字体、排版等不影响实质内容的偏差，不应否决其投标。

（四）报价唯一

报价唯一指投标函中只能有一个报价，不能出现多个或选择性报价。投标报价出现不一致时，应以投标函为准。电子招标时结构化与非结构化不一致的，以结构化文件为准。投标函中出现报价不唯一的情形，应否决其投标。

（五）联合体投标人

招标文件接受联合体投标，投标文件应提交联合体协议书（图5-4），并明确联合体牵头人。不满足以上条件的，应否决其投标。

三、资格评审

资格评审主要是对投标人是否具备投标资格进行评审。一般包括以下内容：营业执照、安全生产许可证、资质等级、财务状况、类似项目业绩、信誉、项目管理机构及人员要求、QHSE体系、联合体投标人、禁止情形等。

评审时主要审查投标文件是否递交了相应评审项的有效证明文件。未提供有效证明文件的或有效证明文件的公司名称、范围、有效期限等不满足要求的应否决其投标。本节所指有效的证明文件指该证明文件中的公司名称、范围、有效期限等信息均满足招标文件要求。

（一）营业执照（事业单位法人证书）

营业执照（事业单位法人证书）（图5-5）主要内容包括公司名称、注册资本、法定代表人、经营范围（宗旨和业务范围）等信息。不满足要求的，应否决其投标。新版营业执照上无营业范围具体信息，评审时可以登录国家企业信用信息公示系统（http://www.gsxt.gov.cn/）查询具体信息（图5-6）。

（二）安全生产许可证

安全生产许可证（图5-7）主要内容包括单位名称、有效期、许可范围等信息。安全生产许可证有施工类、物资类、钻井服务类等，评审时，除通用审查条件外，应审查许可范围是否覆盖本项目标的物，不满足要求的，应否决其投标。

第五章 招标评审

投标文件　　　　　　　　　　　　　　公用部分

3. 联合体协议书

联合体协议书

　　_____、_____自愿组成_____联合体，共同参加 中靖线输气管道线路工程 设计、采购和施工总承包投标。现就联合体投标事宜立订如下协议。

　　1、_____
牵头人。

　　2、联合体牵头人合法代表联合体各成员负责本招标项目投标文件编制和合同谈判活动，并代表联合体提交和接收相关的资料、信息及指示，并处理与之有关的一切事务，负责合同实施阶段的主办、组织和协调工作。

　　3、联合体将严格按照招标文件的各项要求 递交投标文件，履行合同，并对外承担连带责任。

　　4、联合体各成员单位内部的职责分工如下： 施工图设计部分由_____负责；采办部分，施工部分由_____负责。

　　5、本协议书自签署之日起生效，合同履行完毕后自动失效。

　　6、本协议书一式 叁 份，联合体成员和招标人各执一份。

　　注：本协议书由委托代理人_____应附法定代表人签字的授权委托书。

牵头人名称：_____（盖单位章）

法定代表人或其委托代理人：_____（签字）

成员一名称：_____（盖单位章）

法定代表人或其委托代理_____（签字）

2016年4月1日

- 4 -

图 5-4　联合体协议书

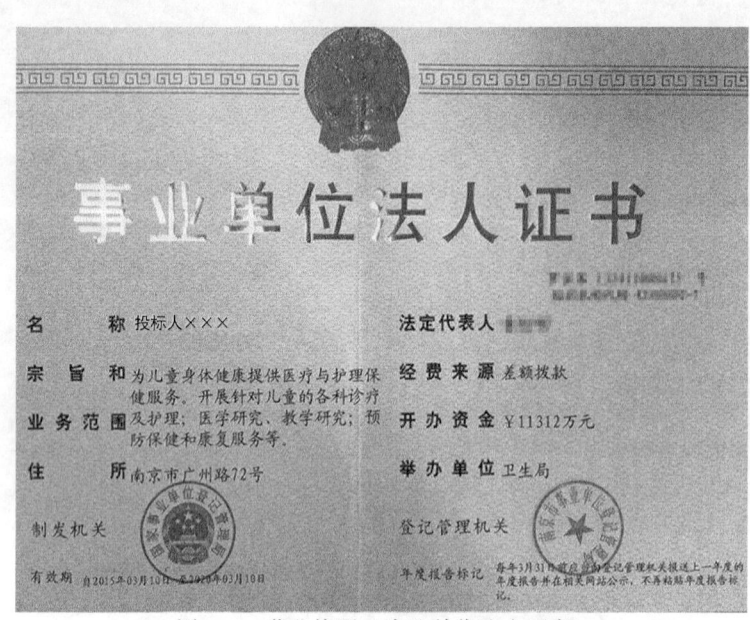

图 5-5　营业执照（事业单位法人证书）

图 5-6　国家企业信用信息公示系统

第五章 招标评审

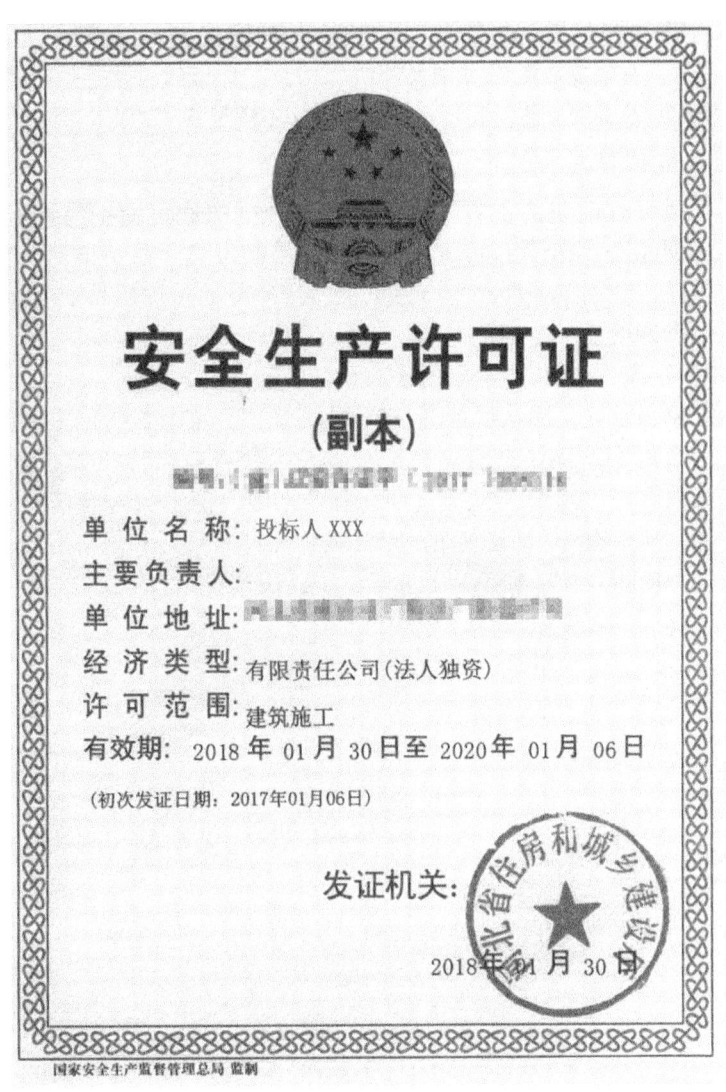

图 5-7 安全生产许可证

(三) 资质等级

因工程类、物资类及服务类项目的资质许可不同，对投标人的资质要求也不同，故此评审项分开阐述。

1. 工程类项目对企业的资质要求

工程类项目对企业的资质要求主要有建筑业企业资质。建筑业企业资质证书

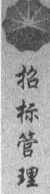

(图 5-2）主要内容包括企业名称、详细地址、法定代表人、注册资本、经济性质、证书编号、有效期、资质类别及等级等信息。评审时，除通用审查条件外，应审查资质类别及等级是否满足招标文件要求。不满足要求的，应否决其投标。

2. 物资类项目对企业的资质要求

物资类项目对企业的资质要求主要有各种生产许可或销售许可。例如，3C 认证、危险化学品经营许可证、非药品类易制毒化学品备案证明、危险废物经营许可证、全国工业产品生产许可证、特种劳动防护用品安全标志证书、特种设备生产许可证、专利证书等。

1) 中国国家强制性产品认证证书（3C 认证证书）

中国国家强制性产品认证证书（3C 认证证书）（图 5-8）主要内容包括认证委托人名称、产品生产者名称、被委托生产企业名称（如有）、产品名称、产品系列和规格型号、发证日期、有效期限、证书编号等信息。除通用审查条件外，应审查 3C 认证证书的产品名称和产品系列和规格型号是否与招标文件中的标的物一致。如不满足要求，应否决其投标。

图 5-8 中国国家强制性产品认证证书（3C 认证证书）

第五章　招标评审

可通过全国认证认可信息公共服务平台对证书信息进行验证确认。查询网址：http://cx.cnca.cn/CertECloud/index/index/page。

具体查询步骤如下：

（1）登录到全国认证认可信息公共服务平台，输入证书编号；

（2）点击查询，完成验证；

（3）点击证书列表下方出现的公司名称后证书信息将全部展示，此时可与 3C 认证证书核对相关信息（图 5-9）。

图 5-9　全国认证认可信息公共服务平台

2）危险化学品经营许可证

危险化学品经营许可证（图 5-10）主要内容包括企业名称、企业住所、企业法定代表人姓名、经营方式、许可范围、发证日期和有效期限、证书编号、发证机关、有效期延续情况等。除通用审查条件外，应审查证书的许可范围是否包含本项目标的物。如不满足要求，应否决其投标。

危险化学品经营许可证分为正本、副本（图 5-10）。正本、副本具有同等法律效力。

3）非药品类易制毒化学品备案证明

非药品类易制毒化学品备案证明（非药品类易制毒化学品生产许可证）。我国对第一类非药品类易制毒化学品的生产、经营实行许可证管理，生产经

171

图 5-10 危险化学品经营许可证（正本、副本）

营第一类易制毒化学品的应具备有效的非药品类易制毒化学品生产许可证（图 5-11）；对第二类、第三类易制毒化学品的生产、经营实行备案证明管理，生产经营第二类、第三类易制毒化学品的应具备有效的非药品类易制化学品生产备案证明（图 5-12）。除通用审查条件外，应审查证书的生产品种是否包含本项目标的物、产量是否满足项目要求以及主要流向是否包含交货地点等。如不满足要求，应否决其投标。

第五章　招标评审

图 5-11　非药品类易制毒化学品生产许可证（副本）

图 5-12　非药品类易制毒化学品生产备案证明（副本）

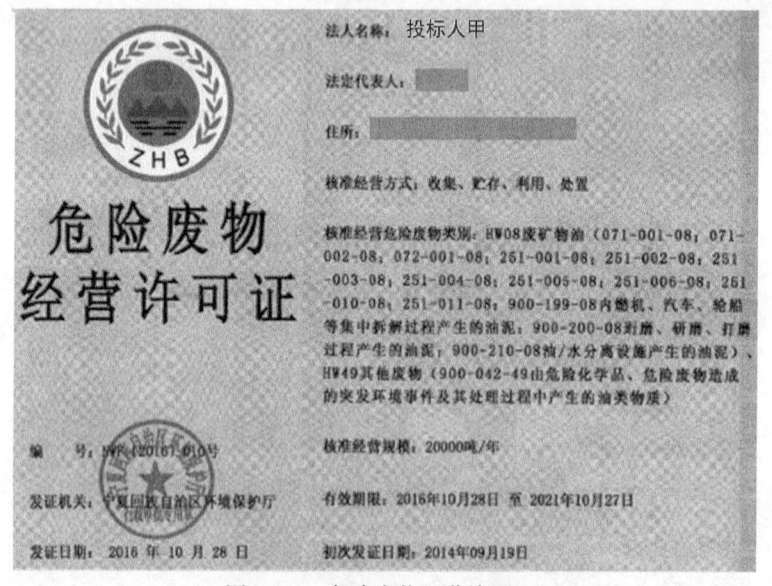

4）危险废物经营许可证

危险废物经营许可证（图5-13）主要内容包括法人名称、法定代表人、住所、危险废物经营方式、危险废物类别、年经营规模、有效期限、发证日期和证书编号等信息。除通用审查条件外，应审查证书的危险废物类别是否包含本项目标的物、年经营规模是否满足项目要求。如不满足要求，应否决其投标。

【例5-1】 招标文件的资格条件中要求"投标人必须具备有效的危险废物经营许可证"，危险废物类别为251-165-50。投标人甲（图5-13）满足招标文件要求，应通过初步评审，投标人乙（图5-14）核准经营危险废物类别及规模未包含251-165-50，不满足招标文件要求，应否决其投标。

图5-13 危险废物经营许可证

可在各投标人所在的省、直辖市、自治区的生态环保厅验证查询投标人的危险废物经营许可证的相关信息（图5-15）。

5）全国工业产品生产许可证

全国工业产品生产许可证（图5-16）主要内容包括公司名称、产品名称、住所、生产地址、证书编号、有效期等信息。除通用审查条件外，应审查证书的产品名称是否包含本项目标的物。如不满足要求，应否决其投标。

可通过国家市场监督管理总局的工业产品生产许可证获证情况平台对证

第五章　招标评审

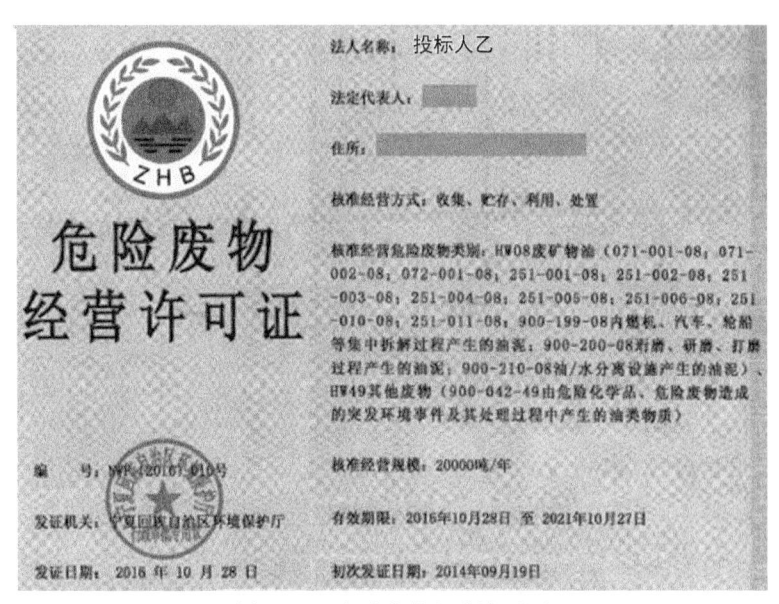

图 5-14　危险废物经营许可证

图 5-15　宁夏回族自治区生态环境厅网站

图 5-16　全国工业产品生产许可证

书信息进行验证确认。查询网址：http://zwfw.samr.gov.cn/wyk/。

具体查询步骤如下：

（1）登录到工业产品生产许可证获证情况平台，输入企业名称；

（2）点击获证企业名称后展示企业详情（图 5-17）。

6）特种劳动防护用品安全标志证书

特种劳动防护用品安全标志证书（图 5-18、图 5-19）主要内容包括公司名称、证书编号、有效期、产品名称、产品类别等。除通用审查条件外，应审查证书的产品名称及产品类别是否包含本项目标的物。若不满足要求，应否决其投标。

可以通过特种劳动防护用品安全标志管理中心（http://www.lachina.org.cn/search/AkySearchSecond.aspx）对特种劳动防护用品安全标志证书进行查询验证。

具体查询步骤如下：

（1）登录到特种劳动防护用品安全标志管理中心平台，点击企业查询；

（2）输入企业名称，显示查询结果（图 5-20）。

7）特种设备生产许可证

特种设备生产许可证（图 5-21）主要内容包括许可证编号、单位名称、

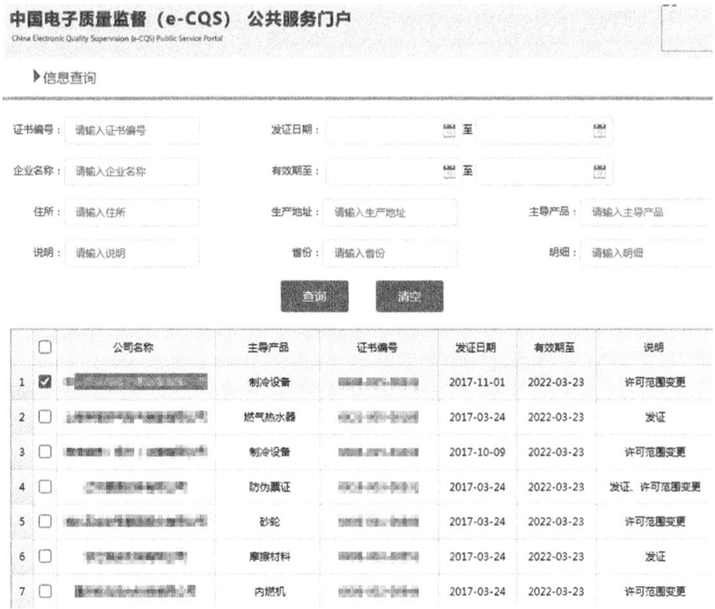

图 5-17　国家市场监督管理总局网站

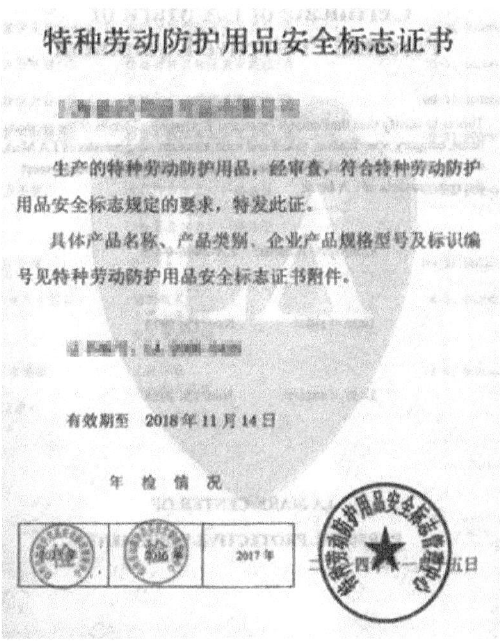
特种劳动防护用品安全标志证书

生产的特种劳动防护用品，经审查，符合特种劳动防护用品安全标志规定的要求，特发此证。

具体产品名称、产品类别、企业产品规格型号及标识编号见特种劳动防护用品安全标志证书附件。

有效期至　2018年11月14日

年　检　情　况

2017年

图 5-18　特种劳动防护用品安全标志证书

特种劳动防护用品安全标志证书附件

产品名称	产品类别	企业产品规格型号	标识编号
1. 保护足趾安全鞋/靴	橡胶材料类外底皮革类鞋/靴 金属保护包头	—	12-31-501026
	聚合材料类外底皮革类鞋/靴 金属保护包头	—	
2. 防静电鞋/靴	橡胶材料类外底皮革类鞋/靴	—	12-31-502026
	聚合材料类外底皮革类鞋/靴	—	
3. 防刺穿鞋/靴	橡胶材料类外底皮革类鞋/靴 金属防刺穿垫	—	12-31-503026
	聚合材料类外底皮革类鞋/靴 金属防刺穿垫	—	
4. 电绝缘鞋/靴	橡胶材料类外底皮革类鞋/靴 6kV	—	12-31-505027
	聚合材料类外底皮革类鞋/靴 6kV	—	
5. 多功能安全鞋/靴	保护足趾（金属保护包头）+防刺穿（金属防刺穿垫）+防静电 橡胶材料类外底皮革类鞋/靴	—	14-31-511010
	保护足趾（金属保护包头）+防刺穿（金属防刺穿垫）+防静电 聚合材料类外底皮革类鞋/靴	—	
	保护足趾（非金属保护包		

图 5-19　特种劳动防护用品安全标志证书附件

图 5-20　特种劳动防护用品安全标志管理中心网站

第五章　招标评审

住所、办公地址、制造地址、许可项目、许可子项目、许可参数、发证机关、发证日期及有效期等。除通用审查条件外，应审查许可项目、许可子项目、许可参数等是否满足招标文件要求，不满足要求的，应否决其投标。

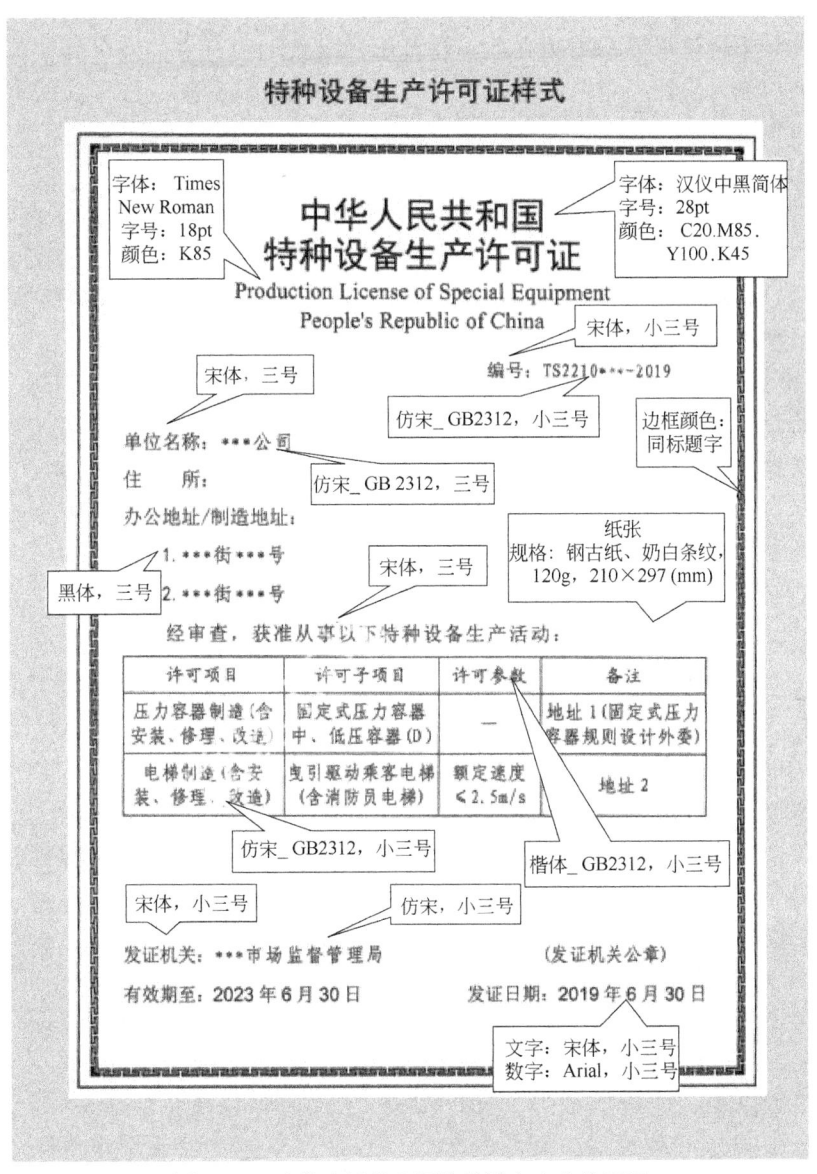

图 5-21　中华人民共和国特种设备生产许可证

根据国家市场监督管理总局发布的《特种设备生产和充装单位许可规则》要求，自2019年6月1日起施行新许可要求，适用范围包括在中华人民共和国境内使用的特种设备，其设计、制造、安装、改造、修理、充装单位的许可。新旧生产许可实施的过渡的原则为2019年5月31日前发放的特种设备生产和充装单位许可证书继续在原许可范围和有效期内有效，许可到期前按新许可要求进行换证。对未到期的许可证应按照特种设备制造许可证的审查要求进行审查。

8）专利证书

专利证书分为发明专利证书（图5-22）、实用新型专利证书（图5-23）、外观设计专利证书。专利证书主要包括专利名称、专利权人、专利号、发明人等内容。审查时应核对专利证书类型是否满足招标文件要求、发明名称是否与本项目标的物有关、专利是否为投标人所有。如是授权使用的专利，则需要审查是否提供有效的授权书。不满足要求的，应否决其投标。

评委可登录国家知识产权局（http：//www.sipo.gov.cn）查询证书真伪，也可以通过中国及多国专利审查信息查询（http：//cpquery.sipo.gov.cn/）对专利证书进行查询验证。

3.服务类项目对企业的资质要求

服务类项目对企业的资质要求主要有工程勘察企业资质、工程设计企业资质、工程监理企业资质、工程造价咨询企业资质、道路运输经营许可证等。

1）工程勘察企业资质证书

工程勘察企业资质证书（图5-24）主要内容包括企业名称、经济性质、证书编号、有效期、资质等级等信息。评审时，除通用审查条件外，应审查资质类别及等级是否满足招标文件要求。不满足要求的，应否决其投标。

2）工程设计企业资质证书

工程设计企业资质证书（图5-25）主要内容包括企业名称、经济性质、证书编号、有效期、资质等级等信息。评审时，除通用审查条件外，应审查资质类别及等级是否满足招标文件要求。不满足要求的，应否决其投标。

3）工程监理企业资质证书

工程监理企业资质证书（图5-26）主要内容包括企业名称、经济性质、证书编号、有效期、资质等级等信息。评审时，除通用审查条件外，应审查资质类别及等级是否满足招标文件要求。不满足要求的，应否决其投标。

第五章　招标评审

图 5-22　发明专利证书

图 5-23　实用新型专利证书

图 5-24　工程勘察企业资质证书

图 5-25　工程设计企业资质证书

4）工程造价咨询企业资质

工程造价咨询企业资质证书（图 5-27）主要内容包括企业名称、证书编号、有效期等信息。评审时，除通用审查条件外，应审查资质类别及等级是否满足招标文件要求。不满足要求的，应否决其投标。

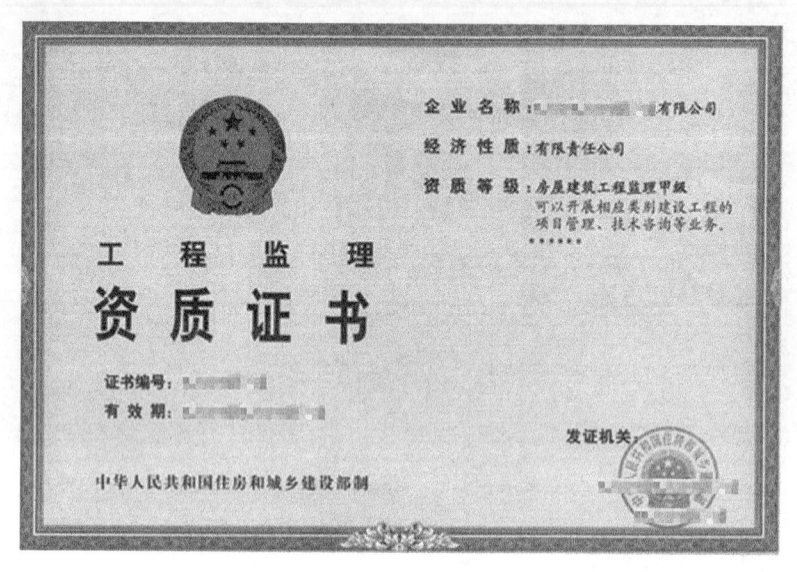

图 5-26　工程监理企业资质证书

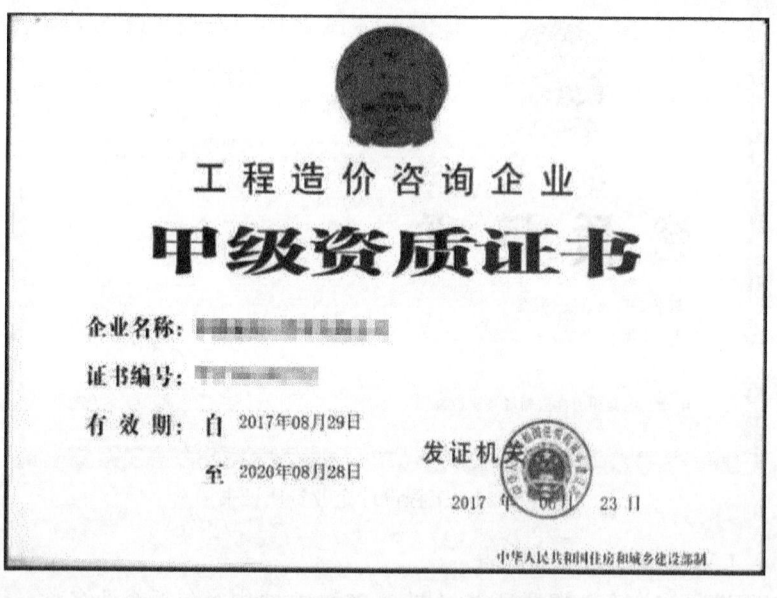

图 5-27　工程造价咨询企业资质证书

5) 道路运输经营许可证

道路运输经营许可证（图 5-28）主要内容包括有效期、业主名称、地址、经营范围等信息。除通用审查条件外，应审查经营范围是否满足招标文件要求。不满足要求的，应否决其投标。

图 5-28　道路运输经营许可证

（四）投标人财务状况

投标人的财务状况应满足招标文件的要求。财务状况是指一定时期内，企业经营活动中体现在财务上的资金筹集与资金运用状况，它是企业一定期间内经济活动过程及其结果的综合反映。反映财务状况的财务会计报告，是会计主体对外提供的反映会计主体财务状况和经营的会计报表。财务会计报告由会计报表、会计报表附注和财务情况说明书组成，例如，资产负债表、现金流量表、损益表和财务情况说明书等，资格审查时可据此分析和判断申请人的资产规模（注册资产、总资产、净资产）、获利能力、偿债能力（总负债、流动负债、资产负债率、流动比率、速动比率）等。招标文件对投标人财务能力（例如，负债经营能力、短期偿债能力以及盈利能力状况等财务指标）有基本要求的，应明确投标人的基本财务指标，并要求投标人提供经审计的财务报表等证明材料；审查投标文件是否按照招标文件要求提供了经审计的财务报告，并审查财务报告的真实性。对于未按照招标文件要求提供的应否决其投标。提供财务报告的，应通过对提供的会计师事务所或审计机构审计的近年财务报告证明其财务能力状况，对企业财务状况分析。

以几种常见的财政指标为例。

1. 流动比率

流动比率根据下面公式计算：

$$流动比率 = 流动资产/流动负债 \times 100\% \tag{5-1}$$

流动比率是企业可以在一年或者越过一年的一个营业周期内变现或者运用的资产，用来衡量企业流动资产在短期债务到期以前可以变为现金用于偿还负债的能力。流动资产是指企业可以在一年或者超过一年的一个营业周期内变现或者运用的资产，是企业资产中必不可少的组成部分。流动负债是指企业将在一年内或超过一年的一个营业周期内偿还的债务。流动资产大于流动负债，一般表明偿还短期能力强，流动比率越高，企业资产流动性越大，表明企业有足够变现的资产用于偿债。但是，并不是流动比率越高越好。因为流动比率太大表明流动资产占用较多，会影响经营资金周转效率和获利能力；如果比率较低，又说明偿债能力较差。评审时如果招标文件对流动比率有要求，可依据资产负债表（图5-29）中相关数据结合公式（5-1）计算是否在要求范围以内，不符合要求的应否决其投标。

图5-29中，流动比率 = 22789350.5 ÷ 16976902.07 × 100% = 134.23%。

2. 速动比率

速动比率根据下面公式计算：

$$速动比率 = 速动资产/流动负债 \times 100\% \tag{5-2}$$

速动比率是指企业速动资产与流动负债的比率，速动资产是企业的流动资产减去存货和预付费用后的余额，主要包括现金、短期投资、应收票据、应收账款等项目。速动资产是指企业持有的现金、银行存款和有价证券等变现能力强的那部分资产。其计算见公式（5-3）。

$$速动资产 = 企业的流动资产 - 库存 - 应收账款 - 预付账款 - 待摊费用 - 待处理财产损益 \tag{5-3}$$

3. 资产负债率

资产负债率根据下面公式计算：

第五章　招标评审

资产负债表

2018年12月31日　　金额单位：人民币元

资　产	期初余额	期末余额	负债及股东权益	期初余额	期末余额
流动资产：			流动负债：		
货币资金	605,780.37	1,130,229.05	短期借款	6,500,000.00	5,500,000.00
交易性金融资产			交易性金融负债		
应收票据			应付票据		
应收账款	6,682,921.22	9,722,725.90	应付账款	473,255.92	2,292,759.93
预付账款			预收帐款		
应收利息			应付职工薪酬	144,414.00	139,347.49
应收股利			应交税费	571,824.15	284,880.53
其他应收款	1,778,132.69	11,897,652.52	应付利息		
存货	5,254,702.85	38,743.03	其他预缴款	1,190.00	1,190.00
待摊费用			其他应付款	1,548,416.70	8,758,724.12
其他流动资产			一年内到期的非流动负债		
			其他流动负债		
流动资产合计	14,321,537.13	22,789,350.50	流动负债合计	9,239,100.77	16,976,902.07
非流动资产：			非流动负债：		
可供出售金融资产			长期借款		
持有至到期投资			长期应付款		
长期股权投资		-	专项应付款		
固定资产原价	28,059,107.44	28,279,222.44	预计负债		
累计折旧	2,134,161.81	2,688,278.48	递延收益		
固定资产净值	25,924,945.63	25,590,943.96	递延所得税负债		
在建工程			其他非流动负债		
工程物资			非流动负债合计	-	-
固定资产清理			负债合计	9,239,100.77	16,976,902.07
无形资产	2,700,000.00	2,675,000.00	股东权益：		
开发支出			实收资本（或股本）	30,000,000.00	30,000,000.00
商誉			资本公积		
递延资产			盈余公积		
递延所得税资产			其中：法定盈余公积		
长期待摊费用			未分配利润	3,707,381.99	4,078,392.39
非流动资产合计	28,624,945.63	28,265,943.96	股东权益合计	33,707,381.99	34,078,392.39
资产合计	42,946,482.76	51,055,294.46	负债及股东权益合计	42,946,482.76	51,055,294.46

图 5-29　资产负债表-流动比率

$$资产负债率 = 负债总额 / 资产总额 \times 100\% \quad (5-4)$$

因为企业的所有者一般只承担有限责任，而一旦企业破产清算时，资产变现所得很可能低于其账面价值。所以这个指标过高，债权人可能遭受损失。当资产负债率大于100%，表面企业已经资不抵债，对于债权人来说风险非常大。所以判断企业是否资不抵债就可以通过公式（5-4）计算资产负债率来判断。

由图5-30中数据可得期末负债合计为16976902.07元，资产合计为51055294.46元，由此可计算资产负债率 = 16976902.07 ÷ 51055294.46 × 100% = 33.25%。

187

资产负债表

单位名称：　　　　　　　　　2018年12月31日　　　　　　　　金额单位：人民币元

资　产	期初余额	期末余额	负债及股东权益	期初余额	期末余额
流动资产：			流动负债：		
货币资金	605,680.37	1,130,229.05	短期借款	6,500,000.00	5,500,000.00
交易性金融资产			交易性金融负债		
应收票据			应付票据		
应收账款	6,682,921.22	9,722,725.90	应付账款	473,255.92	2,292,759.93
预付账款			预收账款		
应收利息			应付职工薪酬	144,414.00	139,347.49
应收股利			应交税费	571,824.15	284,880.53
其他应收款	1,778,132.69	11,897,652.52	应付利息		
存货	5,254,702.85	38,743.03	其他预缴款	1,190.00	1,190.00
待摊费用			其他应付款	1,548,416.70	8,758,724.12
其他流动资产			一年内到期的非流动负债		
			其他流动负债		
流动资产合计	14,321,537.13	22,789,350.50	流动负债合计	9,239,100.77	16,976,902.07
非流动资产：			非流动负债：		
可供出售金融资产			长期借款		
持有至到期投资			长期应付款		
长期股权投资			专项应付款		
固定资产原价	28,059,107.44	28,279,222.44	预计负债		
累计折旧	2,134,161.81	2,688,278.48	递延收益		
固定资产净值	25,924,945.63	25,590,943.96	递延所得税负债		
在建工程			其他非流动负债		
工程物资			非流动负债合计	-	-
固定资产清理			负债合计	9,239,100.77	16,976,902.07
无形资产	2,700,000.00	2,675,000.00	股东权益：		
开发支出			实收资本（或股本）	30,000,000.00	30,000,000.00
商誉			资本公积		
递延资产			盈余公积		
递延所得税资产			其中：法定盈余公积		
长期待摊费用			未分配利润	3,707,381.99	4,078,392.39
非流动资产合计	28,624,945.63	28,265,943.96	股东权益合计	33,707,381.99	34,078,392.39
资产合计	42,946,482.76	51,055,294.46	负债及股东权益合计	42,946,482.76	51,055,294.46

图 5-30　资产负债表-资产负债率

因 33.25% 小于 100%，所以此投标人满足资格要求。

4. 净资产

净资产是指属于企业所有、并可以自由支配的资产，即所有者权益或者权益资本。企业的净资产，是指企业的资产总额减去负债以后的净额。具体根据下面公式计算：

$$净资产 = 资产总额 - 负债总额 \qquad (5-5)$$

图 5-31 中，净资产 = 51055294.46 - 16976902.07 = 34078392.39（元）。

（五）类似项目业绩

投标人的类似项目业绩应满足招标文件要求。评审时应以投标文件提供

第五章 招标评审

资产负债表

单位名称：　　　　　　　　　　2018年12月31日　　　　　　　　金额单位：人民币元

资产	期初余额	期末余额	负债及股东权益	期初余额	期末余额
流动资产：			流动负债：		
货币资金	605,780.37	1,130,229.05	短期借款	6,500,000.00	5,500,000.00
交易性金融资产			交易性金融负债		
应收票据			应付票据		
应收账款	6,682,921.22	9,722,725.90	应付账款	473,255.92	2,292,759.93
预付账款			预收账款		
应收利息			应付职工薪酬	144,414.00	139,347.49
应收股利			应交税费	571,824.15	284,880.53
其他应收款	1,778,132.69	11,897,652.52	应付利息		
存货	5,254,702.85	38,743.03	其他预缴款	1,190.00	1,190.00
待摊费用			其他应付款	1,548,416.70	8,758,724.92
其他流动资产			一年内到期的非流动负债		
			其他流动负债		
流动资产合计	14,321,537.13	22,789,350.50	流动负债合计	9,239,100.77	16,976,902.07
非流动资产：			非流动负债：		
可供出售金融资产			长期借款		
持有至到期投资			长期应付款		
长期股权投资		—	专项应付款		
固定资产原价	28,059,107.47	28,279,222.44	预计负债		
累计折旧	2,134,161.81	2,688,278.48	递延收益		
固定资产净值	25,924,945.63	25,590,943.96	递延所得税负债		
在建工程			其他非流动负债		
工程物资			非流动负债合计	—	—
固定资产清理			负债合计	9,239,100.77	16,976,902.07
无形资产	2,700,000.00	2,675,000.00	股东权益：		
开发支出			实收资本（或股本）	30,000,000.00	30,000,000.00
商誉			资本公积		
递延资产			盈余公积		
递延所得税资产			其中：法定盈余公积		
长期待摊费用			未分配利润	3,707,381.99	4,078,392.39
非流动资产合计	28,624,945.63	28,265,943.96	股东权益合计	33,707,381.99	34,078,392.39
资产合计	42,946,482.76	51,055,294.46	负债及股东权益合计	42,946,482.76	51,055,294.46

图 5-31　资产负债表-净资产

的业绩证明材料（图 5-32）为准，按照招标文件要求，逐条审查业绩相关证明材料的符合性和有效性。

工程类项目应审查投标文件提供的业绩规模、数量等是否符合招标文件要求，证明材料是否包含合同主要页，或中标通知书；工程竣工（交工）验收文件，或有关部门出具的工程质量鉴定书，工程质量鉴定书应包含参与验收的单位及人员、验收的内容、验收的结论、验收的时间。时间以工程竣工（交工）验收文件签署时间，或有关部门出具的工程质量鉴定书上记载的时间为准。

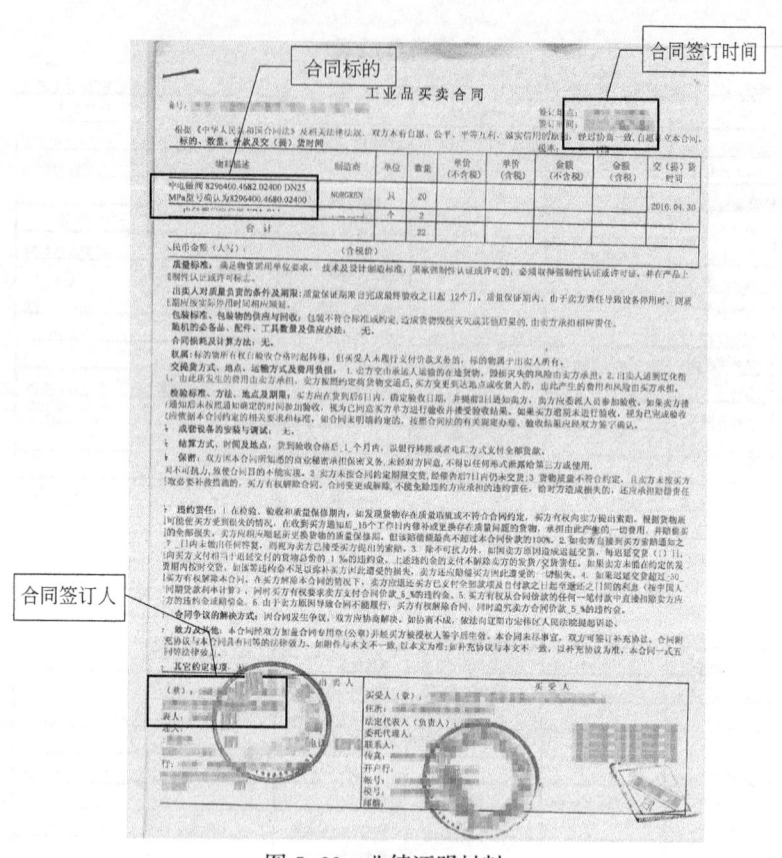

图5-32 业绩证明材料

物资类项目应审查业绩证明材料内容是否齐全（例如，合同复印件、中标通知书、用户证明等）、业绩数量是否足够（如有要求）、是否在要求的年限内（如有要求）、物资明细（物资名称、规格型号、数量）是否符合招标文件要求等。

服务类项目应审查业绩证明材料内容是否齐全（例如，合同复印件、中标通知书、用户证明等）、业绩数量是否足够（如有要求）、是否在要求的年限内（如有要求）、服务内容是否符合招标文件要求等。

评审中针对总公司、分公司、母公司、子公司业绩认定可参照以下内容解决。

《中华人民共和国公司法》第十四条，公司可以设立分公司。设立分公司，应当向公司登记机关申请登记，领取营业执照。分公司不具有法人资格，

第五章　招标评审

其民事责任由公司承担。公司可以设立子公司，子公司具有法人资格，依法独立承担民事责任。

《企业名称登记管理规定》第十四条，企业设立分支机构的，企业及其分支机构的企业名称应当符合下列规定：（1）在企业名称中使用"总"字的，必须下设三个以上分支机构；（2）不能独立承担民事责任的分支机构，其企业名称应当冠以其所从属企业的名称，缀以"分公司""分厂""分店"等字词，并标明该分支机构的行业和所在地行政区划名称或者地名，但其行业与其所从属的企业一致的，可以从略；（3）能够独立承担民事责任的分支机构，应当使用独立的企业名称，并可以使用其所从属企业的企业名称中的字号；（4）能够独立承担民事责任的分支机构再设立分支机构的，所设立的分支机构不得在其企业名称中使用总机构的名称。

总公司与分公司为同一法人，国务院各部门直接受理的行政许可效力一般对总公司和分公司均有效，地方各级政府直接受理的行政许可一般只对相应的总公司或分公司有效，业绩应按照招标文件规定的条件进行认定。总公司与子公司为分别独立的法人，各自依法独立承担民事责任，行政许可、业绩等不能交叉认定。

（六）信誉

本项主要审查投标人是否被"国家企业信用信息公示系统"网站列入经营异常名录和严重违法失信企业名单；投标人、法定代表人或者负责人是否被人民法院在"信用中国"网站列入失信被执行人；至投标截止日投标人、法定代表人或者负责人、拟委任的项目经理是否有行贿犯罪；投标人、拟委任的项目经理、拟委任的设计负责人、拟委任的施工负责人是否被"全国建筑市场监管公共服务平台"网站列入黑名单，或虽然被"全国建筑市场监管公共服务平台"网站列入黑名单但移除黑名单日期在投标截止日之前的。

审查投标人是否被"国家企业信用信息公示系统"网站列入严重违法失信企业名单时，应登录"国家企业信用信息公示系统"网站（www.gsxt.gov.cn）查询（图5-33），被列入严重违法失信企业名单的应否决其投标。

审查投标人、法定代表人或者负责人是否被人民法院在"信用中国"网站列入失信被执行人时，应登录网站（www.creditchina.gov.cn）查询（图5-34），被列入失信执行人的应否决其投标。

审查至投标截止日投标人、法定代表人或者负责人、拟委任的项目经理

图 5-33 "国家企业信用信息公示系统"网站

图 5-34 "信用中国"网站

是否有行贿犯罪时，应登录裁判文书网（http://wenshu.court.gov.cn）查询（图 5-35），有行贿犯罪的应否决其投标。

审查投标人、拟委任的项目经理、拟委任的设计负责人、拟委任的施工负责人是否被"全国建筑市场监管公共服务平台"网站列入黑名单，或虽然被"全国建筑市场监管公共服务平台"网站列入黑名单但移除黑名单日期在投标截止日之前的时，应登录"全国建筑市场监管公共服务平台"网站的"诚信数据"栏目（http://jzsc.mohurd.gov.cn/asite/jsbpp/index）查询（图 5-36），

第五章 招标评审

不符合要求的应否决其投标。

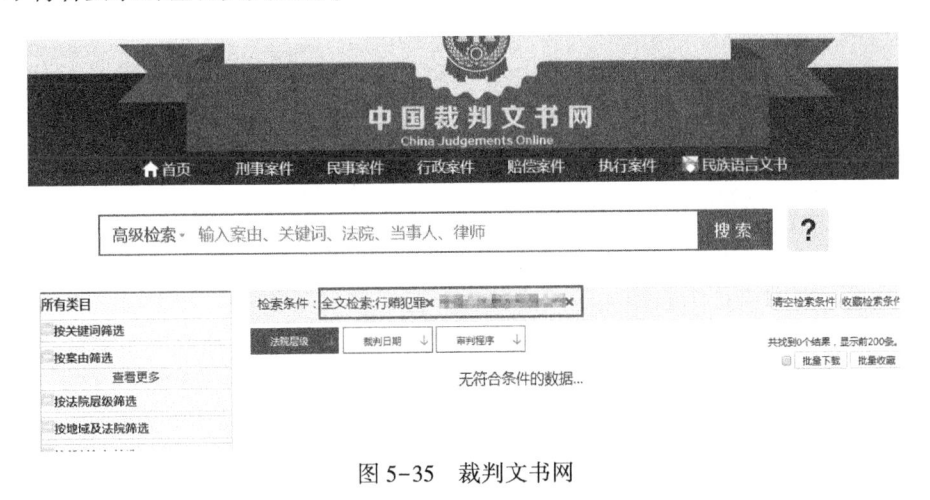

图 5-35 裁判文书网

图 5-36 全国建筑市场监管公共服务平台网站/诚信数据

评审时，审查投标人是否被"中国石油招标投标网"网站列入惩戒名单时，应登录"中国石油招标投标网"网站，查询企业是否被列入惩戒名单，

193

如被列入，查询其失信分，失信分达到 8 分时，暂停投标人的投标资格半年；失信分达到 9 分时，暂停投标人的投标资格一年；失信分达到 10 分时，暂停投标人的投标资格两年；失信分 10.5 分及以上，或在暂停期间再次发生失信行为的，取消集团公司范围内的投标资格惩戒三年。以上暂停或取消投标资格惩戒在有效期的应否决其投标。

（七）项目经理

投标人的项目经理应审查其资质证书、注册单位、业绩、社会养老保险等内容。注册类证书包括建造师（图 5-37）、监理工程师（图 5-38）、造价工程师、建筑师、勘察设计工程师（图 5-39）、注册会计师等；职称证书包括安全考核合格证书（图 5-40）、高级工程师（图 5-41）、高级经济师、工程师、经济师等。

图 5-37 建造师（一级）

第五章 招标评审

图 5-38 监理工程师

图 5-39　勘察设计工程师（示例：化工工程师）

应当核对提供的证明文件是否满足招标文件对项目经理的资格要求、资质证书是否符合招标文件要求、专业类别是否符合招标文件要求、聘用企业是否与投标人名称一致、业绩是否满足招标文件要求、社会保险参保单位是否与投标人名称一致（图 5-43）等。

评审时，注册证书的真实性，评委可登录全国建筑市场监管公共服务平台的"人员信息"栏目（http：//jzsc.mohurd.gov.cn）（图 5-42）进行查询验证。

社会保险证明是指社会统筹保险基金管理部门出具的基本养老保险对账单或加盖社会统筹保险基金管理部门公章的单位缴费明细，以及企业缴费凭证（社会保险缴费发票或银行转账凭证等证明）；社会保险证明（图 5-43、图 5-44）应至少体现以下内容：缴纳保险单位名称、人员姓名、社会保障号（或身份证号）、险种、缴费期限。评审时，应审查社会保险证明中缴纳单位是否与投标人名称一致，上级公司、子公司、人力资源服务机构或个人缴纳社会保险不认定为有效的社会保险证明。

以注册建造师为例：评审项目经理业绩时，应审查项目经理的业绩证明是否提供合同主要页，或中标通知书；工程竣工（交工）验收文件，或有关部门出具的工程质量鉴定书复印件、参与验收的单位及人员、验收的内容、验收的结论、验收的时间。提供工程竣工（交工）验收文件的以设计施工总

第五章 招标评审

承包方签字为准。提供有关部门出具的工程质量鉴定书复印件的以复印件中体现的设计施工总承包方项目经理为准,没有体现的以建设单位出具的证明为准。不满足上述要求的业绩不予认定。

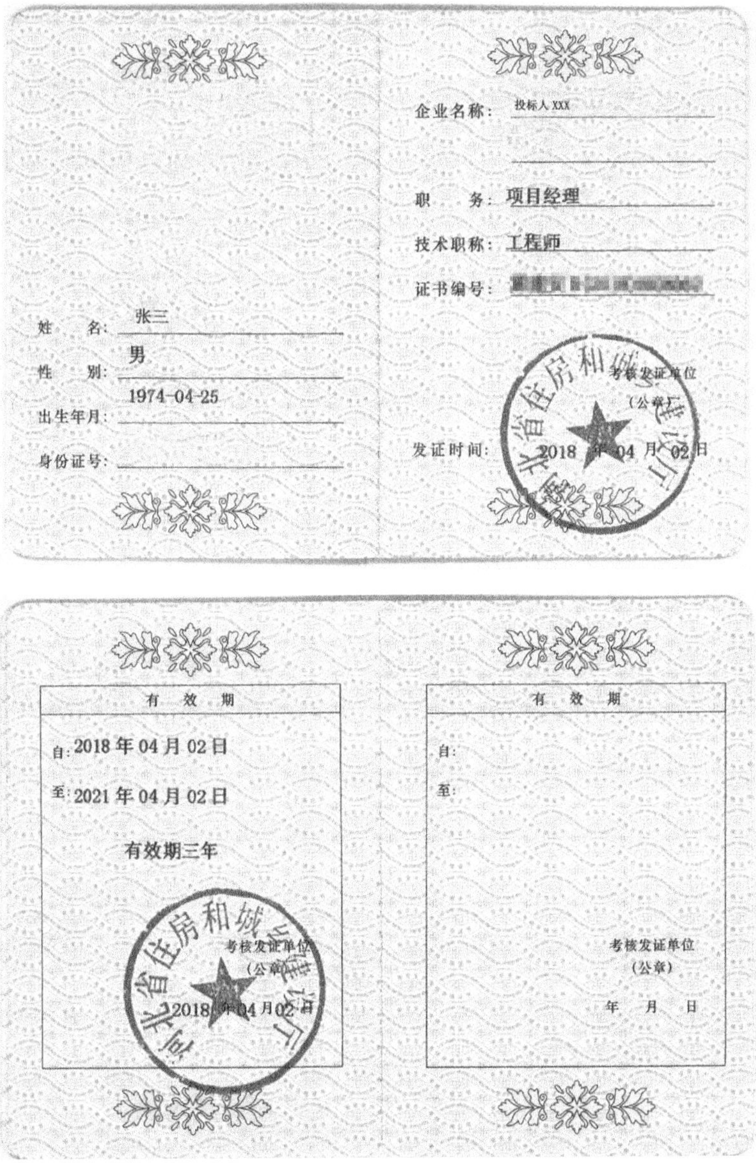

图 5-40 安全生产考核合格证书

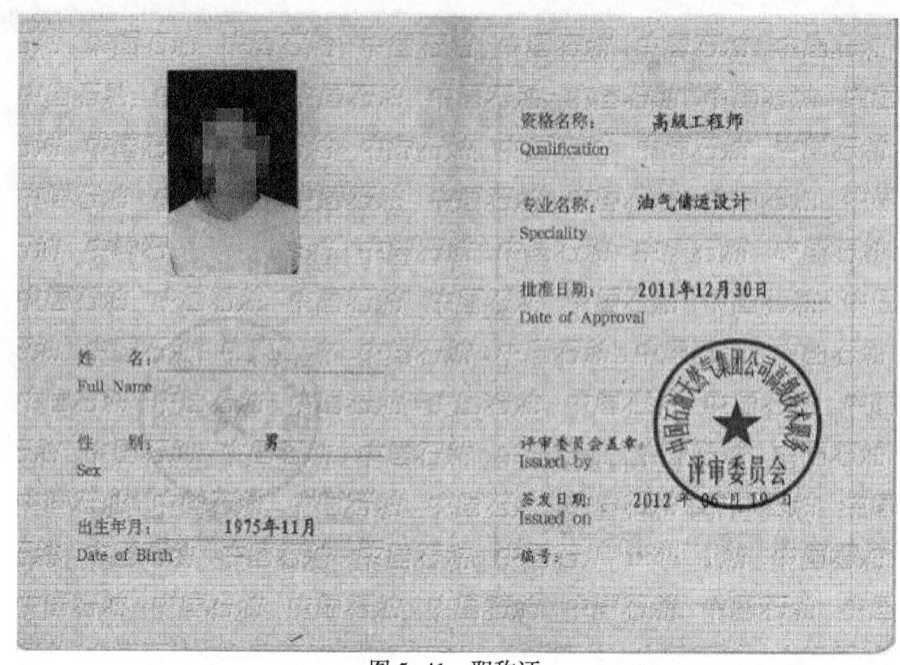

图 5-41　职称证

图 5-42　全国建筑市场监管公共服务平台/人员信息

第五章　招标评审

温馨提示：
1、请您及时对权益记录单内容进行核对，如有异议，请到所在单位核实。
2、需要变更联系方式的，请将《回执》邮寄至原单位，需要变更"姓名"、"身份证号"等信息的，请向原单位提供相关证明材料，由单位到我局前台受理窗口审核并办理更改信息业务。
3、权益单据及多项个人信息请妥善保管。

2017年度社会保险个人权益记录单

个人编号： 1330020023623

<table>
<tr><td colspan="5" align="center">个人基本信息</td></tr>
<tr><td>姓名</td><td>张三</td><td>身份证号/社会保障号码</td><td colspan="2"></td></tr>
<tr><td>单位编号</td><td></td><td>单位名称</td><td colspan="2">投标人 XXXX</td></tr>
<tr><td colspan="5" align="center">基本养老保险个人账户信息</td></tr>
<tr><td rowspan="2">当年缴费工资基数</td><td colspan="4" align="center">当年存储额及利息</td></tr>
<tr><td>缴费月数</td><td>存储额</td><td>存储额利息</td><td>其中：个人缴费额</td><td>个人缴费利息</td></tr>
<tr><td>162145</td><td>12</td><td>12971.6</td><td>8723.62</td><td>12971.6</td><td>7251.22</td></tr>
<tr><td colspan="3" align="center">补缴往年情况</td><td colspan="3" align="center">累计账户本息存储额</td></tr>
<tr><td>补缴月数</td><td>补缴金额</td><td>补缴额利息</td><td>其中：个人补缴额</td><td>个人补缴利息</td><td>建立个人账户时间</td><td>缴费月数</td><td>存储额</td><td>其中：个人缴费存储额</td></tr>
<tr><td>0</td><td>0</td><td>0</td><td>0</td><td>0</td><td>1996-01-01</td><td>264</td><td>136578.76</td><td>121588.35</td></tr>
</table>

养老保险咨询电话：0311-85518408　　　　　　　　打印时间：2018 年 06 月 05 日

河北省社会保险事业管理局

-------变更信息回执-------

如希望更改联系方式的，请填写变更内容并将回执剪下邮寄至原工作单位收。
身份证号/个人社会保障号码：　　　　　　变更联系电话为：
姓名：　　　　　　　　　　　　　　　　变更邮寄地址为：
　　　　　　　　　　　　　　　　　　　变更邮政编码为：

图 5-43　社会保险个人权益记录单

图5-44 社会保险参保证明

（八）QHSE 管理体系

投标人应建立 QHSE 管理体系并有效运行。评审时，应以投标文件提供的证明投标人建立 QHSE 管理体系并有效运行的证明文件为准，证明文件包

第五章 招标评审

括体系运行的制度或体系认证证书（图5-45、图5-46、图5-47、图5-48）。体系认证证书主要包括体系证书名称、注册号、公司名称、认证体系覆盖范围、有效期等信息。除通用审查条件外，应审查体系覆盖范围是否满足招标文件要求。若不满足要求，应否决其投标。

图5-45 质量管理体系认证证书

图 5-46　管理体系认证证书

　　以评审 ISO9001 质量管理体系认证为例：投标人×××具备 ISO9001 体系认证证书，说明投标人×××不仅建立了 QHSE 管理体系并有效运行，而且通过了认证。

　　管理体系认证证书信息的真实性，评委可登录"认证信息查询系统"（http：//cx.cnca.cn）进行查询验证。具体查询步骤如下：

第五章 招标评审

图 5-47 认证证书

（1）输入证书编号、获证组织名称等信息进行查询（图 5-49）；
（2）点击证书列表查看认证覆盖范围等详细信息（图 5-49）。

图 5-48 质量管理体系认证证书

图 5-49 认证信息查询系统

第五章 招标评审

(九) 联合体投标人

如招标文件接受联合体投标的,联合体投标文件应满足招标文件规定的相应要求。要求主要包括联合体成员数量,联合体各方均应当具备承担本项目的相应资格等。由同一专业的单位组成的联合体,按照资质等级较低的单位确定资质等级；联合体各方不得再以自己名义单独或参加其他联合体在同一标段中投标,否则,联合体及单独参加投标的联合体成员均应被否决。

(十) 禁止情形

投标人出现以下情形的,应否决其投标。

(1) 与招标人存在利害关系且可能影响招标公正性。《中华人民共和国招标投标法实施条例》第三十四条规定"与招标人存在利害关系可能影响招标公正性的法人、其他组织或者个人,不得参加投标"。本条需要同时满足"存在利害关系"和"可能影响招标公正性"两个条件。即使投标人与招标人存在某种"利害关系",但如果招标投标活动依法进行、程序规范,该"利害关系"并不影响其公正性的,就可以参加投标。

(2) 与本招标项目的其他投标人为同一个单位负责人。《中华人民共和国招标投标法实施条例》第三十四条规定"单位负责人为同一人或者存在控股、管理关系的不同单位,不得参加同一标段投标或者未划分标段的同一招标项目投标"。单位负责人,是指单位法定代表人或者法律、行政法规规定代表单位行使职权的主要负责人。

(3) 与本招标项目的其他投标人存在控股、管理关系。《中华人民共和国招标投标法实施条例》第三十四条规定"单位负责人为同一人或者存在控股、管理关系的不同单位,不得参加同一标段投标或者未划分标段的同一招标项目投标"。所谓控股股东,是指其出资额占有限责任公司资本总额百分之五十以上或者其持有的股份占股份有限公司股本总额百分之五十以上的股东；出资额或者持有股份的比例虽然不足百分之五十,但依其出资额或者持有的股份所享有的表决权已足以对股东会、股东大会的决议产生重大影响的股东。所谓管理关系,是指不具有出资持股关系的其他单位之间存在的管理与被管理关系,例如,一些事业单位。存在控股或者管理关系的两个单位在同一标段或者同一招标项目中投标,容易发生事先沟通、私下串通等现象,影响竞争的公平,因此有必要加以禁止。

(4) 与本招标项目其他投标人代理同一个制造商同一品牌同一型号的材料或设备投标(仅适用设备或材料采购招标)。《工程建设项目货物招标投标

205

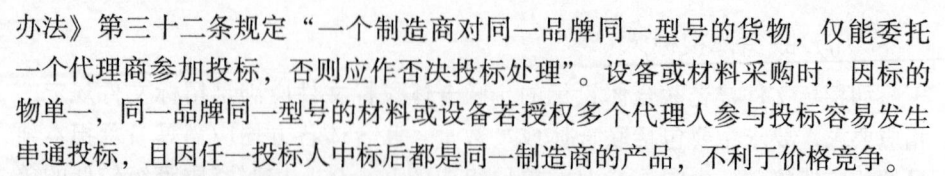

办法》第三十二条规定"一个制造商对同一品牌同一型号的货物，仅能委托一个代理商参加投标，否则应作否决投标处理"。设备或材料采购时，因标的物单一，同一品牌同一型号的材料或设备若授权多个代理人参与投标容易发生串通投标，且因任一投标人中标后都是同一制造商的产品，不利于价格竞争。

（5）为本招标项目提供过设计、编制技术规范和其他文件的咨询服务，但设计施工总承包的除外。

（6）为本招标项目的代建人。代建制是指政府通过招标的方式，选择专业化的项目管理单位（以下简称代建单位），负责项目的投资管理和建设组织实施工作，项目建成后交付使用单位的制度。代建期间，代建单位按照合同约定代行项目建设的投资主体职责，有关行政部门对实行代建制的建设项目的审批程序不变。代建方在代建合同规定的项目管理范围内，作为代理人，全面对施工合同进行管理，其在管理中起主导作用，除工程项目的重大决策外，一般的管理工作和项目决策均由代建方进行。而工程项目业主仅派少量人员在工程现场，收集工程建设信息、对工程项目的实施进行跟踪和监督。所以代建人不可以作为投标人参与投标。

（7）为本招标项目的招标代理机构。《中华人民共和国招标投标法实施条例》第十三条规定"招标代理机构不得在所代理的招标项目中投标或者代理投标，也不得为所代理的招标项目的投标人提供咨询"。招标代理机构在代理工作中，熟悉和掌握了本项目的相关情况，如果在所代理的招标项目中投标或者代理投标，将影响投标人之间的公平竞争。招标代理机构在所代理的招标项目中投标或者代理投标，构成了自己代理和双方代理，不符合代理权行使的要求。

（8）与本招标项目的代建人或招标代理机构同为一个法定代表人。

（9）与本招标项目的代建人或招标代理机构存在控股或参股关系。

（10）被依法暂停或者取消投标资格。

（11）被责令停产停业、暂扣或者吊销许可证、暂扣或者吊销执照。

（12）进入清算程序，或被宣告破产，或其他丧失履约能力的情形。

（13）在最近三年内发生重大质量问题（以相关行业主管部门的行政处罚决定或司法机关出具的有关法律文书为准）。

（14）法律法规或投标人须知前附表规定的其他情形。

四、响应性评审

响应性评审主要是对投标文件是否响应招标文件实质性要求进行的评

审。主要包括但不限于以下内容：投标报价、投标内容、工期（交货期、服务期）、质量标准（技术标准和要求）、投标有效期、投标保证金、权利义务等。

（一）投标报价

投标人的投标报价应满足如下要求：有最高投标限价的，应不高于最高投标限价；工程类项目安全文明施工费、规费应按照国家或项目所在地建设主管部门，以及中国石油天然气集团有限公司的规定计取。

不满足以上要求的，应否决其投标。

（二）投标内容

投标人的投标内容应满足招标文件中招标范围的要求。未按要求响应招标范围的，应否决其投标。

（三）工期（交货期、服务期）

投标文件中载明的工期、交货期或服务期限应满足招标文件要求。评标委员会应核查投标文件中投标函、投标函附录或开标一览表中载明的工期、交货期或服务期限是否满足招标文件的要求。如工期、交货期或服务期限无法满足招标文件要求的，除招标文件特殊约定以外，应否决其投标。

（四）质量标准（技术标准和要求）

投标人应满足招标文件规定的质量要求。

（1）工程类项目投标人须满足招标文件中"发包人要求"的相关要求。施工要求的质量标准应符合国家、行业现行工程质量验收、评定统一标准及施工质量验收规范，工程质量评定结论为合格。

（2）物资类项目投标人须满足招标文件中规定的技术标准和要求。投标人证明货物与招标文件的要求相一致的文件，可以是文字资料、图纸和数据。主要审查投标文件是否对照招标文件技术规格，逐条说明所提供货物已对招标文件的技术规格作出了实质性的响应，并申明与技术规格条文的偏差和例外。未满足招标文件实质性要求的，应否决其投标。提供检验报告的，应提供中国合格评定国家认可委员会颁发的实验室认可证书（图5-50）以证明其资质。投标人自身做出的出厂检验的报告一般不予认可。

（3）服务类项目投标人须满足招标文件中"发包人要求"或"技术标准和要求"的相关要求。例如，设计要求的质量标准：质量和深度应满足相关要求，并通过工程主管部门组织的施工图设计审查。

图 5-50　中国合格评定国家认可委员会实验室认可证书

（五）投标有效期

投标人应满足招标文件规定的投标有效期。投标有效期短于招标文件规定的，应否决其投标。

（六）投标保证金

投标人应按照招标文件要求缴纳投标保证金。评标委员会应根据电子交易平台系统记录、银行转账单、投标保函核查投标人是否按照招标文件要求缴纳投标保证金。依法必须招标的项目，投标保证金为电汇转账的，应审查投标保证金转出账户是否为投标人的基本账户，保证金金额是否不小于招标

第五章 招标评审

文件要求的金额。投标保证金为保函的（图5-51），应审查投标保函的权利和义务，不符合招标文件要求的，应否决其投标。

投标人的基本账户可根据投标人的基本存款账户开户许可证或开户银行的证明核实（图5-52）。

图 5-51 投标保函

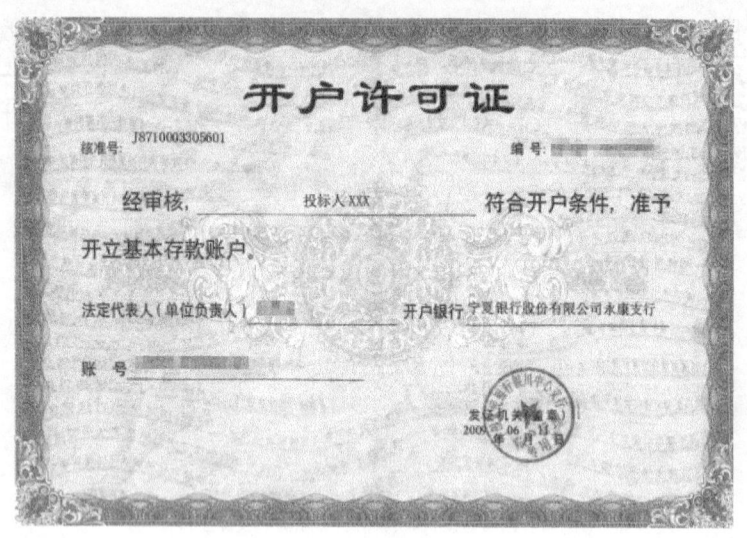

图 5-52　开户许可证

（七）权利义务

投标人应满足招标文件中"合同条款及格式"中规定的权利义务，未满足招标文件要求的，应否决其投标。

【例 5-1】 某项目于 2019 年 6 月组织施工招标资格预审。资格预审文件采用《标准施工招标资格预审文件》编制，审查办法为合格制，其中部分审查因素和标准见表 5-2。

表 5-2　审查因素及标准表

审查因素	审查标准
申请人名称	与营业执照、资质证书、安全生产许可证一致
申请函签字盖章	有法定代表人或其委托代理人签字或加盖单位公章
申请唯一性	只能提交唯一有效申请
营业执照	具备有效的营业执照
安全生产许可证	具备有效的安全生产许可证
资质等级	具备房屋建筑工程施工总承包一级以上资质
项目经理资格	具有建筑工程专业一级建造师职业资格及注册证书
投标资格	有效，投标资格没有被取消或暂停
投标行为	合法，近三年内没有骗取中标行为
其他	法律法规规定的其他条件

第五章 招标评审

招标人接收了12份资格预审申请文件,其中申请人12的资格申请文件是在规定的资格预审文件递交截止时间后2分钟收到的。招标人组建了资格审查委员会,对受理的12份资格申请文件进行审查,审查过程有关情况如下:

(1) 申请人1同时是联合体申请人10的成员,资格审查委员会要求申请人1确认是参加联合体还是独自申请。在规定的时间内申请人1确认其参加联合体,随即撤回其独立的资格申请。资格审查委员会确认申请人1的申请合格。

(2) 申请人2不具备相应资质,使用资质为其子公司的资质,资格审查委员会认为母公司采用子公司资质申请有效。

(3) 申请人3的安全生产许可证有效期已过,资格审查委员会要求申请人3提交重新申领的安全生产许可证原件。在规定的时间内,申请人3重新提交了其重新申领的安全生产许可证,资格审查委员会确认其申请合格。

(4) 招标人临时要求核查申请人资质证书原件,申请人4提交的申请文件虽符合资格预审文件要求,但未按照要求提供资质证书原件供资格审查委员会审查,资格审查委员会据此判定申请人4不能通过资格审查。

(5) 申请人5在2008年10月因在投标过程中参与串标而受到了暂停投标资格一年的行政处罚,资格审查委员会认为其他外部证据不能作为审查的依据,依据资格预审文件判定申请人5通过了资格审查。

其他申请文件均符合要求。

经资格审查委员会审查,确认申请人1、2、3、5、6、7、8、9、10、11和12通过了资格审查。

问题:

指出以上资格审查过程有哪些不妥之处,分别说明理由。

参考答案:

资格审查过程中不妥之处及理由:

(1) 不妥之处:资格审查委员会要求申请人1确认是参加联合体还是独自申请,并确认申请人1的申请合格。

理由:不符合只能提交唯一有效申请的标准。

(2) 不妥之处:资格审查委员会认为申请人2采用子公司资格申请有效。

理由:不符合申请人名称应与营业执照、资质证书、安全生产许可证一致的要求。

(3) 不妥之处:资格审查委员会确认申请人3的申请合格。

理由：必须具备有效的安全生产许可证。

（4）不妥之处：资格审查委员会认为其他外部证据不能作为审查的依据，依据资格预审文件判定申请人5通过了资格审查。

理由：不符合近三年内没有骗取中标行为。

（5）不妥之处：确认申请人1、2、3、5、6、7、8、9、10、11和12通过了资格审查。

理由：应该确认申请人6、7、8、9、10、11通过了资格审查。申请人12的资格申请文件是在规定的资格预审文件递交截止时间后2分钟收到的。截止时间后递交的资格申请文件应当拒收。

第三节　详细评审内容及方法

详细评审是根据招标文件确定的评标方法、因素和标准，对通过初步评审的投标文件作进一步的评审、比较。通过初步评审，是进行详细评审的前提条件。详细评审所评审的内容是投标文件包含的内容，投标文件以外的内容，除了投标人按照评标委员会的要求作出的澄清外，皆不得作为评审依据。评标委员会成员在评审时发现招标文件存在错误影响评审的，应暂停评标，并将问题以书面形式反馈给招标人。本节主要对详细评审的内容和评审方法作简要介绍，适用于评标委员会成员评审时使用。

一、评标办法

常用的评标办法主要有经评审的最低投标价法和综合评估法。

（一）经评审的最低投标价法

采用经评审的最低投标价法的，评标委员会应根据招标文件中规定的评标价格调整方法，对投标文件的价格要素作必要的调整，以便使所有投标文件的价格要素按统一的标准进行比较；中标人的投标应符合招标文件规定的技术要求和标准，但评标委员会无需对投标文件的技术、商务部分与投标报价不直接相关的其他因素进行价格折算。根据经评审的最低投标价法完成详细评审后，评标委员会应拟定一份"评标价格比较表"，连同书面评标报告提交招标人。"评标价格比较表"应载明投标人的投标报价，对商务偏差的价格

第五章 招标评审

调整和说明以及经评审的最终投标价。

【例 5-2】 某办公楼工程招标采购电梯,采用经评审的最低投标价法。有五个投标人参加投标,经初步审查,其中 A、B、C 三个投标人符合招标文件实质性要求,进入详细评审。招标文件规定的价格调整因素为:

供货范围中备品备件缺项的,按其他投标人该项最高价进行加价;

提前交货的在投标价格基础上减价 2%/周,延迟交货的在投标价格基础上加价 2%/周;

提前或延迟付款的,提前或延迟付款部分按周利率 0.3% 计算现值差作为加价或减价。

三个投标人的投标情况见表 5-3:

表 5-3 投标人的投标情况表

项目	招标文件要求	投标人 A	投标人 B	投标人 C
投标价格		1000 万元	1100 万元	900 万元
供货范围		包含备品备件 3 万元	包含备品备件 5 万元	无备品备件
交货期	52 周	52 周	48 周	55 周
付款条件	合同签订后预付 10%,交货后付 85%,一年质保期后付 5%	预付 20%,交货后付 75%,一年质保期后付 5%	预付 10%,交货后付 85%,一年质保期后付 5%	预付 10%,交货后付 85%,一年质保期后付 5%

计算各投标人评标价格过程如下:

(1) 投标人 A 的评标价格:

投标人 A 付款条件与招标文件要求有偏差,应予调整。要求多付 10% 的预付款,时间按 52 周计算。

现值计算公式为: $P = F \times (1+i) \times n$ (5-6)

其中

P——现值;

F——终值;

i——计息周期的复利率;

n——计息周期数。

10% 的预付款的现值为:

$P = F \times (1+i) \times n = 1000 \times 10\% \times (1+0.3\%) \times 52 = 116.8553$(万元)。

现值差为:116.8553 − 100 = 16.8553(万元)。

投标人 A 的评标价格 = 1000 + 16.8553 = 1016.8553(万元)。

213

(2) 投标人 B 的评标价格：

投标人 B 的交货期与招标文件要求有偏差，应予调整。

交货期偏差价格调整为：1100×2%×(48-52)=-88(万元)。

投标人 B 的评标价格=1100-88=1012(万元)。

(3) 投标人 C 的评标价格：

投标人 C 的交货期与招标文件要求有偏差，漏报备品备件，应予调整。

交货期偏差价格调整为：900×2%×(55-52)=54(万元)。

漏报备品备件价格调整为：5万元。

投标人 C 的评标价格=900+54+5=959(万元)。

投标人 A, B, C 的评标价格分别为：1016.8553万元、1012万元和959万元。

公式(5-6)是考虑了资金时间价值的情况下现值计算公式。资金时间价值的含义是将一笔资金存入银行会获得利息，进行投资可获得收益（也可能会发生亏损）。而向银行借贷，也需要支付利息。这反映出资金在运动中，其数量会随着时间的推移而变动，变动的这部分资金就是原有资金的时间价值。任何技术方案的实施，都有一个时间上的延续过程，由于资金时间价值的存在，使不同时点上发生的现金流量无法直接进行比较。只有通过一系列的换算，在同一时点上进行对比，才能使比较结果符合客观实际情况。

（二）综合评估法

采用综合评估法评标的，评标委员会对各个评审因素进行量化时，应将量化指标建立在同一基础或者同一标准上，使各投标文件具有可比性。对技术部分和商务部分进行量化后，评标委员会应对这两部分的量化结果进行加权，计算出每一投标的综合评估价或者综合评估分。根据综合评估法完成评标后，评标委员会应拟定一份"综合评估比较表"，连同书面评标报告提交招标人。"综合评估比较表"应载明投标人的投标报价、所作的任何修正、对商务偏差的调整、对技术偏差的调整、对各评审因素的评估以及对每一投标的最终评审结果。

1. 商务及技术评分方法

商务及技术评分方法主要包括主观评分和客观评分。

1) 主观评分

对于投标文件中无法量化比较的评价内容，应对各投标的响应进行比较后分出等级，按等级进行分值打分。评审时由评标委员会成员依据自己的主观判断，在设定的范围内自主评价打分。

采用主观评分时，由于主观判断的差异，不同的人对于同一个指标的评分可能会出现不一致的情况。例如，评价一个施工方案的合理性，评委 A 认为方案合理，给 3 分，评委 B 认为方案合理性一般，只能给 2 分，对于无法量化的主观评分，两个评委的评价都是合理的。但是这并不是说评委可以随意地打分，对于同一评委而言，其评分应当具有横向的比较性。所谓横向比较性是指，同一主观评审项，对于不同的投标人，应当以同样严格的尺度去进行评审。

【例 5-3】 某项目招标文件技术评分标准中对评审项"质量计划"要求如下：质量计划（包括质量保证体系、质量关键控制点及保证措施）内容是否合理全面、保证措施是否有效，得 1-5 分。投标人 A 的投标文件中针对质量保证体系、质量关键控制点及保证措施作了简要响应，投标人 B 采用了大量篇幅阐述质量体系相关内容，但并未就质量关键控制点及保证措施作任何响应。在评审时评委 1 认为投标人 A 对此项内容已作响应，给投标人 A 打分 4 分，认为投标人 B 未响应质量关键控制点及保证措施，给投标人 B 打分 1 分。评委 2 认为投标人 A 虽响应此项内容，但与投标人 B 相比篇幅太小，给投标人 A、投标人 B 分别打分 1 分、4 分。

问：评标委员会成员针对此项的打分是否妥当？

答：评委 2 的打分不妥。

分析：此评审项虽为主观评分，但主观的评分也需要通过客观判断，在评审时不能仅看篇幅的大小，而应该注重评审项中描述的重点。此案例中主要考虑响应文件中是否提供了质量保证体系、质量关键控制点及保证措施内容，且提供的内容是否合理，保证的措施是否有效，关键点在"合理"和"有效"。通过对以上两个关键点的评判才会避免误判。

2）客观评分

客观评分是对投标文件中能够量化的评审内容，按照统一的方法和标准进行评分。采用客观评分法时，不同评委对于同一个评审项的评分应当一致。

常用的客观评分主要有以下四种：

（1）排除法。对于只需要判定评标因素是否符合招标文件要求或是否具有某项功能的指标，可以规定符合要求或具有功能即获得相应分值，反之则不得分。

例如，评分办法规定有 ISO9001 认证的得 1 分，没有的得 0 分。在评审时只需关注是否有 ISO9001 认证，有就得 1 分，没有就得 0 分。

（2）区间法。对能够明确量化的指标，例如，业绩和注册资金，规定各区间的对应分值，根据投标人的具体数值进行对照打分。采用区间法时需要特别注意区间设置要全面、连续，特别是临界点、最高值和最低值的设定。

例如，评分办法规定有效业绩为 500 万元以上的得 3 分，300（不含）~500 万元的得 2 分，100（不含）~300 万元的得 1 分，0~100 万元的得 0 分。某投标人有效业绩为 220 万元，则该投标人得分为 1 分。

（3）排序法。对于可以在投标人之间具体比较的指标，规定不同名次的对应分值，并根据投标人的投标响应情况进行优劣排序后依次打分。

例如，按照质保期长短排序，最长的得 3 分，其次得 2 分，再次得 1 分，其余得 0 分。某投标人质保期长短排序最长，则该投标人得分为 3 分。

（4）计算法。对于需要计算才能打分的指标，招标文件中应当规定相应的计算公式和方法，根据投标人的投标响应情况进行计算评分。

无论是主观评分还是客观评分，对于同一项目的不同标段，在评分方法不发生改变的情况下，同一投标人的投标文件也无明显差别，则该投标人的得分应当具有连续性。例如公路施工项目，分为两个标段，投标人 A 参与了两个标段的投标，其施工方案的内容一致。针对施工方案的评审方法描述如下：采用的技术、设备、材料、操作方式、操作参数、环境要求、专项技术措施等，优得 5~4（含）分；良得 4~2（含）分；中得 2~0 分。评委 A 在 1 标段给 A 打了 5 分，而在 2 标段给 A 仅打了 2 分，这就属于打分不连续，其评分存在错误。

2. 价格分计算方法

评审专家应按照招标文件中规定的价格分计算方法计算价格分。下面简单介绍几种常见的价格分计算方法：

1）低价优先法

低价优先法的价格得分根据下面公式计算：

曲线斜率法：

$$F_i = \frac{D_{\min}}{D_i} \times F_{\max} \qquad (5-7)$$

直线斜率法：

$$F_i = F_{\max} - \frac{D_i - D_{\min}}{D_{\min}} \times 100 \times E \qquad (5-8)$$

式中

F_i——价格得分；

F_{max}——最高价格分值；
D_i——评标价格（投标价格）；
D_{min}——最低评标价；
E——调整系数，即评标价格每高于或低于评标基准价一个百分点应调整的分值。

图 5-53 和图 5-54 分别是使用公式(5-7) 和(5-8) 的价格得分曲线示意图。

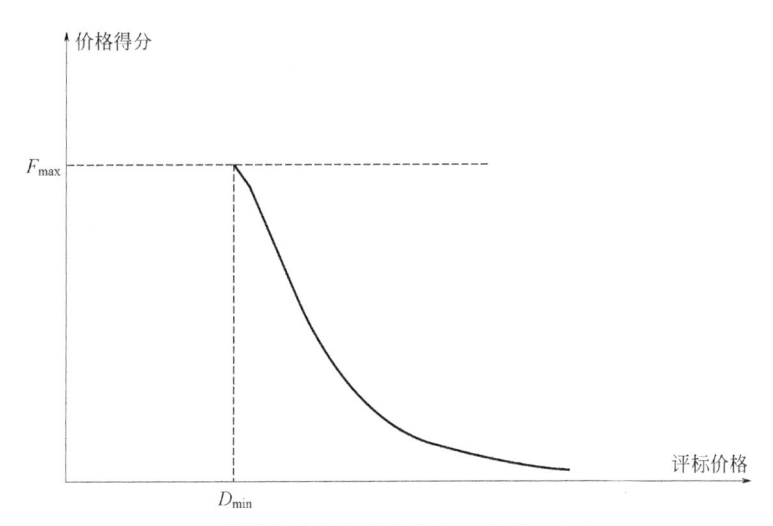

图 5-53　低价优先价格得分曲线示意图（公式 5-7）

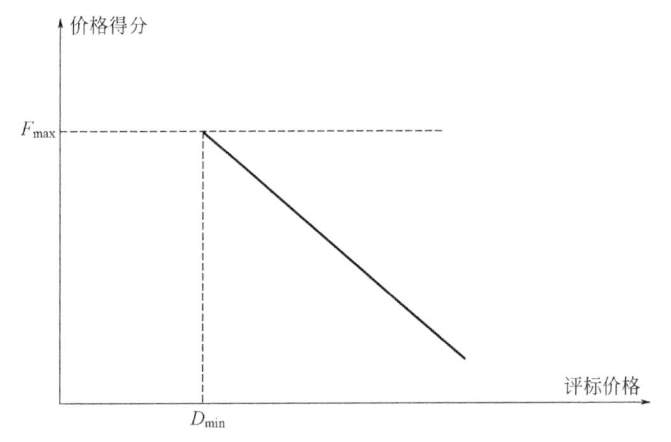

图 5-54　低价优先价格得分曲线示意图（公式 5-8）

【例 5-4】 （公式 5-7【曲线斜率法】） 招标文件规定：价格满分为 40 分，以最低报价为基准价，基准价得满分。由公式(5-7) 得：

价格得分=（最低报价/投标价）×价格满分。

投标人 A、B、C 的投标报价分别为 90 万元、100 万元、110 万元，请计算各投标人的价格得分。

投标人 A 的报价得分：投标人 A 的报价最低，应得满分 40(分)；

投标人 B 的报价得分：（90/100）×40＝36(分)；

投标人 C 的报价得分：（90/110）×40＝32.73(分)。

【例 5-5】 （公式 5-8【直线斜率法】） 招标文件规定：价格满分为 40 分，以最低报价为基准价，基准价得满分。

投标报价每高于最低价 1%时扣 2 分，最低扣至 0 分。由公式(5-8) 得：

价格得分=价格满分-【（报价-最低报价）/最低报价】×100×2

投标人 A、B、C 的投标报价分别为 90 万元、100 万元、110 万元，请计算各投标人的价格得分。

投标人 A 的报价得分：投标人 A 的报价最低，应得满分 40(分)；

投标人 B 的报价得分：40-【（100-90）÷90】×100×2＝17.77(分)；

投标人 C 的报价得分：40-【（110-90）÷90】×100×2＝0(分)。

2）基准价合理低价法

基准价合理低价法的价格得分根据下面公式计算：

$$F_i = (F_{max} - K) - \frac{D_i - D}{D} \times 100 \times E \qquad (5-9)$$

式中

F_i——价格得分；

F_{max}——最高价格分值；

K——低于基准价给予的加分分值；

D_i——评标价格（投标价格）；

D——评标基准价；

E——调整系数，即评标价格每高于或低于评标基准价一个百分点应调整的分值。

图 5-55 是使用公式(5-9) 的价格得分曲线示意图。

【例 5-6】 （公式 5-9【基准价合理低价法】） 招标文件规定：价格满分为 40 分，以有效投标人的平均报价为基准价，基准价得 20 分。投标报价每高于基准价 1%时扣 2 分，最低扣至 0 分。投标报价每低于基准价 1%时加 2

第五章 招标评审

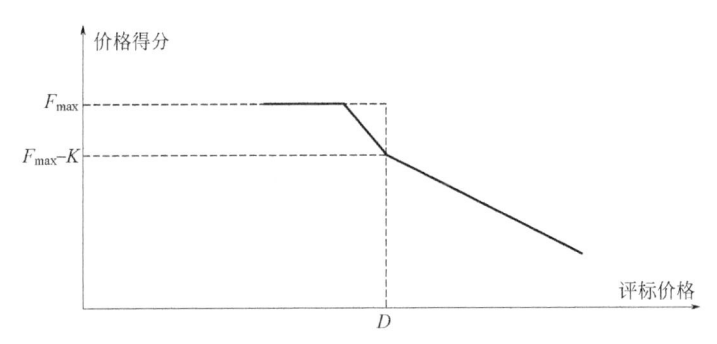

图 5-55 基准价合理低价法公式(5-9) 价格得分曲线示意图

分，加满为止。由公式（5-9）得：

价格得分=基准分 $F-$【（报价-基准价）/基准价】$\times 100 \times E$

通过初步评审的投标人 A、B、C 的投标报价分别为 90 万元、100 万元、110 万元，请计算各投标人的价格得分。

基准价为 $(90+100+110) \div 3 = 100$，基准分 = 20 分。

投标人 A 的报价得分：20-【(90-100)÷100】$\times 100 \times 2 = 40$（分）；

投标人 B 的报价得分：20 分；

投标人 C 的报价得分：20-【(110-100)÷100】$\times 100 \times 2 = 0$（分）。

3）基准价中间值法

基准价中间值法的价格得分根据下面公式计算：

$$F_i = F_{max} - \frac{|D_i - D|}{D} \times 100 \times E \qquad (5-10)$$

式中

F_i ——价格得分；

F_{max} ——最高价格分值；

D_i ——评标价格（投标价格）；

D ——评标基准价；

E ——调整系数，即评标价格每高于或低于评标基准价一个百分点应调整的分值；一般为了体现对低价的优惠，对于 $D_i \geq D$ 时的 E 值可比 $D_i < D$ 时的 E 值大。

图 5-56 是使用公式（5-10）的价格得分曲线示意图。

【例 5-7】 （公式 5-10【基准价中间值法】）招标文件规定：价格满分为 40 分，以有效投标人的平均报价为基准价，基准价得 40 分。投标报价每

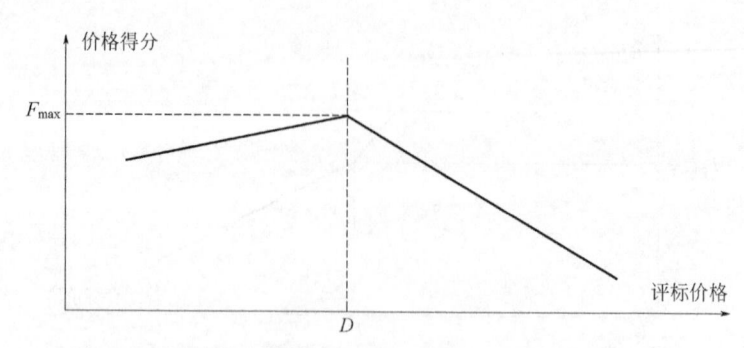

图 5-56 基准价中间值法价格得分曲线示意图（公式 5-10）

高于基准价 1%时扣 2 分，最低扣至 0 分。投标报价每低于基准价 1%时扣 1 分，最低扣至 0 分。由公式(5-10) 得：

价格得分＝最高价格分值－【|报价－基准价|/基准价】×100×E

通过初步评审的投标人 A、B、C 的投标报价分别为 90 万元、100 万元、110 万元，请计算各投标人的价格得分。

基准价为 （90+100+110）÷3＝100，基准分＝40(分)。

投标人 A 的报价得分：40－【|90－100|÷100】×100×1＝30(分)；

投标人 B 的报价得分：40 分；

投标人 C 的报价得分：40－【|110－100|÷100】×100×2＝20(分)。

3. 价格调整方法

投标文件中的大写金额和小写金额不一致的，以大写金额为准；总价金额与单价金额不一致的，以单价金额为准，但单价金额小数点有明显错误的除外。

【例 5-8】 某招标项目，评审时评标委员会发现投标人 A 的某一项投标报价异常，该项投标报价总价为 12 万元，单价为 1.2 元，数量为 10000 个，单价×数量＝1.2×10000＝12000 元。有评审专家提出，总价金额与单价金额不一致的，应以单价金额为准，但与其他投标人报价相比，此项投标报价均为 13 万左右，随即评标委员会发起澄清，要求该投标人对此项报价做澄清说明。该投标人在澄清中说明因业务员手误，误将 12 元书写成 1.2 元，本项属于明显的文字和计算错误，申请将单价修正为 12 元。

问：评标委员会要求投标人 A 进行澄清的行为是否妥当？

答：妥当。

分析：《评标委员会和评标方法暂行规定》第十九条 "评标委员会可以书

第五章 招标评审

面方式要求投标人对投标文件中含义不明确、对同类问题表述不一致或者有明显文字和计算错误的内容作必要的澄清、说明或者纠正。澄清、说明或者补正应以书面方式进行并不得超出投标文件的范围或者改变投标文件的实质性内容。投标文件中的大写金额和小写金额不一致的，以大写金额为准；总价金额与单价金额不一致的，以单价金额为准，但单价金额小数点有明显错误的除外；对不同文字文本投标文件的解释发生异议的，以中文文本为准。"评标委员会根据"总价金额与单价金额不一致的，以单价金额为准，但单价金额小数点有明显错误的除外"原则接受投标人的澄清说明，此项报价确定为 12 万元。

二、评审过程中的其他情形

（一）有效投标人不足三个

《评标委员会和评标方法暂行规定》第二十七条"评标委员会根据本规定第二十条、第二十一条、第二十二条、第二十三条、第二十五条的规定否决不合格投标后，因有效投标不足 3 个使得投标明显缺乏竞争的，评标委员会可以否决全部投标"。

初步评审后有效投标人不足 3 个继续评审的，评标委员会应在评标报告中阐述评标委员会认定有竞争性的原因。招标投标是有效投标人之间的竞争，是否具有竞争性应从投标人对招标文件的响应、最高投标限价或其计算方法、标底、市场价格、行业技术水平等方面进行综合评价。

（二）低于成本价投标

《评标委员会和评标方法暂行规定》第二十一条"在评标过程中，评标委员会发现投标人的报价明显低于其他投标报价或者在设有标底时明显低于标底，使得其投标报价可能低于其个别成本的，应当要求该投标人作出书面说明并提供相关证明材料。投标人不能合理说明或者不能提供相关证明材料的，由评标委员会认定该投标人以低于成本报价竞标，应当否决其投标"。

应根据政府指导价、政府定价、标底、控制价、各投标人报价综合考虑投标人的投标报价是否可能低于其个别成本，对可能低于个别成本的应让其作出书面说明并提供相关证明材料。对于低于政府定价的应认定其低于成本，例如，投标人的人工报价低于当地政府发布的最低工资标准。

【例 5-9】 某招标项目，投标人 A、投标人 B、投标人 C、投标人 D 的投标报价见表 5-4，最高投标限价为 200 万元。

表 5-4 投标报价表

投标人名称	投标报价（万元）
投标人 A	188
投标人 B	193
投标人 C	198
投标人 D	1

评审时评标委员会认定投标人 D 的投标报价明显低于其他投标报价，随后启动了澄清程序，要求投标人 D 对其投标报价组成作出书面说明并提供相关证明材料。投标人 D 在提供的书面说明中表达了公司为了业绩不惜低于成本投标，期望招标人接受投标报价，实现双赢。

问：评标委员会是否应当接受投标人 D 的报价？

答：评标委员会应当否决其投标。

分析：依据《中华人民共和国招标投标法实施条例》第五十一条"有下列情形之一的，评标委员会应当否决其投标：（五）投标报价低于成本或者高于招标文件设定的最高投标限价"；《评标委员会和评标方法暂行规定》第二十一条"在评标过程中，评标委员会发现投标人的报价明显低于其他投标报价或者在设有标底时明显低于标底，使得其投标报价可能低于其个别成本的，应当要求该投标人作出书面说明并提供相关证明材料。投标人不能合理说明或者不能提供相关证明材料的，由评标委员会认定该投标人以低于成本报价竞标，其投标应作否决投标处理"。本例中投标人 D 的说明明显属于不合理的情形，所以评标委员会应当否决其投标。

（三）法人的合并与分立

1. 法人合并

法人合并，是法人在组织上变更的一种，指由两个以上的法人合并为一个新法人，原来的法人失去权利能力和民事主体资格。法人合并应经主管机关批准，依法应当向登记机关办理登记并公告的，还应向登记机关进行登记，并应及时公告。法人发生合并，它的权利义务，除法律、法令另有规定的以外，应当由合并后的法人享有和承担。法人合并分为吸收合并、新设合并。

吸收合并存续法人的行政许可延续使用，被合并的法人的业绩应认定为存续法人的业绩，执业资格人员需要办理变更手续的应按照规定办理后方可认定。

新设合并新法人应按照规定办理新的行政许可，被合并的法人的业绩应认定为新法人的业绩，执业资格人员需要办理变更手续的应按照规定办理后方可认定。

2. 法人分立

法人分立是指一个法人分成两个或两个以上法人。法人分立分为新设分立、派生分立。

新设分立新法人应按照规定办理新的行政许可，原法人的业绩应根据新设立法人的业务范围、双方的协议等综合考虑，执业资格人员需要办理变更手续的应按照规定办理后方可认定。

派生分立新法人应按照规定办理新的行政许可，原法人的行政许可没有被取消的仍有效，原法人的业绩应根据业务范围、双方的协议等综合考虑，执业资格人员需要办理变更手续的应按照规定办理后方可认定。

（四）串通投标情况的认定

《中华人民共和国招标投标法实施条例》第三十九条　禁止投标人相互串通投标。有下列情形之一的，属于投标人相互串通投标：

（1）投标人之间协商投标报价等投标文件的实质性内容；

（2）投标人之间约定中标人；

（3）投标人之间约定部分投标人放弃投标或者中标；

（4）属于同一集团、协会、商会等组织成员的投标人按照该组织要求协同投标；

（5）投标人之间为谋取中标或者排斥特定投标人而采取的其他联合行动。

第四十条　有下列情形之一的，视为投标人相互串通投标：

（1）不同投标人的投标文件由同一单位或者个人编制；

（2）不同投标人委托同一单位或者个人办理投标事宜；

（3）不同投标人的投标文件载明的项目管理成员为同一人；

（4）不同投标人的投标文件异常一致或者投标报价呈规律性差异；

（5）不同投标人的投标文件相互混装；

（6）不同投标人的投标保证金从同一单位或者个人的账户转出。

满足以上条件的，应当视为串通投标，应否决其投标，有明确的证据证明不是串标的除外。

【例5-10】　某招标项目，在评标时发现投标人 A 的项目经理为雷某某，投标人 B 的项目经理为雷某某，经毕业证书、身份证件的比对发现两家投标人的项目经理为同一人，随后，评标委员会以"不同投标人的投标文件载明的项目管理成员为同一人"为由认定投标人 A 与投标人 B 为相互串通投标。

【例 5-11】 某招标项目，在评标时发现投标人 A 递交投标文件的计算机 Mac 地址为 C0：18：85：4A：95：2B（图 5-57），投标人 B 递交投标文件的计算机 Mac 地址也为 C0：18：85：4A：95：2B，经认定，两家投标人递交投标文件的计算机为同一台计算机，随后，评标委员会以"不同投标人的投标文件由同一单位或者个人编制"为由认定投标人 A 与投标人 B 为相互串通投标。

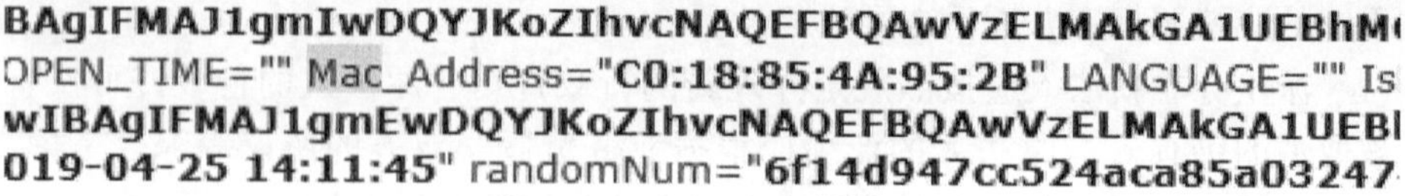

BAgIFMAJ1gmIwDQYJKoZIhvcNAQEFBQAwVzELMAkGA1UEBhM
OPEN_TIME="" Mac_Address="C0:18:85:4A:95:2B" LANGUAGE="" Is
wIBAgIFMAJ1gmEwDQYJKoZIhvcNAQEFBQAwVzELMAkGA1UEBl
019-04-25 14:11:45" randomNum="6f14d947cc524aca85a03247

图 5-57

三、澄清与补正

根据"《中华人民共和国招标投标法》第三十九条评标委员会可以要求投标人对投标文件中含义不明确的内容作必要的澄清或者说明，但是澄清或者说明不得超出投标文件的范围或者改变投标文件的实质性内容"的规定，澄清不能改变评标结果，即不能通过澄清让不能通过初步评审的投标人通过初步评审，也不能通过澄清使投标人的评审得分发生改变。

澄清应注意以下几个问题：

（1）澄清是投标人应评标委员会的要求作出的。评标委员会只有在投标文件符合以下情形时才能要求澄清：

① 投标文件中有含义不明确的；

② 有明显文字和计算错误的；

③ 投标人的报价明显低于其他投标报价的；

④ 设有标底时明显低于标底，使得其投标报价可能低于其个别成本的。

（2）投标人的澄清不得超出投标文件的范围或者改变投标文件的实质性内容。

（3）澄清应以书面方式进行。

（4）评标委员会对投标人提交的质疑问题的澄清、说明或补正依然存在疑问的，可以进一步质疑，投标人对这种进一步质疑应相应地进一步澄清、说明或补正，直至评标委员会认为全部质疑都得到澄清、说明或补正。

（5）问题澄清通知书及澄清函的基本格式见附件。

（6）采用电子招标的，评标中需要投标人对投标文件澄清或者说明的，招标机构和投标人应当通过中国石油电子招标投标交易平台交换数据电文。

【例5-12】某招标项目，资格条件中要求："投标人近三年内须具有同类项目的实施业绩"。在评审时，评审专家在资格评审时发现投标人A的投标文件中未附业绩证明材料，准备否决投标人A的投标。招标人代表提出，投标人A在本公司有实施业绩，有可能是失误未将业绩证明材料附在投标文件中，提议要求投标人对业绩进行澄清。

问：招标人代表的提议是否妥当？

答：不妥当。

分析："投标人可以对投标文件中含义不明确的内容作必要的澄清或者说明，但是澄清或者说明不得超出投标文件的范围或改变投标文件的实质性内容"，因本次澄清行为将改变投标文件的实质性内容且将影响评标结果，所以不能提出澄清要求。

第四节　评标报告编制

本节主要介绍评标报告的内容及编制方法。评标报告是评标委员会对投标文件进行综合的评审后，本着择优、经济的原则选取最适合的投标单位，而向招标实施机构/部门提交的招标评审结果。

评标完成后，评标委员会应向招标实施机构/部门提交书面评标报告，向招标人推荐中标候选人或直接确定中标人，推荐中标候选人的数量按招标文件规定执行，并标明排序。

一、评标报告基本要求

（1）应在完成评标后编制；

（2）由评标委员会经全体成员签字后向招标人提交；

（3）评标报告中应依法推荐合格的中标候选人（或中标人）；
（4）评标报告应全面反映评标情况。

二、评标报告的内容

评标报告的内容应包括但不限于以下内容。

（一）项目基本情况

（1）招标内容：可以填写项目名称或对招标范围的简单介绍。
（2）估算金额：与招标方案中的估算金额一致。
（3）招标方式：公开招标还是邀请招标，应与招标方案中一致。
（4）开评标的时间和地点：应与招标文件（或澄清）中一致。

（二）评标委员会组成

（1）评标委员的组成情况：通常由招标人代表和评标专家库随机抽取产生的专家共同组成，评标委员会的数量应该与招标方案中一致。
（2）技术经济类专家的数量：按照招标人在招标方案中确定的技术、商务专家的人数。
（3）专家的基本信息：招标人代表信息由招标人提供；评标专家信息由系统随机抽取产生。

（三）投标及开标情况

（1）资格预审：参加资格预审的投标人数量，通过资格预审的投标人数量，接受投标邀请函的投标人数量，实际参加投标的投标人数量。
（2）资格后审：购买招标文件的投标人数量，实际参加投标的投标人数量。
（3）开标一览表：由招标代理机构提供。

（四）评标情况

1. 经评审的最低投标价法

1）初步评审阶段

应根据招标文件评标办法中"初步评审表"的内容作相应调整。

包括的主要内容：通过初步评审的投标人数量，未通过初步评审的投标人数量；未通过初步评审的投标人应在"初步评审表"相应选项中填写"不符合要求"，不符合要求依据的条款应符合招标文件中的要求。

第五章 招标评审

2）详细评审阶段

应根据招标文件评标办法中所列的调整因素作相应调整。

包括的主要内容：对通过初步评审的投标人投标报价按照招标文件要求的调整因素作调整后的评标价进行评审。

2. 综合评估法

1）初步评审阶段

应根据招标文件评标办法中的"初步评审表"的内容作相应调整。

包括的主要内容：通过初步评审的投标人数量，未通过初步评审的投标人数量；未通过初步评审的投标人应在"初步评审表"相应选项中填写不符合要求，不符合要求依据的条款应符合招标文件中的要求。

2）详细评审阶段

应根据招标文件评标办法中的"详细评审表"的内容作相应调整。

包括的主要内容：对通过初步评审的投标人按照"详细评审表"进行商务、技术评分。招标文件中未列入的评审项不得作为评审的依据，原则上客观分应该所有评委分值一致，主观分可以根据评委个人对投标文件的理解进行区别打分。

3. 否决情况说明

包括的主要内容：对未通过初步评审的投标人应在"否决投标情况说明表"中相应条款中注明其具体不符合招标文件哪项条款要求。如果所有投标人均通过初步评审，则此表填写"无"即可。

4. 澄清、说明、补正事项纪要

评标过程中评标委员会如启动澄清、说明程序，应先将澄清、说明内容发至招标代理机构，由评标委员会主任签字后，招标代理机构发出正式的书面澄清、说明至相应的投标人，并要求投标人在规定的时间内对澄清、说明进行正式的书面回复。

如果在评标过程中没有澄清、说明、补正，则此表填写"无"即可。

5. 其他事项说明

在评标阶段，出现以下问题均需记录在评标报告中的"其他事项说明表"中：评标委员会对某项内容不能达成一致，进行了表决或者投票；评标委员会在评审过程中认为后期合同执行中可能存在潜在风险，需提示招标人的；评标委员会认为招标人在与中标人签订合同前要注意的事宜；评标委员会评审方式与招标文件和投标文件存在偏差；评审异常情况等。

如果在评标过程中没有特殊事项发生，则此表填写"无"即可。

6. 评标结果

评标委员会根据招标文件的要求进行综合打分后对所有有效投标人的排名情况。如果出现总分相同的，需要按招标文件规定的排序方法进行最终排名。

7. 中标候选人推荐建议

根据招标文件的规定，推荐中标候选人名单（中标候选人的数量应符合招标文件中的要求）或直接确定中标人，排名第一的投标人应列出投标报价的具体金额（大小写）。

8. 相关附件

应包括的内容：评标过程中投标人的澄清、说明、补正的回复；评标委员会投票等相关附件。

9. 评标报告的签署

评标报告由评标委员会全体成员签字。对评标结论持有异议的评标委员会成员可以书面方式阐述其不同意见和理由。评标委员会成员拒绝在评标报告上签字且不陈述其不同意见和理由的，视为同意评标结论。评标委员会应当对此作出书面说明并记录在案。

电子招标项目，评标委员会完成评标后，应当通过中国石油电子招标投标交易平台提交数据电文形式的评标报告。

三、其他

重新评标可以由管理部门、招标人、评标委员会因异议或评审错误发起。在重新评标的过程中应对所有投标人的投标文件进行全面的核查，对评审错误进行修正，没有错误的不许进行改变。

招标过程中有异议的，评标委员会应积极配合异议的处理。

第六章 招标实施——投标人篇

本章主要介绍投标人在招标项目实施各阶段应开展的工作内容。招标实施各阶段是指招标、投标、开标、评标和定标。投标人需了解集团公司招标信息获取途径，招标实施各阶段的权利和义务，按照招标文件要求依法合规完成投标文件编制和递交工作，集团公司各专业的准入与管理考核要求。

本章适合招标人、招标机构和投标人学习使用。

第一节 投标准备

本节主要介绍潜在投标人在编制投标文件前准备工作，包括招标文件获取、对招标文件研读、现场踏勘、投标预备会准备及答疑澄清等内容，为投标决策及投标文件编制做好基础工作。

一、招标文件获取

公开招标项目，潜在投标人可登录中国招标投标公共服务平台或中国石油招标投标网查看招标公告（资格预审公告）信息。电子招标项目也可登录中国石油电子招标投标交易平台查看信息。

邀请招标项目，被邀请的潜在投标人会收到招标人发出的投标邀请书。电子招标项目，也可通过账号登录中国石油招标投标网或中国石油电子招标投标交易平台，查看投标邀请书的相关信息。

潜在投标人应仔细阅读公告（含招标公告、资格预审公告和投标邀请书）中的项目概况及招标范围、投标人资格要求、招标文件发售日期、开标日期、招标人、招标机构和运营平台联系电话等信息，同时需检查公告的附件是否有补充其他内容及文件购买的相关表单。潜在投标人应根据公告中的相关要求，评定自身是否具备承担项目的资质条件、能力和信誉。若潜在投标人欲

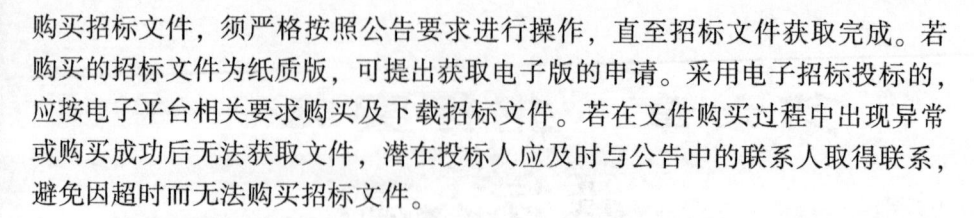

购买招标文件，须严格按照公告要求进行操作，直至招标文件获取完成。若购买的招标文件为纸质版，可提出获取电子版的申请。采用电子招标投标的，应按电子平台相关要求购买及下载招标文件。若在文件购买过程中出现异常或购买成功后无法获取文件，潜在投标人应及时与公告中的联系人取得联系，避免因超时而无法购买招标文件。

二、招标文件研读

潜在投标人在购买招标文件后，应仔细阅读招标文件，重点关注投标人须知及前附表，对招标项目的需求特征以及招标投标活动流程进行充分了解。投标人应认真分析资格要求和评标办法，全面分析自身资格能力条件和市场竞争格局，准确作出评价和判断，制定投标策略。

（一）投标人须知

投标人须知是招标人向投标人传递的基础信息文件，潜在投标人应认真阅读并熟知投标人须知及其前附表，按照其规定编制投标文件和投标，避免投标过程中的低级错误而导致投标失败。目前各部门和各地的标准招标文件中的投标人须知结构基本相同，具体内容有些差别。部分通用定义解释如下。

1. 否决投标

因投标文件编制、投标保证金递交或潜在投标人自身存在招标文件规定的不予接受的情形而对投标人的投标进行否决。潜在投标人应全文阅读招标文件，查找否决投标情形，避免因自身的疏忽而被否决。需特别注意招标文件中的否决投标条款，包括企业资质及经营现状要求、报价方式及最高投标限价、串通投标、弄虚作假及国家和招标文件规定的其他情形。

2. 投标有效期

招标文件约定的投标有效期是从投标文件递交截止日开始计算，在此期间，投标人不得修改其投标文件，投标人应响应招标文件中投标有效期的规定，该响应不短于招标文件中规定的投标有效期的规定。出现特殊情况需要延长投标有效期的，招标人以书面形式通知所有投标人延长投标有效期；投标人同意延长的，相应延长其投标保证金的有效期，但不得要求或被允许修改其投标文件；投标人拒绝延长的，其投标失效，但投标人有权收回其投标保证金。

3. 投标保证金

投标保证金是指投标人按照招标文件的要求向招标人出具的，以一定金

第六章 招标实施——投标人篇

额表示的投标责任担保，其实质是为了避免因投标人在投标有效期内随意撤销投标或中标后不提交履约保证金或不签署合同等行为而给招标人造成损失。投标人交纳的投标保证金金额应不少于招标文件要求的金额。投标人应按照招标文件的规定递交投标保证金。

依法必须进行招标的项目的境内投标单位，以现金或者支票形式提交的投标保证金应当从其基本账户转出。

中国石油部分招标项目是按照招标人（招标机构）、投标人以及昆仑银行等相关方的约定，投标人从基本账户将现金转入昆仑银行电子钱包，并在投标文件递交截止前通过中国石油电子招标投标交易平台将电子钱包中的现金按照招标文件要求金额划拨到对应标包的方式进行递交；招标结束后，招标机构通过中国石油电子招标投标交易平台进行退还或不予退还等操作。投标保证金也可以是招标人认可的其他合法担保形式，例如，中国石油部分招标项目投标保证金采用昆仑银行提供反担保方式实施。

4. 现场踏勘

工程设计、监理、施工和工程总承包等招标项目可能会组织现场踏勘，部分货物或其他服务招标项目也可能组织现场踏勘。招标人根据招标项目的特点和招标文件的规定，集体组织潜在投标人实地踏勘了解项目现场的地形地质、项目周边交通环境等并介绍有关情况。潜在投标人应派人参加，并按照招标文件要求准时到达约定地点，必要时需穿戴具有安全防护功能但不得有企业标识的劳动防护用品。在现场踏勘过程中不得打探其他投标人信息，不应与其他投标人沟通及发生出示名片等泄露投标人信息的行为，投标人应自行根据踏勘作出分析判断和投标决策。

5. 投标预备会

招标人会根据招标项目的特点和招标文件的规定，组织投标预备会。在预备会上对招标文件和现场情况作介绍或解释，解答潜在投标人对招标文件和勘察现场中所提出的问题，潜在投标人可通过书面或口头询问的方式提出问题。投标预备会结束后，由招标人整理会议记录和解答内容，并以澄清方式发送至所有潜在投标人。潜在投标人应在收到澄清通知后进行确认。

6. 分包

投标人须知会载明是否允许分包，潜在投标人应按此要求进行投标设计。投标人拟在中标后将中标项目的部分非主体工程或工作进行分包的，应当在投标文件中载明。

7. 偏离

投标人须知会载明是否允许偏离，潜在投标人应清楚知道招标文件允许的偏离范围及最高项数，超出偏离范围和最高项数的将被认为未实质性响应，投标将被否决。投标文件应列明所有商务和技术偏离，除列明的内容外，视为投标人响应招标文件的全部要求。

（二）评标办法

评标办法是招标人根据招标项目的特点和要求，在招标文件中规定对投标文件进行评价和比较的方法，主要包括综合评估法和经评审的最低投标价法。投标人应认真研读招标文件，熟悉评标标准和方法，明确初步评审中的形式、资格和响应性评审相关要求，了解详细评审因素的构成，收集整理投标文件编制需准备的资质及资格证明文件等资料，作出对初步评审和详细评审条款的响应。

（三）其他注意事项

（1）投标人参与投标的费用均由投标人自理。

（2）参与招标投标活动的各方应对招标文件和投标文件中的商业和技术等内容保密，应根据招标文件要求签署保密承诺，若出现泄密则应承担相应法律责任。

（3）招标文件与投标文件除专用术语外，与招标投标有关的语言均使用中文；必要时专用术语应附有中文注释；招标文件与投标文件所有计量均采用中华人民共和国法定计量单位。

（4）在使用中国石油招标投标网或中国石油电子招标投标交易平台时，为确保系统操作及显示的稳定性，建议应用IE浏览器，推荐使用IE10标准模式。同时需注意在IE中添加可信任站点，并在安全设置页面启用标记为可安全执行脚本的ActiveX控件执行脚本。投标人应当熟悉中国石油电子招标投标交易平台操作界面，应定期查阅平台首页的"工具中心"是否有更新的培训视频及投标客户端等应用程序，确保投标及时有效。

三、招标文件澄清与修改

（一）招标文件的澄清

招标人可以在招标文件发出之后对招标文件进行澄清，潜在投标人应按

第六章　招标实施——投标人篇

照招标文件要求予以确认。电子招标项目应检查澄清文件是否生成了新格式澄清文件（ebid 格式），并按此文件进行投标文件编制。

潜在投标人可在招标文件规定的时间内对招标文件提出异议，潜在投标人应仔细阅读和检查招标文件的全部内容，如发现缺页或附件不全，应及时向招标人提出，以便补齐。潜在投标人在阅读招标文件过程中产生疑问或异议的，可按招标文件规定的提出形式和截止时间一次性提出，招标人可视情况作出解答。对于需要澄清的也可发出澄清文件，澄清文件构成招标文件的组成部分，投标人应在收到澄清通知后进行确认。

（二）招标文件的修改

在投标文件递交截止时间前，招标人可以书面形式或通过电子交易平台修改招标文件，并通知所有已购买招标文件的投标人。投标人应在收到招标人修改通知后进行确认。

第二节　投标文件的编制

本节介绍投标文件的组成，阐述商务和技术投标文件的主要内容及需重点关注事项。

投标文件是指投标人根据招标文件要求编制的响应性文件，是评标委员会评价投标人的重要依据，是决定投标成败的关键。

一、商务投标文件

（一）通用部分

1. 法定代表人或单位负责人身份证明和其授权委托书

投标文件中的法定代表人身份证明一般应包括：投标人名称、单位性质、地址、成立时间、经营期限等投标人的一般情况，除此之外，还应有法定代表人的姓名、性别、年龄、职务等有关法定代表人的相关信息和资料。投标人填写的信息应与其营业执照上载明的法定代表人一致。法定代表人身份证明应加盖投标人单位公章。

授权委托书内容包括投标人法定代表人姓名、委托代理人姓名、授权的权限和期限等。授权委托书必须由法定代表人签署。

2. 投标资格

投标人应当具备承担招标项目的相应能力。招标文件对投标人资格条件有特别规定的，投标人应当具备相应的资格条件。

要成为合格投标人，还必须满足两项资格条件：

一是满足国家对不同专业领域投标资格条件的有关规定，例如，《工程建设项目施工招标投标办法》第二十条规定了投标人参加工程建设项目施工投标应当具备5个条件：

（1）具有独立订立合同的权利；

（2）具有履行合同的能力，包括专业、技术资格和能力、资金、设备和其他物资设施状况、管理能力、经验、信誉和相应的从业人员；

（3）没有处于被责令停业、投标资格被取消、财产被接管、冻结、破产状态；

（4）在最近三年内没有骗取中标和严重违约及重大工程质量问题；

（5）国家规定的其他资格条件。

二是满足招标人根据项目技术管理要求对投标人的资质、业绩、能力、财务状况等提出的特定要求。

投标人必须满足上述两方面的要求，才能成为合格投标人。此外，《招标投标法》禁止招标人以不合理条件限制或排斥潜在投标人，禁止歧视潜在投标人。

投标人应按照资格预审文件或招标文件的要求，在资格预审申请文件或投标文件中提交资质证书、营业执照、安全生产许可证、相关业绩材料、财务状况证明、从业人员资料、项目团队成员以及其他方面的资格证明材料。

3. 联合体投标

1）联合体的资格条件

招标文件允许联合体投标的，联合体各方均应当具备承担招标项目的相应能力；国家有关规定或者招标文件对投标人资格条件有规定的，联合体各方均应当具备规定的相应资格条件。其中，同一专业的单位组成的联合体，按照资质等级最低的单位确定资质等级。

2）联合体协议书

联合体投标的，联合体各成员应按招标文件要求签署并提交联合体协议书，协议书中应明确联合体各方拟承担的项目工作内容和责任。

3）联合体投标的特点

第六章 招标实施——投标人篇

投标联合体在参与投标活动时，与单一投标人有所不同，主要体现在以下几个方面：

（1）联合体参加资格预审的，联合体应当在提交资格预审申请文件前组成。资格预审后联合体增减、更换成员的，其投标无效。

（2）投标文件中应附上联合体协议。联合体未在投标文件中附上联合体协议的，投标无效。

（3）招标文件有规定的，应按招标文件的规定提交保证金。

（4）联合体所有成员均应按照招标文件的相应要求提交各自的资格证明资料。

（5）联合体各方签订联合体协议后，不得再以自己名义，也不得组成、参加新的联合体在同一标段（标包）或者未划分标段（标包）的同一招标项目中投标。

4）联合体中标合同的签署

联合体中标的，联合体各方应当共同与招标人签订合同，就中标项目向招标人承担连带责任。由所有联合体成员签署的联合体协议应作为合同的组成内容。

4.投标函及投标函附录

1）投标函

投标函是投标人向招标人发出的对招标文件提出的有关招标范围、投标报价、完成期限、质量目标、投标有效期、投标保证金、技术标准和要求（或技术规格）等实质性要求和条件作出的总体响应。投标函一般位于投标文件的首页，是投标文件的纲领性核心要件。

投标人编写投标函时，其内容、格式必须严格按照招标文件提供的统一格式编写，不得随意增减内容。投标函格式要素与填写要点如下：

（1）函件接收人。是投标人发出投标函的对象，应填写招标人名称或招标代理机构的名称。

（2）招标项目名称。表明投标人参与投标的项目，划分标段或标包的招标项目，投标人应仔细填写所投的标段或标包编号。

（3）投标报价。一般分大、小写两种形式填写，两者应保持一致。不一致时，以大写金额为准。

（4）完成期限。是投标人承诺完成招标项目的时间，投标人应根据投标文件技术部分的实施计划填写。例如，施工招标项目，工期应根据施工组织设计中进度计划填写。

（5）质量标准。须满足国家强制性标准和招标文件要求。

(6) 投标有效期。投标人应承诺在投标有效期内不修改投标文件，如格式要求填写投标有效期的，投标人填写的投标有效期不应短于招标文件规定的投标有效期。

(7) 投标保证金。填写投标人为本次投标所递交的投标保证金金额，金额不得少于招标文件规定的数额。

(8) 相关承诺。例如，承诺在法定期限内与招标人签订合同等。

(9) 相关声明。例如，声明不存在招标文件规定的禁止投标情形等。

(10) 签署。投标函必须经投标人盖章或法定代表人（或其委托代理人）签字。投标函签署部分还应明确签署日期和投标人的联系方式（包括地址、网址、电话、传真、邮政编码等）等。

2) 投标函附录

投标函附录是对投标文件中涉及关键性或实质性的内容条款进行说明或强调。一般附于投标函之后，招标文件可以将其中部分条款列为开标的内容。投标人提交的投标函附录内容、格式需严格按照招标文件提供的统一格式编写，例如，项目经理、工期、缺陷责任期等，不得随意增减内容。投标人中标的，其提交的投标函附录和投标函是合同文件的组成部分。

投标人填写投标函附录时，在满足招标文件实质性要求的基础上，可以提出比招标文件要求更有利于招标人的承诺。投标人对投标函附录的内容必须完全响应，否则投标将被否决。

（二）工程招标项目专用部分

1. 资格审查资料

由于工程招标项目比较复杂，涉及的人员组织机构、资质证件等要求比较多，所以一般会在招标文件中要求提供投标人基本情况表等资格审查资料。

2. 项目管理机构

一般情况下，工程招标项目的招标文件中，会要求投标人提供项目管理机构的相关情况，包括投标人为本项目设立的专门机构的形式、人员组成、职责分工、项目经理、技术负责人等主要人员的职务、职称、社会养老保险关系，以及人员所持职业（执业）资格证书名称、级别、专业、证号等。

3. 工程分包

投标人应当根据自身的实际情况，对招标文件中可以分包的内容作出是否分包的说明。招标文件一般对分包的范围、金额有所限制，投标人确定分包应当符合招标文件的规定。并按照招标文件的规定，对分包工程内容、分包人的资质以及类似工程业绩等方面的情况进行说明。投标人不得将主体工程进行分包，或将工程分包给不具有相应资质条件的单位，也不得将工程分包给个人。

（三）物资招标项目专用部分

1. 商务和技术响应/偏差表

商务和技术响应/偏差表主要用于物资招标项目的投标文件中。投标人在编写商务和技术响应/偏差表时，应当逐条对照招标文件的商务条款和技术规格，就投标对商务条款和技术规格的响应情况和存在的偏差与例外逐条作出说明。对有具体参数要求的技术规格指标，投标人必须提供拟供应设备的具体参数值。

招标文件要求逐条准确响应的技术指标，投标人必须严格按照要求进行准确响应。

2. 制造商授权

制造商可以自己参加投标，也可以委托代理商代理投标，或者授权其他企业以自己的产品参加投标。如果委托代理公司代理投标，制造商应向代理公司出具投标授权书，对投标承担责任；如果授权其他企业以自己产品参加投标，应对投标产品的质量承担责任。制造商委托代理公司代理投标或授权其他企业以自己产品参加投标的，自己不得同时参加该项目投标，否则属于串通投标的违法行为。

投标人如果以其他制造商制造的产品投标，应按照招标文件的要求，由制造商出具授权经销证书，或向招标人出具经销资格证明。

（四）服务招标项目专用部分

服务类招标项目一般会在招标文件中要求提供服务技术方案或工作大纲（例如，勘察设计工作大纲、监理大纲等）、服务计划书和服务承诺等。投标人应当按照招标文件的要求进行响应。

（五）投标报价部分

投标报价是投标人经过测算并向招标人递交的承揽实施招标项目的费用报价，一般由总价和分项报价组成，分项报价之和应等于总价。投标报价是投标工作的核心。在投标活动中，如何确定合适的投标报价，是投标人需要重点分析决策的核心问题。

1. 工程招标项目的投标报价

建设工程项目投标报价分析包括工、料、机消耗量分析，工程成本分析等。投标人编制投标报价时，应根据招标文件的要求，按照企业定额或参照政府主管部门颁布的计价定额，结合招标项目的特点、市场要素价格、施工现场实际情况、为招标项目编制的施工组织设计，结合市场人工、材料、机械等要素价格以及自身竞争能力进行投标报价。

招标文件中提供了材料暂估单价的，则应当按材料暂估单价计入综合单价。此外，部分分项暂估价、暂列金额应按照招标文件中列出的金额计算，不得修改和调整。

投标人应对招标工程量清单的项目名称、项目特征、计量单位和工程量进行仔细校核，校核的内容包括：招标工程量清单项目是否重项漏项、项目特征描述是否清楚、工程量计算是否准确等，如果发现招标工程量清单存在上述的错误或遗漏等问题，应要求招标人澄清说明。

2. 物资招标项目的投标报价

物资投标报价中应当按照招标文件的要求，明确报价中已经包括的价格内容，避免产生任何歧义；由不同种货物构成的投标报价，在商务报价表中应当明确各分项内容的名称、单价、数量和总价；投标报价一般为货物运到招标人指定地点交货价，包含货物出厂价、包装费、运输费、运输保险费、各种应缴税费和技术服务等费用。

投标人应按照招标文件的货物需求一览表和商务报价表要求进行投标报价，并应认真阅读招标文件中的报价说明，全面、正确和详尽的理解招标文件中的报价要求，避免与招标文件的实质性要求发生偏离。

投标人应根据招标文件规定的报价要求、价格构成和市场行情，综合考虑设备、附件、备品备件、专用工具生产成本，以及合同条款中规定的交货条件、付款条件、质量保证、运输保险及其他伴随服务等因素报出投标价格。

根据招标文件的相关要求，投标人还应提交培训计划、备品备件、专用工具清单以及可能需要提交推荐的备品备件清单及报价。

3. 工程勘察、设计、监理项目投标报价

根据国家发展改革委员会《关于进一步放开建设项目专业服务价格的通知》规定，工程勘察、设计、监理等与工程建设相关的服务收费实行市场调节价，价格放开竞争。投标人在编制投标报价时，应根据自身情况、市场行情、项目竞争状况等因素，按招标文件规定的格式自主报价，但禁止恶意低价竞标。

二、技术投标文件

工程施工组织设计、供货组织方案及技术建议书通称为技术投标文件，是编制投标报价的基础，是反映投标人技术和管理水平的重要文件，也是投标人中标后组织实施的必要准备。因此，投标人应当根据项目的特点和自身实际编制科学合理、针对性强、易于实施的技术、服务和管理方案。

投标人在编制技术文件时，应结合招标项目特点、难点和需求研究项目的技术、服务和管理方案，并根据招标文件统一的格式和要求进行阐述和编制。投标人编制的技术、服务和管理方案应当层次分明、简明扼要、逻辑性强，能够表现出对招标项目的重点和难点的把控能力，体现出投标人的技术水平和能力特长。

（一）施工组织设计

施工组织设计必须满足招标文件的工期、质量、安全等方面的要求，对招标文件的相关要求作出实质性的响应。投标人在编制施工组织设计时，应仔细分析招标项目的特点、施工条件，考虑自身的优势和劣势，尽可能采用文字、图表、图片等图文并茂的形式，形象地说明施工方法、拟投入本标段的主要施工设备情况、拟配备本标段的试验和检测仪器设备情况、劳动力计划；结合工程特点提出切实可行的工程质量、安全生产、文明施工、工程进度和技术组织措施等，同时应对关键工序、复杂环节等重点提出相应技术措施，例如，冬雨季施工技术、减少噪声、降低环境污染、地下管线及其他地上地下设施的保护加固措施等。

施工组织设计除采用文字表述外，还应按照招标文件规定的格式编写拟投入本标段的主要施工设备表、拟配备本标段的试验和检测仪器设备表、劳动计划表、计划开工、竣工日期和施工进度网络图、施工总平面图、临时用地表等。

（二）物资技术性能参数及供应组织方案

投标人在编制物资技术性能参数及供应组织方案时，应当严格按照招标文件规定的技术要求提供投标物资的详细技术说明及证明资料，以证明该投标物资的质量合格并在技术性能上能够满足招标文件的要求。

编制物资技术投标文件时，不得简单地复制招标文件的技术规格作为投标的应答或提供虚假的技术参数。投标产品技术规格的详细说明文件，应依据招标文件技术规格的要求作出具体而详尽的应答。特别是对于技术指标和参数的应答，不能简单地以"满足"来答复，应按投标产品的实际名称、型号填写真实技术参数值。为了证明所提供的货物性能及技术指标的真实性，投标人还应该提供包括产品样本、图纸、试验报告、鉴定证书等证明文件作为技术证明。如果招标文件有要求，投标人还应提供经相关用户出具的证明，以证明投标人业绩的真实性。

如招标文件要求提供设备的备品备件、专用工具、消耗品及选配件等清单，投标人应根据招标文件要求的格式分别编制相应清单，作为投标文件的组成部分；如招标文件对安装、调试、检验、验收及培训等技术服务有要求时，应按照招标文件的要求作出详细的服务方案，包括工作计划、工作制度、工作内容、服务人员、计费标准等。

大型、复杂的成套设备，投标人还需根据招标文件的要求制订详细的大件运输方案，货物交货期的安排应满足招标文件的要求。

（三）服务技术建议书

服务项目投标文件中的技术、服务和管理方案一般称为技术建议书，内容包括：

（1）投标人实力介绍。包括投标人总体情况等。

（2）对项目的理解。包括项目概况与特征，工作范围，工作标准与技术要求，工作的重点与难点分析，完成任务的方法、途径和步骤等。

（3）工作方案。包括进度计划，现场服务机构设置与人员安排，相关设备的配备，质量保证体系与措施，进度保证措施，其他应说明的事项等。

三、需注意其他内容

（一）投标文件编制时应注意事项

在实际的投标过程中，由于各种原因而导致否决投标的现象时有发生，归根到底是由于投标文件没有完全响应招标文件的要求。投标人在编制投标文件的时候应注意以下事项。

1. 投标文件编写

（1）投标文件应按"投标文件格式"进行编写，如有必要可以增加附页，作为投标文件的组成部分。

（2）投标文件应对招标文件有关服务时限、投标有效期、质量要求、技术标准和要求、招标范围等实质性内容作出响应。

第六章　招标实施——投标人篇

（3）投标文件应用不褪色的材料书写或打印，投标文件由投标人的法定代表人或其委托代理人签字或盖章（签字盖章按照招标文件具体要求执行）；委托代理人签字或盖章的，投标文件应附法定代表人签署的授权委托书；投标文件应尽量避免涂改、行间插字或删除；如果出现上述情况，改动之处应加盖单位印章或由投标人的法定代表人或其授权的委托代理人加盖名章确认。

2. 投标文件目录

（1）目录内容从顺序到文字表述是否与招标文件要求一致；
（2）目录编号、页码、标题是否与内容编号、页码（内容首页）、标题一致。

3. 投标函及投标函附录

（1）标段（标包）名称、编号等是否与招标文件规定相符，投标人名称、法定代表人或委托代理人等是否正确；
（2）报价大小写是否一致，是否按照招标文件中要求填写，是否含税，是否只有一个有效报价；
（3）交货期或工期是否满足招标文件要求；
（4）是否按招标文件要求签署或盖章。

4. 投标报价

（1）报价编制说明是否符合招标文件要求；
（2）"投标报价汇总表"与"综合报价表"的数字是否吻合，是否有算术错误；
（3）"投标报价汇总表""工程量清单"采用 Excel 表自动计算，数量乘单价是否等于合价（合价按四舍五入规则取整）。

5. 授权委托书

（1）授权委托书是否按照招标文件要求格式填写；
（2）法定代表人或委托代理人是否正确签字或盖章；
（3）法定代表人或委托代理人的身份证是否在有效期内；
（4）授权委托书日期是否正确；
（5）委托权限是否满足招标文件要求。

6. 对招标文件及合同条款的确认和承诺

（1）投标文件承诺与招标文件要求是否吻合；
（2）承诺内容与投标文件其他有关内容前后是否一致；
（3）投标文件中对招标文件的合同条款是否全部予以确认。

241

7. 质量目标

质量目标与招标文件及合同条款要求是否一致。

8. 企业有关资质证书、财务状况

（1）营业执照、资质证书、法定代表人、安全资格、计量合格证是否齐全并满足招标文件要求；

（2）相关证书是否齐全、真实有效；

（3）财务状况表、近年财务决算表及审计报告是否齐全，数字是否准确、清晰。

9. 电子投标文件

采用电子招标的投标文件，投标人应当按照招标文件和电子招标投标交易平台的要求编制，并签署、加密验签后，上传投标文件。

10. 其他复核检查内容

（1）投标文件是否有缺页、重页、装倒、涂改等错误；复印完成后的投标文件如有改动或抽换页，其内容与上下页是否连续。

（2）投标文件内容描述用语是否符合行业专业语言，打印是否有错别字。

（3）工期、机构、设备配置等修改后，与其相关的内容是否修改换页；各项图表是否图标齐全，设计、审核、审定人员是否签字。

（4）投标文件内前后引用的内容，其序号、标题是否相符。

（5）如有综合说明书，其内容与投标文件的叙述是否一致。

（6）招标文件要求逐条承诺的内容是否逐条承诺。

（7）投标文件提供的电子文件是否有效。

（8）投标文件是否按规定格式密封包装、加盖正副本章、密封章。

（9）投标文件的纸张大小、页面设置、页边距、页眉、页脚、字体、字号、字型等是否按规定统一；页眉标识是否与本页内容相符。

（10）电子版U盘是作为解密失败的补救措施，两个电子版U盘内容应一致，且应与中国石油招标投标网加密上传的投标文件内容一致。若解密失败后，使用U盘进行补救解密，在开标现场打开U盘发现文件缺失或无法读取，视为未投标。

（二）工程招标项目投标文件编制时应注意事项

1. 施工组织及施工进度安排

（1）工程概况是否准确描述。

(2) 工程进度计划：总工期是否满足招标文件要求，关键工程工期是否满足招标文件要求；计划开竣工日期是否符合招标文件中工期安排与规定，分项工程的阶段工期、节点工期是否满足招标文件规定；工期提前要合理，要有相应措施，不能提前的决不提前。

(3) 工期的文字叙述、施工顺序安排与"形象进度图""横道图""网络图"是否一致。

(4) 总体部署：施工队伍及主要负责人与资格审查方案是否一致，文字叙述与"平面图""组织机构框图""人员简历"及拟任职务等是否吻合。

(5) 施工方案与施工方法、工艺是否匹配。

(6) 材料供应是否与招标人要求一致，是否统一代储代运，是否甲方供应或招标采购；临时通信方案是否按招标文件要求办理；施工队伍数量是否按照招标文件规定配置。

(7) 特殊工程项目是否有特殊安排，例如，在冬季施工的项目措施要得当，影响质量的必须停工，膨胀土雨季要考虑停工，跨越季节性河流的桥涵基础雨季前要完成，工序、工期安排要合理。

(8) 劳动力、材料计划及机械设备、检测试验仪器表是否齐全；劳动力、材料是否按照招标要求编制了年、季、月计划。

(9) 投标文件中的施工方案、施工方法描述是否符合设计文件及招标文件要求，采用的数据是否与设计一致；方法和工艺的描述是否符合现行设计规范和现行设计标准。

(10) 是否有其他措施（如果需要），措施是否有力、具体、可行。

2. 安全保证措施、环境保护措施及文明施工保证措施

(1) 安全目标是否与招标文件及企业安全目标要求一致；

(2) 安全保证体系及安全生产制度是否健全，责任是否明确；

(3) 安全保证技术措施是否完善，安全工作重点是否单独有保证措施；

(4) 环境保护措施是否完善，是否符合环保法规，文明施工措施是否明确、完善。

3. 施工组织机构、队伍组成、设备及主要人员证件、证明

(1) 主要负责人证件是否齐全；

(2) 类似业绩是否齐全，并满足招标文件要求；

(3) 要求的人员、设备、车辆等证明资质是否符合实际、可行、可信。

4.其他复核检查内容

一个工程项目同时投多个标段时，共用部分内容是否与所投标段相符。

第三节　投标、开标与评标

本节主要介绍投标、开标与评标阶段投标人应注意的事项，包括投标文件的递交与撤回、投标保证金递交、开标注意事项、评标过程澄清等内容，投标人应了解招标投标活动流程。

一、投标文件的递交、撤回与撤销

（一）投标文件的密封与递交

投标人应当在招标文件规定的投标文件递交截止时间前，将投标文件送达指定地点。

采用电子招标投标的项目，投标人应当在投标文件递交截止时间前按电子平台要求完成加密验签和上传。中国石油电子招标投标交易平台，原则上是把技术、商务、价格三部分内容作为整体电子投标文件上传递交，须确保上传的文件状态是验签完成，并且下方出现"撤标"按键，才视为成功提交投标文件。

（二）投标文件的拒收

投标人应知道招标人有权依照国家法律法规及招标文件相关规定拒绝接收投标文件。

（1）实行资格预审的招标项目，未通过资格预审的申请人提交的投标文件。

（2）逾期送达的投标文件，即在招标文件规定的投标截止时间之后送达的投标文件。

（3）未按招标文件要求密封的投标文件。

（4）采用电子招标投标的，投标人未按规定加密验签的电子投标文件会被电子招标投标交易平台拒收。

第六章 招标实施——投标人篇

（三）投标文件的修改与撤回

在招标文件中规定的投标截止时间前，投标人可以修改或撤回已递交的投标文件，但应以书面形式通知招标人，投标人修改或撤回已递交投标文件的书面通知应按照招标文件要求填写并签章，招标人收到书面通知后，向投标人出具签收凭证。修改的内容为投标文件的组成部分，修改的投标文件应按照规定进行编制、密封、标记和递交。采用电子招标投标的项目，投标人可在投标文件递交截止时间前按电子平台要求撤回及修改投标文件。

（四）投标文件的撤销

在招标文件中规定的投标截止时间后撤销已递交的投标文件，应承担投标保证金不予退还等法律责任。

（五）串通投标、弄虚作假

《招标投标法》对串通投标和弄虚作假行为认定进行了规定，如出现串通投标或弄虚作假行为的，可能会受到民事、行政直至刑事处罚。

（1）属于投标人相互串通投标的情形。

《招标投标法实施条例》第三十九条规定，禁止投标人相互串通投标。有下列情形之一的，属于投标人相互串通投标：

① 投标人之间协商投标报价等投标文件的实质性内容；

② 投标人之间约定中标人；

③ 投标人之间约定部分投标人放弃投标或者中标；

④ 属于同一集团、协会、商会等组织成员的投标人按照该组织要求协同投标；

⑤ 投标人之间为谋取中标或者排斥特定投标人而采取的其他联合行动。

（2）视为投标人相互串通投标的情形。

《招标投标法实施条例》第四十条规定，有下列情形之一的，视为投标人相互串通投标：

① 不同投标人的投标文件由同一单位或者个人编制；

② 不同投标人委托同一单位或者个人办理投标事宜；

③ 不同投标人的投标文件载明的项目管理成员为同一人；

④ 不同投标人的投标文件异常一致或者投标报价呈规律性差异；

⑤ 不同投标人的投标文件相互混装；

⑥ 不同投标人的投标保证金从同一单位或者个人的账户转出。

(3) 属于招标人与投标人串通投标。

《招标投标法实施条例》第四十一条规定，禁止招标人与投标人串通投标。有下列情形之一的，属于招标人与投标人串通投标：

① 招标人在开标前开启投标文件并将有关信息泄露给其他投标人；
② 招标人直接或者间接向投标人泄露标底、评标委员会成员等信息；
③ 招标人明示或者暗示投标人压低或者抬高投标报价；
④ 招标人授意投标人撤换、修改投标文件；
⑤ 招标人明示或者暗示投标人为特定投标人中标提供方便；
⑥ 招标人与投标人为谋求特定投标人中标而采取的其他串通行为。

(4) 以他人名义投标和弄虚作假行为。

《招标投标法实施条例》第四十二条规定，使用通过受让或者租借等方式获取的资格、资质证书投标的，属于《招标投标法》第三十三条规定的以他人名义投标。投标人有下列情形之一的，属于《招标投标法》第三十三条规定的以其他方式弄虚作假的行为：

① 使用伪造、变造的许可证件；
② 提供虚假的财务状况或者业绩；
③ 提供虚假的项目负责人或者主要技术人员简历、劳动关系证明；
④ 提供虚假的信用状况；
⑤ 其他弄虚作假的行为。

二、投标保证金的递交

招标文件中要求投标人递交投标保证金的，投标保证金即成为投标文件的组成部分。投标人应当在投标文件递交截止时间前，按照招标文件要求的形式和金额递交投标保证金。投标人也可将递交投标保证金凭证的复印件装订在投标文件中。以银行保函形式递交投标保证金时，银行保函的格式和内容应符合招标文件规定，若招标文件未提供格式，可根据银行格式。

三、开标与评标

(一) 开标时注意事项

开标是指在投标人递交投标文件后，招标人依据招标文件规定的时间和

第六章 招标实施——投标人篇

地点，开启投标人递交的投标文件，公开宣布投标人的名称、投标价格及其他主要内容的行为。采用电子招标投标的，可登录中国石油电子招标投标交易平台参加开标。

开标时应自觉维护会场秩序，关闭手机或调至静音模式，遵守开标各环节的要求，按要求配合完成投标文件的密封检查。确认开标记录表中记载的内容与自身投标内容是否一致等主要内容。若对开标过程存有异议，应举手示意开标主持人并当场提出，确认开标工作人员做好记录。同时需注意招标文件对于开标的要求，投标人可自愿选择是否派代表参加开标会议，若投标人不派代表参加开标会议将视为认同开标过程。

电子招标项目开标过程在中国石油电子招标投标交易平台进行，由招标人负责完成开标、投标文件解密、大屏展示、生成开标记录等项工作，投标人可登录电子交易平台查看。为提高开标进度和效率，开标过程简略了投标人签到和开标记录签署两项工作，投标文件递交即视为投标人签到；开标结束后15分钟未提开标异议，即视为投标人认同开标记录内容。

（二）评标时注意事项

投标人应保持手机畅通。评标委员会可以要求投标人对所提交投标文件中含义不明确的内容进行书面澄清或说明，或者对细微偏差进行补正。投标人应按照评标委员会的要求，对投标文件中有含义不明确的内容、前后表述不一致、明显的文字或者计算错误而作出书面补充或澄清。投标人提供的澄清与说明文件对投标人具有约束力。如果中标，澄清文件将作为签订合同的依据，或作为合同的组成部分。电子招标项目投标人需使用U-Key在电子交易平台进行澄清说明或补正。

在评审过程中，投标人不得主动提出澄清、说明的要求，也不得借助澄清、说明的机会，改变投标文件的实质性内容。投标人拒不澄清说明或补正的，可能会出现不利的评标结果，甚至被否决投标。

投标人应在获取招标公告（投标邀请书）的发布媒介查看评标结果及中标候选人公示。

第四节 异议（投诉）

本节主要介绍异议（投诉）的具体内容、提出时限、提出方式及不当异议的后果。

潜在投标人、投标人或者其他利害关系人认为招标投标活动不符合招标投标法律法规有关规定的，有权向招标人提出异议。

（一）异议的具体内容

潜在投标人或者其他利害关系人认为资格预审文件或招标文件以不合理的资格条件限制排斥潜在投标人投标，或者违反法律和行政法规的强制性规定，违反公开、公平、公正和诚实信用原则等情形的，可以对文件提出异议。

投标人对唱标内容或开标记录等存在疑问的，可以对开标提出异议。

投标人或者其他利害关系人认为对评标过程中的事实认定错误，或者存在影响评标结果等情形的，可以对评标结果提出异议。

潜在投标人、投标人或者其他利害关系人认为招标过程有其他违法行为的，可以提出其他异议。

（二）异议的提出

1. 异议的主体

在招标投标活动中有权提出异议的是潜在投标人、投标人和其他利害关系人。资格预审文件和招标文件的异议主体是潜在投标人或者其他利害关系人；开标的异议主体是投标人；评标结果的异议主体是投标人或者其他利害关系人。

其他利害关系人是与招标项目或者招标活动有直接或者间接利益关系的法人、其他组织和自然人。包括：有意参加资格预审或者投标的潜在投标人；投标人在准备投标文件时约定的符合招标项目要求的特定分包人和供应商；投标人的项目负责人。

2. 异议的提出顺序

异议应首先向招标实施机构/部门提出，异议提起人对答复有争议的，可按照集团公司所属企业规定向相关部门提出。

3. 异议的提出时限

异议提出的时限应满足以下要求：

（1）对资格预审文件的异议。对资格预审文件有异议的，应当在资格预审申请文件递交截止时间2日前提出。

（2）对招标文件的异议。对招标文件有异议的，应当在投标截止时间10日前提出。

（3）对开标的异议。对开标有异议的，应当在开标现场提出。未在开标现场提出的异议，不予受理。

（4）对评标结果的异议。对评标结果有异议的，应当在中标候选人公示期间提出。

（5）对其他内容的异议。对上述四个方面以外的内容提出异议的，应在各招标环节结束之日前向招标人提出。

4. 异议的提交

投标人或者其他利害关系人提出异议应当提交异议函和必要的证明材料。异议函应当包括下列内容：

（1）投标人的姓名或者名称、地址、邮编、联系人及联系电话；
（2）异议项目的名称、编号；
（3）具体、明确的异议事项和与异议事项相关的请求；
（4）事实依据；
（5）必要的法律依据；
（6）提出异议的日期。

异议函应当由法定代表人或负责人，或者其授权代表签字或盖章，并加盖公章。

不满足以上条款的异议，招标人（代理机构）不予受理。

在中国石油电子招标投标交易平台电子向受理部门提出异议的，异议提起人在申请时，须同时提交与异议内容一致的 pdf 格式文档作为附件，pdf 格式文档上须具有法人公章，同时须具有法定代表人或其委托代理人的签字，委托代理人还应提交由法定代表人签字的授权委托书。

（三）不当异议

异议提起人不应该以异议为名排挤竞争对手，不得进行虚假、恶意异议，阻碍招标投标活动的正常进行。异议提起人有下列情形之一的，属于虚假、恶意异议，由招标监督管理部门按照《中国石油天然气集团有限公司投标人失信行为管理办法（试行）》进行处罚，详见表 6-1。

第五节　中标与合同签订

本节介绍中标通知与合同签订应注意的事项，中标通知发出之后无正当理由拒签合同应承担投标保证金的不予退还及赔偿损失等相应责任。

一、中标通知

在招标文件中规定的投标有效期内，招标人以书面形式向中标人发出中标通知书，同时将招标结果通知未中标的投标人。电子招标项目将通过电子招标平台发送。若招标文件中约定招标代理服务费、场地交易费等由中标人支付，中标人还应在中标通知阶段按招标文件要求支付相关费用。

二、合同签订

招标人和中标人应当自中标通知书发出之日起30日内，根据招标文件和中标人的投标文件订立书面合同。中标人无正当理由拒签合同的，招标人取消其中标资格，给招标人造成损失的，中标人还应当予以赔偿。发出中标通知书后，招标人无正当理由拒签合同的，招标人向中标人退还投标保证金，给中标人造成损失的，还应当赔偿损失。若招标文件中约定履约保证金，合同签订前，中标人应按照招标文件约定的递交形式和金额交纳履约保证金。

三、投标保证金的退还

招标人在书面合同签订后5日内，向中标人和未中标的投标人退还投标保证金。投标人应向招标人提供准确的银行账号、开户行、联系人等资料。投标人如未及时收到退还的投标保证金，请及时与招标项目经理联系查询。

四、投标保证金的不予退还

投标人应知道招标人有权依照国家法律法规及招标文件相关规定不予退还投标保证金。需特别注意以下情形：

（1）投标人在规定的投标有效期内撤销或修改其投标文件，招标人可按照招标文件约定不退还其投标保证金。

（2）中标人无正当理由不与招标人签订合同，或者在签订合同时向招标人提出附加条件，或者不按照招标文件要求提交履约保证金的，招标人不予

第六章 招标实施——投标人篇

退还其投标保证金。

（3）如果投标人存在串通投标、弄虚作假投标、以他人名义投标等违法行为的，招标人可按照招标文件约定不予退还投标保证金。

（4）招标文件规定的其他情形。

第六节 相关名词与释义

一、投标文件

投标文件是指投标人应招标文件要求编制的响应性文件，一般由商务文件、技术文件、价格文件和其他部分组成。

二、投标客户端

中国石油电子招标投标交易平台所采用的电子投标文件编制工具，支持离线投标文件编制，可在电子平台的工具中心下载。

三、投标函

投标函是投标文件的重要组成部分，是投标人向招标人发出的对所投项目的响应和承诺，包括但不限于招标范围、投标报价、完成期限、质量目标、投标有效期、投标保证金、技术标准和要求（或技术规格）等内容，投标函及其他与其一起提交的文件构成投标文件。

四、投标有效期

投标有效期是指为保证招标人有足够的时间在开标后完成评标、定标、合同签订等工作而要求投标人提交的投标文件在一定时间内保持有效的期限，该期限由招标人在招标文件中载明，从提交投标文件的截止之日起算。在投标有效期截止前，投标人必须对自己提交的投标文件承担相应法律责任。

五、投标保证金

投标保证金是指在招标投标活动中，投标人随投标文件一同递交给招标人的一定形式、一定金额的投标责任担保。其主要保证投标人在投标截止时间后不得撤销投标文件，中标后不得无正当理由不与招标人订立合同，在签订合同时不得向招标人提出附加条件或者不按照招标文件要求提交履约保证金，否则，招标人有权不予返还其递交的投标保证金。

六、履约担保

履约担保是招标人为防止中标人在合同履行过程中不履行合同义务或者履行合同义务不符合约定，弥补给招标人造成的经济损失。其形式有履约担保金（又叫履约保证金）、履约银行保函和履约担保书三种。

七、异议

异议是指潜在投标人、投标人或者其他利害关系人认为资格预审文件、招标文件，开标或者评标结果等招标投标活动不符合招标投标法律、行政法规或招标文件规定，向招标人或招标机构提出书面意见的行为。

八、失信行为

投标人失信行为是指投标人在招标、投标、开标、评标、中标和合同签订等环节，违反国家相关法律法规或集团公司有关规定，违背诚实信用原则的行为。

（1）弄虚作假：投标人以他人名义或空壳公司投标，或者提供、使用虚假资料或信息等行为；

（2）串通投标：投标人与招标人之间或者投标人与投标人之间采用不正当手段，为谋取中标排斥其他投标人或者损害招标人利益等行为；

（3）干扰招标：投标人采用不正当手段或通过行政审批部门违规指定，扰乱、破坏招标工作秩序等行为；

（4）不当异议（投诉）：投标人缺乏事实依据而进行的恶意异议（投

诉），或者不配合招标人、相关部门在处理异议（投诉）过程中取证等行为；

（5）中标违约：投标人中标后无正当理由放弃中标或者不与招标人订立合同，或者违法转包、违规分包等行为；

（6）其他失信行为：违反国家相关法律法规或集团公司有关规定的其他不诚信行为。

第七章　机电产品国际招标

本章主要介绍了机电产品国际招标业务的相关概念，并在业务承接与招标准备、招标、投标、开标、评标、定标、项目归档及后续服务等几个阶段中，对机电产品国际招标区别于一般物资类招标的工作内容及注意事项进行了说明。

本章适合集团公司机电产品国际招标的招标人、招标管理部门和招标专业机构学习使用。

第一节　机电产品国际招标概述

本节主要从基本概念、招标范围、主管部门及其职能、招标专业机构、招标平台、评标专家库、招标代理服务工作程序几个方面对机电产品国际招标的相关概念和要求进行介绍。

一、基本概念

机电产品国际招标投标活动，是指中华人民共和国境内的招标人根据采购机电产品的条件和要求，在全球范围内以招标方式邀请潜在投标人参加投标，并按照规定程序从投标人中确定中标人的一种采购行为。

机电产品国际招标中涉及的"机电产品"是指机械设备、电气设备、交通运输工具、电子产品、电器产品、仪器仪表、金属制品等及其零部件、元器件。机电产品的具体范围见表7-1。

表7-1　机电产品范围

商品类别	海关商品编号
一、金属制品	7307—7326、7412—7419、75072、7508、7609—7616、7806、7907、8007、810192—810199、810292—810299、81039、81043、81049、81059、8106009、81079、81089、81099、8110009、8111009、811219、811299、82—83章

第七章　机电产品国际招标

续表

商品类别	海关商品编号
二、机械及设备	84 章
三、电器及电子产品	85 章
四、运输工具	86—89 章（8710 除外）
五、仪器仪表	90 章
六、其他 （含磨削工具用磨具、玻壳、钟表及其零件、电子乐器、运动枪支、飞机及车辆用坐具、医用家具、办公室用金属家具、各种灯具及照明装置、儿童带轮玩具、带动力装置的玩具及模型、健身器械及游艺设备、打火机等）	680421、6804221、6804301、6805、7011、91 章、9207、93031—93033、9304、93052、93059、93061—93063、94011—94013、9402、94031、94032、9405、9501、95031、95038、95041、95043、95049、95069、9508、9613

注：以上海关商品编号等税则信息详见《中华人民共和国海关进出口税则》

二、招标范围

集团公司所属企业采购原产地为中国境外的机电产品，属于下列情形的必须进行国际招标：

（1）国家强制国际招标采购的进口机电产品；

（2）一次采购产品合同估算价格达到国家和集团公司规定的招标限额标准的进口机电产品；

（3）其他依照国家法律、法规和集团公司规定需要国际招标采购的进口机电产品。

有下列情形之一的，可采用竞争性谈判或单一来源谈判等其他采购方式：

（1）国（境）外赠送或无偿援助的机电产品；

（2）供生产配套用或维修用零件及部件；

（3）旧机电产品；

（4）供研究开发用的样品样机或供生产用模具；

（5）需要向原中标人采购，否则将影响施工或者功能配套要求的；

（6）需要采用不可替代的专利或者专有技术的；

（7）单项合同估算价在国家规定的必须进行招标的标准以下的；

（8）集团公司战略采购协议中有明确约定无须招标的；

（9）集团公司已进行了进口集中采购，且采购结果在有效期内的；

（10）涉及国家安全、国家秘密、集团公司商业秘密或者应急抢险而不适宜招标的；

(11) 根据法律、行政法规和集团公司的规定，其他不适宜进行国际招标采购的。

三、主管部门及其职能

集团公司所属企业机电产品国际招标的主管部门为集团公司机电产品进出口管理办公室（以下简称"集团公司机电办"）。

集团公司机电办受中华人民共和国商务部（以下简称"商务部"）委托，代为行使国家机电产品进出口办公室相关职责，负责集团公司内部机电产品国际招标投标活动的行政监督和管理；负责集团公司所属从事机电产品国际招标业务招标专业机构的监督和管理；负责集团公司推荐的机电产品国际招标评标专家的日常管理。

四、招标专业机构

从事机电产品国际招标代理业务的招标专业机构，应是依法设立，具备从事招标代理业务的经营场所和相应资金，具备能够编制招标文件（中文、英文）和组织评标的相应专业力量，并在商务部指定的中国国际招标网注册成功，从事国际招标代理业务的（法人）企业。

按照《集团公司进口机电产品采购管理办法》的规定，集团公司所属企业机电产品国际招标应委托长期从事国际招标业务的集团公司招标中心和中国寰球工程公司两家招标专业机构实施。

五、招标平台

集团公司所属企业机电产品国际招标应在商务部指定或认可的招标网站上完成招标项目建档、招标过程文件存档和备案、资格预审公告发布、招标公告发布、评审专家抽取、评标结果公示、异议投诉、中标结果公告等招标投标活动的相关程序。

其中"中国国际招标网"（网址：http://chinabidding.mofcom.gov.cn/）承担机电产品国际招标投标电子公共服务和行政监督功能，可完成推荐专家、专家抽取、专家评价、异议投诉等程序；"机电产品国际招标投标电子交易平台"（以下简称"国际招标电子交易平台",网址:http://www.chinabidding.com/)承担与电子交易相关的功能,可完成招标项目建档、招标过程文件存档和备案、资格预审公告发布、招标公告发布、评标结果公示、中标结果公告等程序。

六、评标专家库

机电产品国际招标评标专家库(以下简称"专家库")由商务部组建和管理。集团公司所属企业机电产品国际招标所需评标专家应由招标专业机构通过中国国际招标网从国家、地方两级专家库相关专业类别中采用随机抽取的方式产生。

集团公司所属企业可按照《机电产品国际招标投标实施办法》中规定的评标专家资格要求向专家库内推荐评标专家。推荐进入专家库的专家,原则上应是集团公司招标评审专家库内总部管理专家。集团公司招标中心具体承担向专家库推荐专家及日常维护等工作。

七、招标代理服务工作程序

机电产品国际招标代理服务工作程序包括业务承接与招标准备、招标、投标、开标、评标、定标、合同签订及后续服务,具体的工作流程,如图7-1、图7-2、图7-3所示。

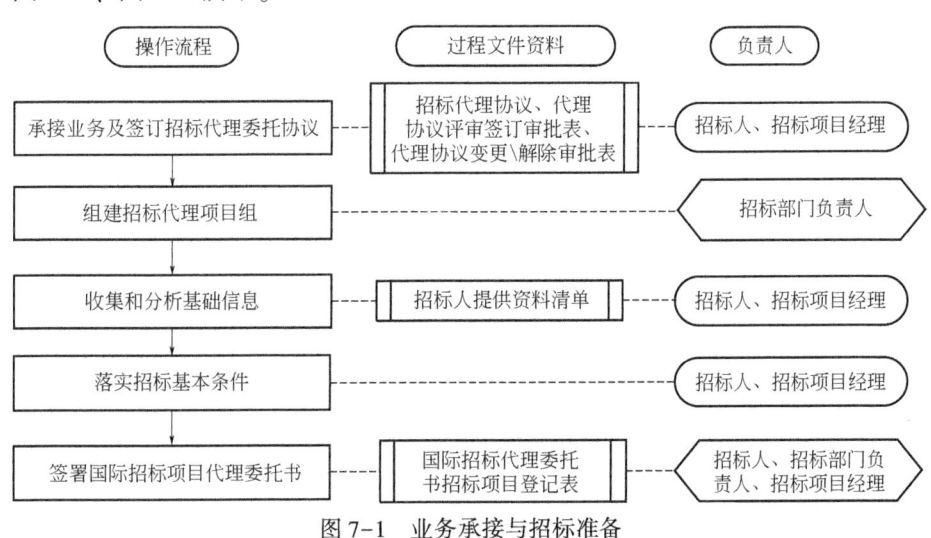

操作流程	过程文件资料	负责人
承接业务及签订招标代理委托协议	招标代理协议、代理协议评审签订审批表、代理协议变更\解除审批表	招标人、招标项目经理
组建招标代理项目组		招标部门负责人
收集和分析基础信息	招标人提供资料清单	招标人、招标项目经理
落实招标基本条件		招标人、招标项目经理
签署国际招标项目代理委托书	国际招标代理委托书招标项目登记表	招标人、招标部门负责人、招标项目经理

图 7-1 业务承接与招标准备

图 7-2 招标、投标

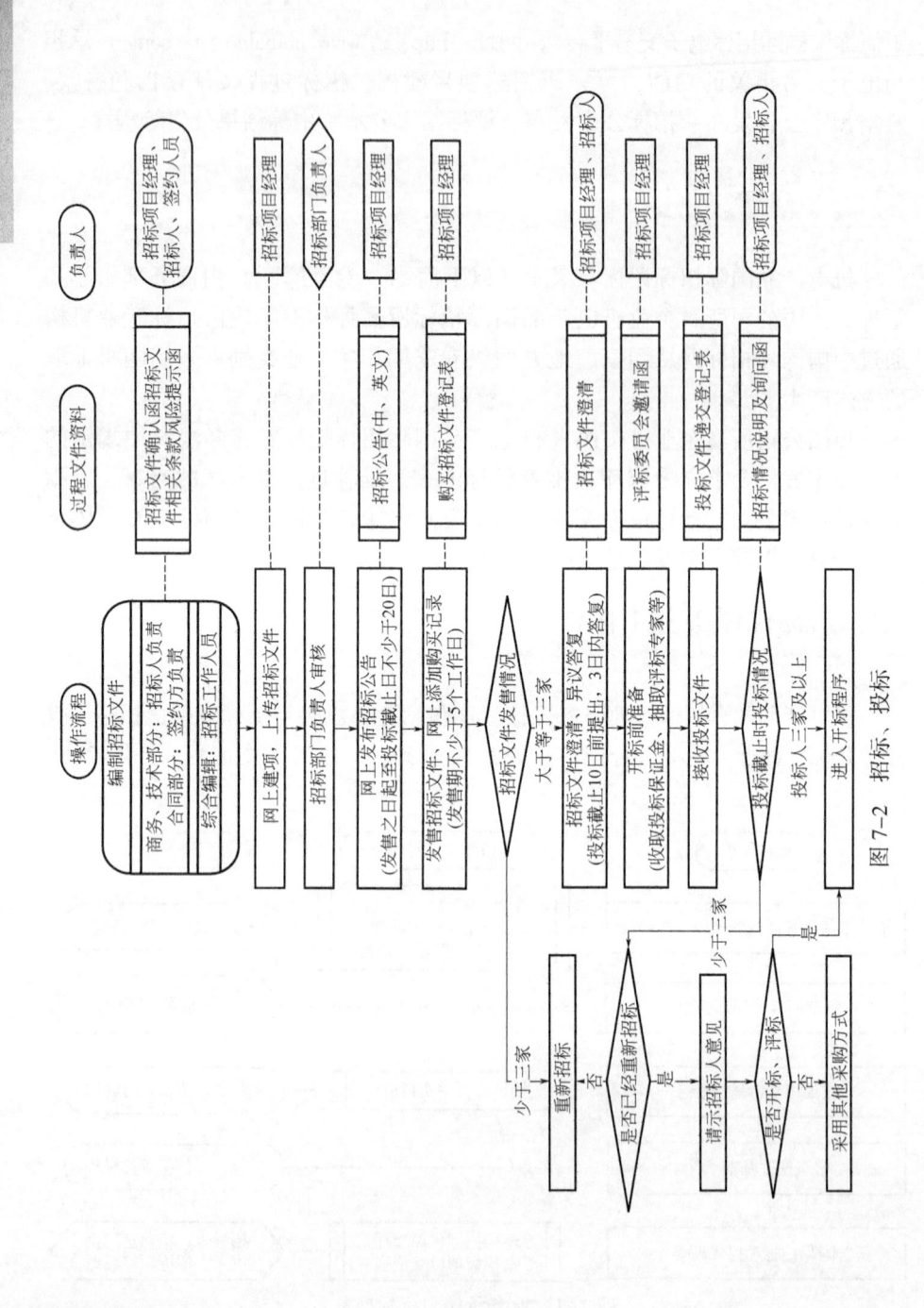

第七章 机电产品国际招标

操作流程	过程文件资料	负责人

投标人应在开标现场提出，招标人当场作出答复，并制作记录

开标、评标、定标

3日内做出答复，答复前暂停招投标活动，如需要应对评标结果进行重新审查

配合行政监督部门处理

合同签订及后续服务

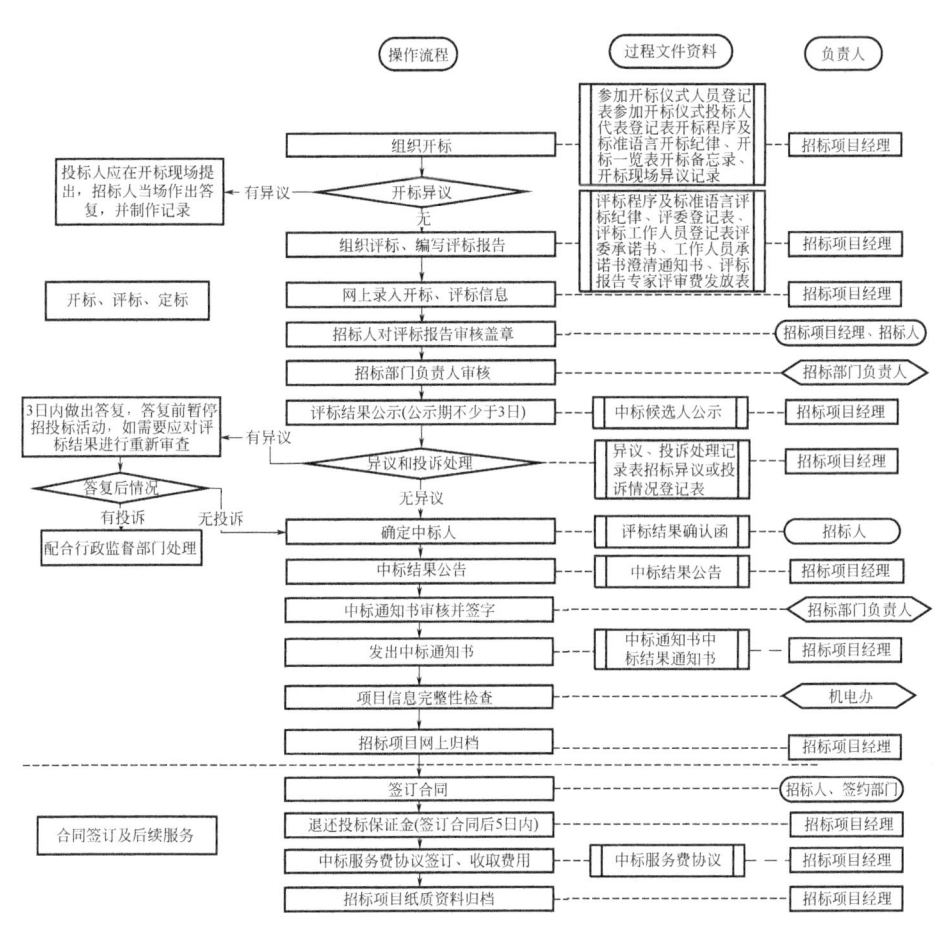

- 组织开标 → 参加开标仪式人员登记表 参加开标仪式投标人代表登记表 开标程序及标准语言 开标纪律、开标一览表 开标备忘录、开标现场异议记录 → 招标项目经理
- 开标异议（有异议/无）
- 组织评标、编写评标报告 → 评标程序及标准语言 评标纪律、评委登记表、评标工作人员登记表 评委承诺书、工作人员承诺书 澄清通知书、评标报告 专家评审费发放表 → 招标项目经理
- 网上录入开标、评标信息 → 招标项目经理
- 招标人对评标报告审核盖章 → 招标项目经理、招标人
- 招标部门负责人审核 → 招标部门负责人
- 评标结果公示（公示期不少于3日）→ 中标候选人公示 → 招标项目经理
- 异议和投诉处理（有异议/无异议）→ 异议、投诉处理记录表 招标异议或投诉情况登记表 → 招标项目经理
- 答复后情况（有投诉/无投诉）
- 确定中标人 → 评标结果确认函 → 招标人
- 中标结果公告 → 中标结果公告 → 招标项目经理
- 中标通知书审核并签字 → 招标部门负责人
- 发出中标通知书 → 中标通知书 中标结果通知书 → 招标项目经理
- 项目信息完整性检查 → 机电办
- 招标项目网上归档 → 招标项目经理
- 签订合同 → 招标人、签约部门
- 退还投标保证金（签订合同后5日内）→ 招标项目经理
- 中标服务费协议签订、收取费用 → 中标服务费协议 → 招标项目经理
- 招标项目纸质资料归档 → 招标项目经理

图7-3 开标、评标、定标、合同签订及后续服务

第二节 业务承接与招标准备

本节主要对机电产品国际招标中业务承接与招标准备阶段的相关工作内容进行介绍，内容包括落实招标基本条件、委托机电产品国际招标。

259

一、落实招标基本条件

招标活动开始前，招标人需向招标专业机构出具项目立项、资金来源、提前采购等批复文件材料，并提供对招标方式的批复意见。国际招标采购应以批准的机电产品进口清单和下达的投资计划或财务预算为依据。需要提前进行招标的项目，应获得投资主管部门关于项目提前采购的批复。

依据获取的项目信息和基础资料，并按照国家相关法律法规的要求，招标专业机构合理判断委托招标项目是否满足资金、技术、管理及其他必要的招标条件。发现招标项目尚不具备国际招标条件的，应及时告知招标人，说明原因和进一步落实相关招标条件的工作建议。

二、委托机电产品国际招标

招标人委托招标专业机构进行机电产品国际招标，应与招标专业机构签订委托招标代理协议，委托代理范围应涵盖机电产品国际招标，同时确定委托代理事项，规范双方的权利和义务。

对于具体招标项目的委托事宜，招标人还应在签订委托招标代理协议的基础上，签订国际招标项目代理委托书，并在委托书中明确招标项目名称、招标内容、资金计划批复单位及文号、估算/预算金额、招标方式、最高限价、交货期、评标方法等招标相关信息。

招标专业机构依据招标代理协议中约定的代理事项及国际招标项目代理委托书中明确的招标信息开展招标工作。

第三节 招标、投标

本节主要对机电产品国际招标中招标、投标阶段的相关工作内容进行介绍，内容包括编制招标文件、招标项目建档、发布招标公告。

一、编制招标文件

机电产品国际招标应当采用商务部发布的标准招标文件——《机电产品

第七章　机电产品国际招标

国际招标标准招标文件》编制招标文件，《机电产品国际招标标准招标文件》共八章，分装两册，各册的内容如下：

第一册包括：第一章投标人须知；第二章合同通用条款；第三章合同格式；第四章投标文件格式。

第二册包括：第五章投标邀请；第六章投标资料表；第七章合同专用条款；第八章货物需求一览表及技术规格。

第一册内容为标准格式，在招标文件中应不加修改地予以采纳。第二册中第六章投标资料表、第七章专用合同条款分别是对第一册第一章投标人须知、第二章合同通用条款的完善、补充和修改，如果与第一册内容不同时，应以第二册内容为准。

（一）投标人须知

投标人须知的内容包括说明、招标文件、投标文件的编制、投标文件的递交、开标与评标、授予合同等内容。

1. 说明

说明部分主要说明招标人、招标项目、招标专业机构等信息，明确投标人资格、投标货物及服务的原产地规定及投标费用的承担。

1）招标专业机构资格条件

承办机电产品国际招标的招标专业机构，应符合以下条件：具备从事招标代理业务的营业场所和相应资金；具备能够编制招标文件（中、英文）和组织评标的相应专业力量；招标专业机构从事机电产品国际招标业务的人员应当为与本机构依法存在劳动合同关系的员工。

2）投标人资格

投标人是响应招标、参加投标竞争的法人或其他组织。接受委托参与项目前期咨询和招标文件编制的法人或其他组织不得参加受托项目的投标，也不得为该项目的投标人编制投标文件或者提供咨询。

机电产品国际招标的投标人国别必须是中国或与中国有正常贸易往来的国家或地区。只有在法律上和财务上独立、合法运作并独立于招标人和招标专业机构的供货人才能参加投标。

投标人应在国际招标电子交易平台完成注册。已成功注册过的投标人，如需年检，还应通过年检。否则投标人将不能进入招标程序，由此产生的后果将由投标人自己负责。

2. 招标文件

招标文件部分包括招标文件的编制依据和构成、招标文件的澄清和修改。机电产品国际招标文件的编制依据是《中华人民共和国招标投标法》、《招标投标法实施条例》和《机电产品国际招标投标实施办法》。招标文件以中文或中、英文两种文字编写。以中、英文两种文字编写时，两种文字具有同等效力；中文本与英文本如有差异，以中文本为准。电子介质招标文件与纸质招标文件具有同等法律效力。除另有规定外，两者出现不一致时，以纸质招标文件为准。

3. 投标文件的编制

投标文件的编制部分内容包括投标语言、投标文件构成、投标文件的编写、投标报价、投标货币、资格证明文件、投标响应文件、投标保证金、投标有效期、投标文件签署等。

（1）投标报价。机电产品国际招标的投标报价应采用《国际贸易术语解释通则》（IN-COTERMS）规定的国际贸易价格术语。招标经常采用的价格术语包括 EXW、FOB、CIF、CIP、DDP 等。招标文件应明确投标人报价可以采用的价格术语。

投标人应区分关境内制造的货物、投标截止时间前已经进口的货物和关境外提供的货物分别报出不同的价格术语。境内制造的货物应报 EXW（出厂价）、仓库交货价、展室交货价或货架交货价；投标截止时间前已经进口的货物应报仓库交货价、展室交货价或货架交货价；关境外提供的货物应报 FOB、FCA、CIF 或 CIP 价格。招标人可以要求投标人除了按照国际贸易价格术语报价外，还报出国内运保费、伴随货物交运的有关费用等，以便评标使用。如果投标人中标，招标人有权按照投标人的报价价格术语签订合同，并不限制招标人以上述任何条件订立合同的权利。

（2）投标货币。招标文件应规定投标人从关境内提供的货物用人民币报价；从关境外提供的货物用外币报价，并明确具体的外国货币名称。外国投标货币应是可自由兑换、汇率稳定的货币，一般选择用美元或欧元报价。

（3）资格证明文件。投标人应提交资格证明文件，证明其中标后能履行合同。需要提交的资格证明文件包括下列文件：如果制造商委托代理商投标，应向代理商出具授权书，并对投标承担责任；证明投标人已具备履行合同所需的财务、技术和生产能力的文件；证明投标人满足业绩要求的文件；投标人开户银行在开标日前三个月内开具的资信证明原件或复印件；其他资格证

第七章　机电产品国际招标

明文件。

（4）货物符合要求的证明文件。投标人应以文字资料、图纸和数据等形式详细说明货物主要技术指标和性能。投标人还应对照招标文件技术规格，逐条说明所提供货物已对招标文件的技术规格作出了实质性的响应，并申明与技术规格条文的偏差和例外。特别对有具体参数要求的指标，投标人必须提供所投标设备的具体参数值。投标人对加注星号（"*"）的重要技术条款或技术参数应当在投标文件中提供技术支持资料。技术支持资料以投标货物制造商公开发布的印刷资料或检测机构出具的检测报告或招标文件中允许的其他形式为准。凡不符合上述要求的，将视为无效技术支持资料。

（5）投标保证金。投标保证金的形式一般包括电汇及投标保函。招标人应对提供投标保函的外国银行的资信和等级作出规定，要求投标保函由境外信誉好的银行出具。如果出具投标保函的银行不符合要求，评标时可以否决该投标。

投标保证金不予退还的情形，除了国家招标法律法规规定的投标人在投标截止后撤销投标、投标人中标后拒绝签订合同或提交履约保证金等情形外，还增加了投标人中标后不按招标文件规定交纳招标服务费、投标人存在弄虚作假行为等情形。

（6）投标文件签署。机电产品国际招标对投标文件的签署有严格要求，投标文件格式中应注明需要签字的位置，这些位置必须由法定代表人或其授权代表签字。投标文件的报价部分和重要的商务、技术条款或参数（标记"*"的条款或参数响应的内容），每一页都应由法定代表人或其授权代表小签，即用姓或姓名缩写签字。投标文件除应符合规定的签字要求外，必要时招标人还可要求其同时加盖投标人单位公章。

4. 投标文件的递交

内容包括投标文件的密封和标记、投标截止时间、迟交的投标文件、投标文件的修改与撤回等。

5. 开标与评标

内容包括开标程序、评标委员会和评标办法，评标办法应规定以下内容：

（1）评标货币。为了便于评标和比较，如果投标报价中有多种货币，以开标当日中国银行总行首次发布的外币对人民币的现汇卖出价进行投标货币对评标货币的转换，以便计算评标价。招标文件可以规定评标货币。选择评标货币应本着简便、实用的原则，建议选择以美元为评标货币，或根据潜在投标人的情况选择多数投标人采用的投标货币为评标货币。

（2）评标方法。机电产品国际招标有两种评标方法，即最低评标价法和综合评标价法。

最低评标价法（即折价法）是把所有有效投标人的商务、技术一般条款（参数）偏离，按照招标文件事先的规定统一折算成金额，累加到投标总价中计算出最终评标价格，取其中"评标价格最低者"为中标人的一种评标方法。

综合评标价法（即打分法）是根据机电产品国际招标项目的具体需求，设定商务、技术、价格、服务及其他评价内容的标准和权重，并由评标委员会对投标人的投标文件进行综合打分以确定中标人的一种评标方法。综合评标价法应当对每一项评价内容赋予相应的权重，其中价格权重不得低于30%，技术权重不得高于60%。

机电产品国际招标的评标一般采用最低评标价法。技术含量高、工艺或技术方案复杂的大型或成套设备招标项目可采用综合评标价法进行评标。所有评标方法和标准应当作为招标文件不可分割的一部分并对潜在投标人公开。招标文件中没有规定的评标方法和标准不得作为评标依据。

（3）评标价计算。招标文件应当明确计算评标总价时关境内、外产品的计算方法，并应当明确指定到货地点。除国外贷款、援助资金项目外，评标总价应当包含货物到达招标人指定到货地点之前的所有成本及费用。具体根据下面公式计算：

关境外产品为：

$$评标总价 = CIF 价 + 进口环节税 + 国内运输、保险费等 \qquad (7-1)$$

采用CIP、DDP等其他报价方式的，参照此方法计算评标总价；

其中投标截止时间前已经进口的产品为：

$$评价总价 = 销售价（含进口环节税、销售环节增值税） + 国内运输、保险费$$
$$(7-2)$$

关境内制造的产品为：

$$评价总价 = 出厂价（含增值税） + 消费税（如适用） + 国内运输、保险费$$
$$(7-3)$$

有价格调整的，计算评标总价时，应当包含偏离加价。

6. 授予合同

内容包括履约能力审查、中标人的确定、终止招标或否决所有投标、中标通知书、签订合同、履约保证金等。

第七章　机电产品国际招标

（二）合同条款

合同条款包括通用合同条款和专用合同条款。专用合同条款应对通用合同条款的内容作补充、完善和细化。

（三）货物需求一览表及技术规格

货物需求一览表中包括采购货物的名称、规格、数量、交货期、交货批次、运输方式、安装要求、调试、售后服务等内容。

招标文件的技术规格和要求应优先选用国际标准、国家标准、行业标准和集团公司企业标准。技术规格包括技术细节要求，其中关键技术指标前应当以"＊"号标记，对关键技术指标标记"＊"号需要注意，应当明确其涵盖的范围，如果"＊"号标记在某个指标前，则这个指标为关键指标；如果"＊"号标记在某个条款前，则整个条款都属于关键指标。不满足任一带"＊"号的条款（参数）将导致投标被否决。除构成投标被否决的关键技术指标外，还应包括一般技术条款（参数），在允许偏离范围和允许偏离的条款数目范围内对一般技术条款的偏离将导致对评标价格的调整，每个一般技术条款（参数）的偏离加价一般为投标价格的0.5%，最高不得超过投标价格的1%。

二、招标项目建档

根据国际招标项目代理委托书及招标人提供的相关资料，招标专业机构在国际招标电子交易平台上新建招标项目，录入招标编号、招标项目名称、资金来源及性质、招标人名称及性质、招标专业机构名称、委托招标金额、招标方式、招标组织形式、项目审批或核准部门、行政监督部门等基本信息，完成后提交招标部门负责人对新建招标项目进行审批，审批通过后可开展下一步招标工作。

三、发布招标公告

采用公开招标方式且不需要进行资格预审的机电产品国际招标项目，招标专业机构工作人员应根据招标文件投标邀请书中的内容编制招标公告，在国际招标电子交易平台上发布招标公告，招标人应当确定投标人编制投标文件所需的合理时间。依法必须进行招标的项目，自招标文件开始发售之日起至投标截止之日止，不得少于20日，招标文件的发售期不得少于5

个工作日,以邀请不特定的潜在投标人直接参加投标。招标公告的主要内容包括:
(1) 招标条件;
(2) 项目概括与招标范围;
(3) 投标人资格要求;
(4) 招标文件的获取方式;
(5) 投标文件的递交;
(6) 发布招标公告的媒介;
(7) 招标人、招标专业机构的名称、地址和有效联系方式等。

第四节　开标、评标与定标

本节主要对机电产品国际招标中开标、评标与定标阶段的相关工作内容进行介绍,内容包括组织开标、组织评标、评标结果公示、发出中标结果、异议和投诉的处理。

一、组织开标

机电产品国际招标项目,投标人少于3个的,不得开标,招标人应当依照相关法律法规重新组织招标;开标后认定投标人少于3个的应当停止评标,招标人应当依照相关法律法规重新组织招标。重新招标后投标人仍少于3个的,经招标人确认后,可以进入两家或一家开标评标;对依法必须进行招标的项目,报主管部门审批、核准后可以采用其他采购方式。

认定投标人数量时,两家以上投标人的投标产品为同一家制造商或集成商生产的,按一家投标人认定。对两家以上集成商或代理商使用相同制造商产品作为其项目包的一部分,且相同产品的价格总和均超过该项目包各自投标总价60%的,按一家投标人认定。

投标人的开标一览表、投标声明(价格变更或其他声明)都应当在开标时一并唱出,否则在评标时不予认可。开标后3个工作日内,招标专业机构应通过国际招标电子交易平台上传开标记录。

二、组织评标

(一) 组建评标委员会

机电产品国际招标项目评标由招标人和招标机构依照《机电产品国际招标投标实施办法》组建的评标委员会负责，组建评标委员会时应满足以下要求：

(1) 依法必须进行招标的项目，评标委员会由招标人的代表和从事相关领域工作满八年并具有高级职称或者具有同等专业水平的技术、经济等相关领域专家组成，成员人数为五人以上单数，其中技术、经济等方面专家人数不应少于成员总数的三分之二。

(2) 依法必须进行招标的项目，评标所需专家原则上由招标专业机构在中国国际招标网上从国家、地方两级专家库内相关专业类别中采用随机抽取的方式产生。任何单位和个人不得以明示、暗示等任何方式指定或者变相指定参加评标委员会的专家成员。但技术复杂、专业性强或者国家有特殊要求，采取随机抽取方式确定的专家难以保证其胜任评标工作的特殊招标项目，报主管部门后，可以由招标人直接确定评标专家。

(3) 抽取评标所需的评标专家的时间不得早于开标时间3个工作日；同一项目包评标中，来自同一法人单位的评标专家不得超过评标委员会总人数的三分之一。

(4) 一次招标金额在1000万美元以上的国际招标项目包，所需专家的二分之一以上应当从国家级专家库中抽取。

(二) 初步评审

机电产品国际招标项目的初步评审程序分为符合性检查、商务评议和技术评议。

1. 符合性检查

符合性检查的内容为投标文件的完整性。

2. 商务评议

商务评议是对投标文件商务内容的响应性进行审查。在商务评议过程中，有下列情形之一者，应予否决投标：

(1) 投标人或其制造商与招标人有利害关系可能影响招标公正性的；

（2）投标人参与项目前期咨询或招标文件编制的；

（3）不同投标人单位负责人为同一人或者存在控股、管理关系的；

（4）投标文件未按招标文件的要求签署的；

（5）投标联合体没有提交共同投标协议的；

（6）投标人的投标文件、资格证明材料未提供，或不符合国家规定或者招标文件要求的；

（7）同一投标人提交两个以上不同的投标方案或者投标报价的，但招标文件要求提交备选方案的除外；

（8）投标人未按招标文件要求提交投标保证金或保证金金额不足、保函有效期不足、投标保证金形式或出具投标保函的银行不符合招标文件要求的；

（9）投标文件不满足招标文件加注星号（"*"）的重要商务条款要求的；

（10）投标报价高于招标文件设定的最高投标限价的；

（11）投标有效期不足的；

（12）投标人有串通投标、弄虚作假、行贿等违法行为的；

（13）存在招标文件中规定的否决投标的其他商务条款的。

前款所列材料在开标后不得澄清、后补；招标文件要求提供原件的，应当提供原件，否则将否决其投标。对经资格预审合格、且商务评议合格的投标人不能再因其资格不合格否决其投标，但在招标周期内该投标人的资格发生了实质性变化不再满足原有资格要求的除外。

3. 技术评议

技术评议是对投标文件技术内容的响应性进行审查，主要审查投标文件对招标文件技术部分的响应程度。主要技术参数是否响应招标文件要求，应依据投标文件中的技术支持资料作出判断，而不能仅依据投标人的承诺。技术支持资料是指制造商公开发布的印刷资料、检测机构出具的检测报告或招标文件规定的其他资料。任何一项主要参数不满足招标文件要求的，视为对招标文件的实质性不满足，投标应被否决。一般参数可以允许偏离，但偏离的范围或项数都不得超过招标文件规定的最大范围或最多项数。

技术评议过程中，有下列情形之一者，应予否决投标：

（1）投标文件不满足招标文件技术规格中加注星号（"*"）的重要条款（参数）要求，或加注星号（"*"）的重要条款（参数）无符合招标文件要求的技术资料支持的；

（2）投标文件技术规格中一般参数超出允许偏离的最大范围或最多项

数的；

（3）投标文件技术规格中的响应与事实不符或虚假投标的；

（4）投标人复制招标文件的技术规格相关部分内容作为其投标文件中一部分的；

（5）存在招标文件中规定的否决投标的其他技术条款的。

（三）详细评审

1. 最低评标价法

当采用最低评标价法评标时，详细评审的内容是对投标价进行评审和调整，将各种不同货币、不同价格术语、不同供货范围和不同技术水平的投标调整为统一标准下的评标价进行比较。计算评标价以货物到达招标人指定的国内交货地点为依据。国外贷款项目计算评标价应以货物到达中国关境前（即 CIF 或 CIP 价格）为依据。评标价的计算包括以下步骤：

（1）计算投标价格。计算投标价格应按以下步骤进行。

① 算术性错误修正。单价计算的结果与总价不一致的，以单价为准修改总价；大写表示的数值与小写表示的数值不一致的，以大写为准。

② 价格调整。如投标人提交了投标报价修改函，应按照修改函的声明对投标价进行调整。

③ 评标货币转换。按照开标当日中国银行总行首次发布的外币对人民币的现汇卖出价将投标货币转换为评标货币。使用国内资金的项目一般应以人民币为评标货币；使用国外资金的项目应以资金提供方规定的货币为评标货币。

④ 计算 CIF 或 CIP 价格。关境外货物一般应以 CIF 或 CIP 为投标价格术语。如果投标人采用 EXW、FOB、CFR 或 CPT 价格术语投标的，应转换为 CIF 或 CIP 价格术语。相关计算公式为：

$$CIF 价格 = FOB 价格 + 国际运费 + 国际运输保险费 \quad (7-4)$$

$$国际运输保险费 = CIF 价格 \times 国际运输保险费率 \times 投保加成系数 \quad (7-5)$$

$$国际运输保险费 = (FOB 价格 + 国际运费) \times 国际运输保险费率 \times$$
$$投保加成系数/(1-国际运输保险费率 \times 投保加成系数)$$
$$(7-6)$$

$$CIF 价格 = (FOB 价格 + 国际运费)/(1-国际运输保险费率 \times 投保加成系数)$$
$$(7-7)$$

【例 7-1】 某机电产品国际招标项目，投标人投标价格为美元 FOB 纽约。

国际运费为 100 美元，运输保险费率为 1‰，投保加成系数为 110%。请将 FOB 价格转换为 CIF 价格。

国际运输保险费=（FOB 价格+国际运费）×国际运输保险费率×投保加成系数/（1-国际运输保险费率×投保加成系数）

$\quad$ =(25000+100)×1‰×110%÷(1-1‰×110%)

$\quad$ =27.64(美元)

CIF 价格=FOB 价格+国际运费+国际运输保险费

$\quad$ =25000+100+27.64

$\quad$ =25127.64(美元)

关境内货物计算偏离加价时，如包含增值税的，应扣除增值税后作为计算评标价格的基准。相关计算公式如下：

$$增值税=不含税价格×增值税税率 \quad (7-8)$$

$$不含税价格=含税价格/(1+增值税税率) \quad (7-9)$$

【例 7-2】 某机电产品国际招标项目，投标价格为 100000 元人民币。增值税率为 13%，计算不含税价格。

解：不含税价格=含税价格/(1+增值税税率)

$\quad\quad$ =100000÷(1+13%)=88495.58(元)

（2）计算供货范围偏离调整额。供货范围偏离调整只针对不构成实质性偏离的缺漏项内容。构成实质性偏离的应在商务评标时对投标作否决投标处理。对于招标文件允许范围内的缺漏项，评标委员会应当要求投标人确认缺漏项是否包含在投标价中，确认包含的，将其他有效投标中该项的最高价（CIF 或 CIP 价格，关境内货物应当扣除增值税等相关税费）作为偏离调整额计入其评标总价，并依据此评标总价对其一般商务和技术条款（参数）偏离进行价格调整；确认不包含的，评标委员会应当否决其投标；如果投标中包含了招标文件要求以外的内容，评标时不予核减。签订合同时的签约合同价均以投标价为准，不予调整。

（3）计算商务和技术偏离调整额。

① 商务偏离调整。商务偏离的调整分两种情形：

一是对于付款条件和交货期等可以直接量化为价格的因素，应按照招标文件的规定直接将偏离的内容计算为价格调整额。对于付款条件的偏离，可以规定按投标人提出的付款方案将每次支付的金额折算为合同签订时（也可以是其他时间）的现值，与按招标文件提出的付款方案中每次支付的金额折算为同一时间的现值进行比较。前者高于后者的，高过的部分应作为评标加

第七章　机电产品国际招标

价计入评标价格（也可以加倍计入）。

【例7-3】 某机电产品国际招标项目，投标价格为1000万美元，付款进度为合同生效时支付40%，6个月后支付50%，10个月后支付10%。招标文件规定的付款进度为合同生效时支付10%，6个月后支付70%，10个月后支付20%。计算付款条件偏离的加价。(P/F, i, 6个月) 为0.942，(P/F, i, 10个月) 为0.905。

解：将投标的各次付款金额和招标文件规定的各次付款的金额按照合同生效时的价值进行折现后的价差即为付款条件偏离的加价。具体为：

付款条件偏离加价 = (1000×40% + 1000×50%×0.942 + 1000×10%×0.905) − (1000×10% + 1000×70%×0.942 + 1000×20%×0.905) = 21.1(万美元)

二是对于投标人资信、资质、服务承诺等不能量化为价格的因素，应按偏离项数计算调整额。按偏离项数进行调整的，每项偏离的调整额最多不超过投标总价（含供货范围偏离调整额）的1%。

需要注意的是，商务偏离调整的原则是"只加不减"。例如，对于要求付款期提前的，应计算提前付款的利息并计入评标价；对于要求延期付款的，不予核减评标价。对于交货期的偏离，延期交货的可以规定按照误期赔偿金额作为评标加价计入评标价格，提前交货的不予扣减评标价。

② 技术偏离调整。技术偏离的调整应按偏离项数计算价格调整额，每项偏离的调整额最多不超过修正后该设备投标价格的1%。投标文件中没有单独列出该设备分项报价的，评标价格调整时按投标总价（含供货范围偏离调整额）计算。技术偏离的调整只计算对一般技术指标负偏离的加价。对于优于一般技术指标的正偏离不计算减价。

(4) 计算进口环节税。进口环节税包括进口关税、消费税和增值税。进口关税以CIF价格或CIP价格为基础计算。相关计算公式如下：

$$进口环节税 = 进口关税 + 消费税 + 增值税 \quad (7-10)$$

$$进口关税 = CIF价格 \times 进口关税税率 \quad (7-11)$$

$$消费税 = (CIF价格 + 进口关税) \times 消费税税率 / (1 - 消费税税率) \quad (7-12)$$

$$进口增值税 = (CIF价格 + 进口关税 + 消费税) \times 增值税税率 \quad (7-13)$$

【例7-4】 某进口机电产品CIF价格为200万美元。进口关税税率为10%，消费税税率为20%，增值税税率为13%。计算进口环节税。

解：进口关税 = CIF价格 × 进口关税税率
　　　　　 = 200 × 10%
　　　　　 = 20(万美元)

消费税=（CIF价格+进口关税）×消费税税率/（1-消费税税率）
　　　=（200+20）×20%÷（1-20%）
　　　=55（万美元）
进口增值税=（CIF价格+进口关税+消费税）×增值税税率
　　　　=（200+20+55）×13%
　　　　=35.75（万美元）
进口环节税=进口关税+消费税+增值税
　　　　=20+55+35.75
　　　　=110.75（万美元）

（5）计算国内运保费。国内运保费包括国内运输费和国内运输保险费，以招标项目要求的货物到达地点为目的地计算。国内运输费和国内运输保险费可以按货值为基准计算。国内货物货值为出厂价（含增值税）。进口货物货值为货物完税以后的价格，即应在CIF价格的基础上，加上进口关税、消费税和增值税。货值应为实际货值，不包括供货范围偏离调整。国内运输费费率应以公路、铁路、航空和邮政部门公布的运费标准为依据。国内运输保险费费率应以保险公司公布的合理保费费率标准为依据。

（6）计算其他费用。其他调整是指投标中未包括但需要招标人支付的其他费用。需要招标人支付的其他费用在CIF价格或CIP价格条件下，可能包括卸货费、仓储费、商检费、报关费、进口代理费、银行财务费等。以上费用应按实际费用或参考相关费用计算。

（7）计算评标价格。招标文件应当明确计算评标总价时关境内、外产品价格的计算方法，并应当明确指定到货地点。除国外贷款、援助资金项目外，评标总价应当包含货物到达招标人指定到货地点之前的所有成本及费用。

2. 综合评价法

机电产品国际招标项目一般应采用最低评标价法进行评标，技术含量高、工艺或技术方案复杂的大型或成套设备招标项目可采用综合评价法评标。对于进行资格预审的招标项目，综合评标价法不得再将资格预审的相关标准和要求作为评价内容。

（1）价格打分。在进行价格打分之前，应首先对各项价格要素进行调整，调整后应使所有投标价格为一个统一的标准。价格要素的调整方法与最低评标价法的价格调整方法相同。但应注意，不应对技术要素和与价格无关的商务要素进行价格调整。

价格打分可以采用公式计算或列表对比的方法，并应符合低价优先的原则，即评审后价格最低的应为最高分值，价格打分的最大可能分值和最小可能分值应当分别为价格满分和 0 分。

（2）商务和技术因素打分。各项商务和技术因素都应采用客观评审的方法，应当明确规定各项评审因素评价分值的具体标准和计算方法。一项具体指标应当对应唯一的分值，不应对应一个分数段。只有对于技术方案的评价等确实难以量化的因素，才可以采用主观评价法。

（3）投标人评分及排序。评标委员会成员对投标人的投标文件独立打分，计算各投标人的商务、技术、服务及其他评价内容的分项得分和综合评分。

评标委员会成员对同一投标人的商务、技术、服务及其他评价内容的分项评分结果出现差距时，应遵循以下调整原则：

评标委员会成员对某一投标人的分项评分偏离超过评标委员会全体成员的评分均值±20%，该成员的该项分值将被剔除，以其他未超出偏离范围的评标委员会成员的该项评分均值替代；各评标委员会成员对某一投标人的分项评分偏离均超过评标委员会全体成员的该项评分均值±20%，则以评标委员会全体成员的该项评分均值作为该投标人的分项得分。

评标委员会根据综合评分对各投标人进行排名。综合评分相同的，价格得分高者排名优先；价格得分相同的，技术得分高者排名优先，并依照商务、服务及其他评价内容的分项得分优先次序类推。评标委员会应当推荐综合排名第一的投标人为推荐中标人。

综合标评价法明确规定投标人出现下列情形之一的，将不得被确定为推荐中标人：

① 投标人的评标价格超过全体有效投标人的评标价格平均值一定比例以上的；

② 投标人的技术得分低于全体有效投标人的技术得分平均值一定比例以上的。

上述规定比例由招标文件具体规定，①项中所列的比例不得高于 40%，②项中所列的比例不得高于 30%。

经评标委员会评审，认为所有投标都不符合招标文件要求的，可以否决所有投标。依法必须进行招标的项目的所有投标被否决的，招标人应当依照《机电产品国际招标投标实施办法》重新组织招标。

（四）评标报告和中标候选人

评标委员会的每位成员应当分别填写评标委员会成员评标意见表，评标

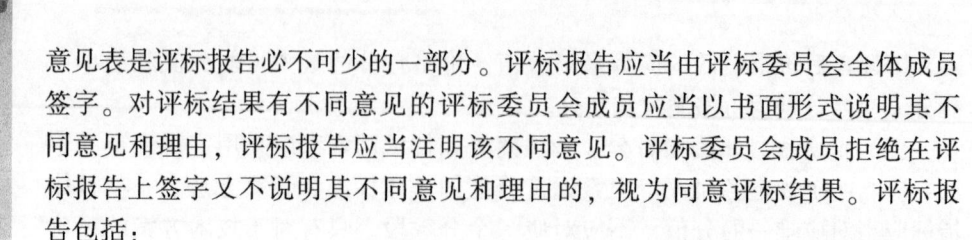

意见表是评标报告必不可少的一部分。评标报告应当由评标委员会全体成员签字。对评标结果有不同意见的评标委员会成员应当以书面形式说明其不同意见和理由，评标报告应当注明该不同意见。评标委员会成员拒绝在评标报告上签字又不说明其不同意见和理由的，视为同意评标结果。评标报告包括：

（1）项目简介；（2）招标过程简介；（3）评标过程；（4）评标结果；（5）开标一览表；（6）符合性检查表；（7）商务评议表；（8）技术参数比较表；（9）评标价格比较表；（10）授标建议。

采用综合评标价法评标的，评标报告还应当详细载明综合评标得分的计算过程，包括但不限于以下表格：评标委员会成员评价记录表、商务最终评分汇总表、技术最终评分汇总表、服务及其他评价内容最终评分汇总表、价格最终评分记录表、投标人最终评分汇总及排名表和评审意见表。

评标完成后，评标委员会应当向招标人提交书面评标报告和中标候选人名单。中标候选人应当不超过3个，并标明排序。

采用最低评标价法评标的，在商务、技术条款均实质性满足招标文件要求时，评标价格最低者为排名第一的中标候选人；采用综合评标价法评标的，在商务、技术条款均实质性满足招标文件要求时，综合评标价最优者为排名第一的中标候选人。

三、评标结果公示

依法必须进行招标的机电产品国际招标项目，招标专业机构应当自收到评标委员会提交的书面评标报告之日起3日内通过国际招标电子交易平台进行评标结果公示。评标结果应当一次性公示，公示期不得少于3日，且公示期最后一日应为工作日。

评标公示的内容包括中标候选人排名、投标人及制造商名称等。投标人可通过国际招标电子交易平台查看其投标项目的评议情况，每个投标人的评议情况应当明确说明招标文件的要求和投标人的响应内容，如投标被否决应列出不满足招标文件的具体要求或其他原因。

四、发出中标结果

招标人根据评标委员会提出的书面评标报告和推荐的中标候选人确定中

第七章　机电产品国际招标

标人。招标人也可以授权评标委员会直接确定中标人。招标人应当确定排名第一的中标候选人为中标人。排名第一的中标候选人放弃中标、因不可抗力不能履行合同、不按招标文件要求提交履约保证金，或者被查实存在影响中标结果的违法行为等情形，不符合中标条件的，招标人可以按照评标委员会提出的中标候选人名单排序依次确定其他中标候选人为中标人，也可以重新招标。

评标结果公示无异议的，公示期结束后该评标结果自动生效并进行中标结果公告；评标结果公示有异议，但是异议答复后10日内无投诉的，异议答复10日后按照异议处理结果进行公告；评标结果公示有投诉的，集团公司机电办作出投诉处理决定后，按照投诉处理决定进行公告。

依法必须进行招标的项目，确定中标人后，招标专业机构在中国国际招标网上对评标专家进行评价，在国际招标电子交易平台上填写中标商品信息，由集团公司机电办进行信息完整性检查后，国际招标电子交易平台生成并发布中标结果公告；招标专业机构应在中标结果公告后20日内向中标人发出中标通知书。

五、异议处理

依法必须进行招标的机电产品国际招标项目，投标人或者其他利害关系人对评标结果有异议的，应当于公示期内通过中国国际招标网向招标人或招标专业机构提出。招标人或招标专业机构应当在收到异议之日起3日内作出答复；作出答复前，应当暂停招标投标活动。

异议答复应当对异议问题逐项说明，但不得涉及其他投标人的投标秘密。未在评标报告中体现的不满足招标文件要求的其他方面的偏离不能作为答复异议的依据。经原评标委员会按照招标文件规定的方法和标准审查确认，变更原评标结果的，变更后的评标结果应当依照《机电产品国际招标投标实施办法》进行公示。

六、投诉处理

投标人或者其他利害关系人就异议事项投诉的，投诉人应当于投诉期内在中国国际招标网上填写《投诉书》（就异议事项进行投诉的，应当提供异议和异议答复情况及相关证明材料），并将由投诉人单位负责人或单位负责人授

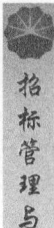

权人签字并盖章的《投诉书》、单位负责人证明文件及相关材料在投诉期内送达集团公司机电办。境外投诉人所在企业无印章的，以单位负责人或单位负责人授权人签字为准。

招标专业机构应当在招标项目被网上投诉后，将异议相关材料提交至集团公司机电办。

本节内容所述过程文件格式见《机电产品国际招标管理规范》（Q/SY 1359-2015）；本节内容中 CIF、CIP、DDP 等贸易术语，应根据国际商会（ICC）现行最新版本《国际贸易术语解释通则》的规定解释。

第五节 项目归档及后续服务

本节主要对机电产品国际招标中项目归档及后续服务阶段的相关工作内容进行介绍，内容包括提交评标情况报告、招标资料收集及移交。

一、提交评标情况报告

依法必须进行招标的项目，招标专业机构应当自中标结果公告后 15 日内向集团公司机电办提交评标情况的书面报告。评标情况报告一般包括以下内容：

（1）招标项目简介；（2）招标过程简介；（3）评标过程；（4）评标结果。

招标专业机构提交的评标情况书面报告应当内容完整、真实、有效。对需要说明的事项应当在与招标人充分沟通、达成一致后，作出真实、完整、清楚的说明。

依法必须进行招标的项目，在国际招标过程中，出现采购计划发生重大变更等情形时，必须出具集团公司有关部门和专业公司等对发生重大变更的批准依据，才能重新组织招标或终止招标。

二、招标资料收集及移交

中标结果公告后 15 日内，招标专业机构应当在国际招标电子交易平台完

第七章　机电产品国际招标

成招标投标情况及其相关数据的存档。

招标人或招标专业机构应当按照有关规定妥善保存招标委托协议、资格预审公告、招标公告、资格预审文件、招标文件、资格预审申请文件、投标文件、异议及答复等相关资料，以及与评标相关的评标报告、专家评标意见、综合评价法评价原始记录表等资料，并对评标情况和资料严格保密。

第八章 电子招标投标

本章介绍电子招标投标的发展历程、发展趋势、集团公司电子招标投标交易平台的建设、使用以及推广和应用。

第一节 电子招标投标概述

电子招标投标相较传统招标投标方式具有高效、低成本、绿色环保等特点，本节从电子招标投标的发展历程、电子招标投标的特点、电子招标投标系统及电子招标投标的发展趋势几方面，对电子招标投标进行介绍。

一、电子招标投标的发展历程

(一) 国外电子招标投标概况

20世纪90年代起，日本、韩国及欧美发达国家已经开始探索公共采购领域的信息化管理，至21世纪初期，这些发达国家陆续在公共采购领域实现电子化，例如，欧洲的电子交易平台"我是欧洲"、加拿大政府建立的招标投标门户网站MERX等，都是通过电子信息服务技术和多媒体技术为政府、企业、社会公众服务的一站式交互信息平台，提供电子招标采购服务，并逐步建立了电子招标采购的法律法规和组织管理体系。虽然各个国家推行电子化采购的模式不尽相同，但都认识到了电子化采购作为一种信息化建设的手段不仅增强了采购信息的透明度，而且还提高了采购效率，降低了采购成本，规范了采购行为。这些国家成熟的电子招标投标模式，都标志着电子招标投标进入了高速发展期。

(二) 我国电子招标投标发展及立法历程

我国电子招标投标最早的尝试是在1999年外贸易经济合作部纺织品配额招标工作中，首次采用了电子标书方式进行投标；2001年中国国际招标网推

第八章 电子招标投标

出机电产品国际竞争性招标（ICB）项目管理平台，机电产品国际招标率先实现了招标主要流程的电子化，进入了真正意义上的电子招标投标的时代。近几年来，电子招标投标在我国逐步得到推广，并呈现快速发展态势。电子招标投标的范围，已从单纯的货物招标投标逐步拓展到工程和服务招标投标领域。

电子招标投标发展大致经历了三个阶段，第一个阶段，只限于通过国家认可的采购网站发布招标公告、中标公示等信息，更多的是承担信息发布的功能，招标关键流程还没有实现电子化。第二个阶段，招标文件采用了电子文档形式发售，工程招标中工程量清单报价的清标工具和一些常规招标中评分的统计汇总工具等计算机辅助评标技术开始应用，电子招标投标得到进一步发展。第三阶段，是从招标项目建项、发布招标公告、投标人报名、购买招标文件、递交投标文件、澄清答疑、开标评标、评标结果公示的全流程均实现了电子化操作，电子招标投标进入全流程电子化招标投标阶段。

二、电子招标投标的特点

（一）电子招标投标概念

《电子招标投标办法》明确了电子招标投标活动是指以数据电文形式，依托电子招标投标系统完成的全部或者部分招标投标交易、公共服务和行政监督活动。随着网络技术和信息技术的高速发展和日益普及，通过网络进行购物、交易、支付等的电子商务新模式凭借其低成本、高效率的优势得到迅速发展和广泛应用，将招标采购的标准流程与电子商务模式相结合，构建起专业化的网络招标投标平台，通过互联网技术的广泛、共享、可追溯等特点，实现招标投标活动的公开、公平、公正和诚实信用的原则，借助互联网通过数据电文形式进行招标投标活动的电子招标投标方式应运而生。

（二）电子招标投标的法律效力

《中华人民共和国合同法》第十一条规定，书面形式是指合同书、信件和数据电文（包括电报、电传、传真、电子数据交换和电子邮件）等可以有形地表现所载内容的形式。《中华人民共和国电子签名法》第三条规定，民事活动中的合同或者其他文件、单证等文书，当事人可以约定使用或者不使用电子签名、数据电文。当事人约定使用电子签名、数据电文的文书，不得仅因为其采用电子签名、数据电文的形式而否定其法律效力。第四条规定，能够有形地表现所载内容，并可以随时调取查用的数据电文，视为符合法律、法规要求的书面形式。以上从法律上明确将数据电文归属于书面形式，并赋予与纸质文件同等的法律效力。

《电子招标投标办法》总则第二条规定，数据电文形式与纸质形式的招标投标活动具有同等法律效力。第六十二条规定，电子招标投标某些环节需要同时使用纸质文件的，应当在招标文件中明确约定；当纸质文件与数据电文不一致时，除招标文件特别约定外，以数据电文为准。进而从法律层面上明确了以数据电文形式的电子招标投标活动具法律效力。

（三）电子招标投标的优点

电子招标投标相较传统的招标投标方式，具有以下几方面的优点。

1. 操作流程规范，减少法律风险

电子招标投标的招标、投标、开标、评标、定标环节的业务流程和规则严格按照国家招标法律法规的相关规定设置，通过信息技术手段，对相关流程操作进行合规性校验和限制，刚性实现各操作环节的依法合规。通过招标方案、招标公告、招标文件、评标报告等各类标准模板的使用，既提高了工作效率又做到招标过程的规范统一。

2. 信息公开透明，实现阳光采购

投标人可以选择现场或远程任意地点，可以选择工作日或休息日任意时间，购买递交文件、提出异议投诉，投标自由度大大提高。开标后投标人可自助查询开标记录全部信息，开标过程更加公开透明。评标结束后，评标结果可实现在不同媒介多点一键同步公示，可查询公示期内项目所有投标人的得分和排名信息，评标信息公开度进一步提高，最大程度地实现阳光交易。

3. 过程信息保密，减少寻租空间

对于招标投标过程中需要保密的投标人和评标委员会组成等信息，电子招标投标交易平台采用通过网银自助购买标书、递交保证金、自助上传递交投标文件、自动语音抽取评审专家等技术手段，减少相关环节的人为干预，做到开标、评标截止时间前投标人信息和评标委员会组成信息的保密，同时各类操作留有痕迹和日志，更有利于事后的监督检查，避免了因信息不对称而产生寻租行为的可能。

4. 大幅提高效率，确保招标质量

通过电子招标投标交易平台可以依据招标方案和标准模板快捷生成招标

第八章　电子招标投标

公告、招标文件和开标、评标等相关资料。全部业务流程在线审批，大大提高了审批时效。投标人利用投标文件编制工具可以高效地完成投标文件编写，再通过电子招标投标交易平台便捷地完成投标文件的递交。评标过程中，评委可直接提取招标和投标的相关资料，借助评标辅助功能在线评审打分，实现价格评分自动计算和评分自动汇总排名，快速生成评标报告。这些都大大提高了工作效率，确保了招标工作质量。

5. 交易绿色环保，节约采购成本

电子招标投标以数据电文取代传统招标中的纸质文档，节省了大量纸张消耗和印刷等方面的费用。通过电子招标投标交易平台在网络上完成招标信息发布、招标文件发售以及投标文件的递交，免去投标业务人员往返奔波，节省了社会资源和差旅费用。通过电子招标投标，扩大了招标信息受众范围，消除了地理空间的限制，降低了参与投标的成本，增加了投标人参与投标的概率，也增加了招标项目竞争性，通过竞争使得中标成交金额得到有效降低，节约了采购成本。

三、电子招标投标系统

电子招标投标系统是由交易平台、公共服务平台和行政监督平台组成，三个平台之间实现数据互联和资源共享，如图8-1所示。

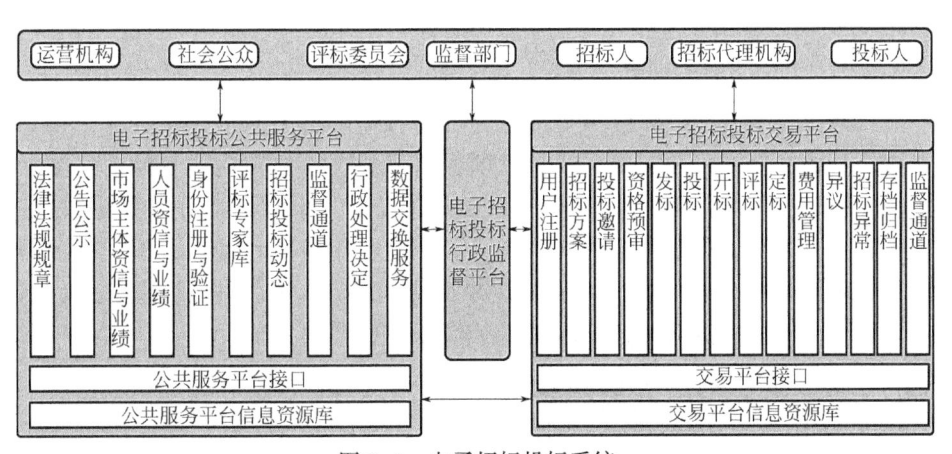

图8-1　电子招标投标系统

电子招标投标系统三大平台共同遵守统一的技术标准和数据接口规范，全面开放和公布数据接口以及实现方式，实现电子招标投标系统各个平台互联互通，信息交互共享。

（一）交易平台

交易平台是以数据电文形式完成招标投标交易活动，并通过对接公共服务平台，实现交易信息交互共享，支持行政监督的交易信息载体的基础设施。交易平台具有在线完成招标投标全部交易过程以及能够编辑、生成、对接、交换和发布有关招标投标交易信息的数据处理功能。交易平台依据《电子招标投标办法》及其技术规范的要求，按照标准统一、互联互通、公开透明、安全高效的原则以及市场化、专业化、集约化方向建设和运营。

（二）公共服务平台

公共服务平台是实现各交易平台之间对接互联，动态交换和集中公开共享招标投标市场信息资源，并为招标投标市场主体、行政监督部门、监察部门和社会公众依法履行招标投标权利、义务、责任，提供市场公共服务的信息交互枢纽平台。通过建立全国电子招标投标公共服务平台体系及其信息交互机制，打破地方分割和行业封闭，连通各信息孤岛，才能在全国范围内实现不同行业、不同地区、不同主体以及不同时间、不同空间、项目建设不同阶段立体对称、动态共享和相互印证全面客观的招标投标市场信息，以此可以充分发挥社会公众监督作用，转变和规范行政监督方式，为相关行政部门实现综合并联和事中事后阳光监督执法创造条件，有效促进市场的统一开放、公平竞争和主体诚信自律。

（三）行政监督平台

行政监督平台是招标投标行政监督部门和监察机关通过公共服务平台对接多个相关交易平台，实现在线并联监督电子招标投标交易活动的信息交互平台。行政监督部门通过行政监督平台受理投诉举报和下达行政处理决定，通过对接公共服务平台交互的大数据分析，观察市场现状动态，预判行政调控监督政策措施的可行性及可靠性，并实现事前、事中、事后监督执法，以行政监督的电子化推动招标投标全流程的电子化。

四、电子招标投标发展趋势

（一）基于云平台的系统建设与数据共享

云计算平台也称云平台，可以划分为以数据存储为主的存储型云平台，

第八章 电子招标投标

以数据处理为主的计算型云平台,以及计算和数据存储处理兼顾的综合云计算平台。随着电子招标投标的广泛应用,在电子招标投标交易平台中产生了海量的业务信息和数据,为解决信息处理成本、海量数据管理、信息安全等问题,企业和研究者纷纷将目光转向云平台。它将计算任务分布在大量计算机构成的资源池上,使各种应用系统能够根据需要获取计算力、存储空间和各种软件服务。基于云平台开发的应用使用的资源理论上可以无限扩展,并且可以随时获取,按需使用,随时扩展,按使用付费,如图8-2所示。云平台强大的数据计算处理和存储管理能力,使得云平台上各应用平台间数据的交互传递变得简捷高效,为数据共享和深度挖掘应用提供了强有力的支撑。同时由于云平台的资源都是部署在专业的机房,由专业的人员提供全天候的支持和维护,系统的稳定性、安全性和运行效率都得到了切实有效的保障,综合使用成本大大降低。因此基于云平台系统搭建电子招标投标交易平台是主要发展方向。

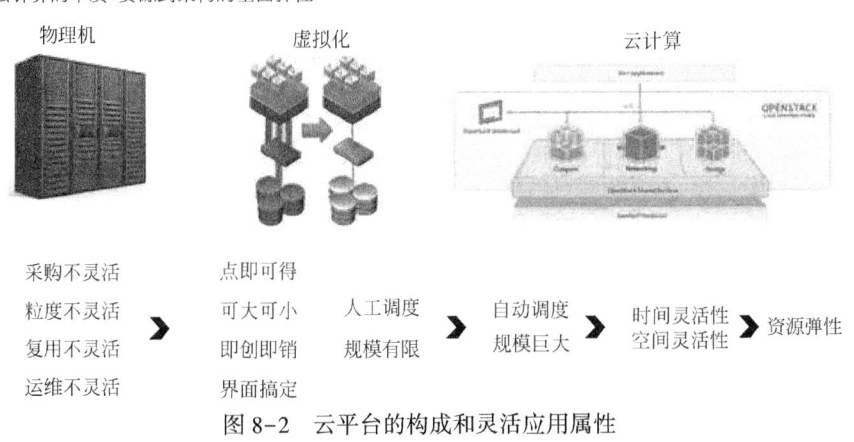

图8-2 云平台的构成和灵活应用属性

(二)基于区块链技术的电子招标应用

随着电子招标投标的逐步推广应用,大家对运行于电子交易平台系统中交易数据的真实性和完整性的质疑越来越多。目前电子招标投标依据国家颁布的《电子招标投标办法与技术规范》的要求,利用CA数字证书形式完成交易对象的身份识别、电子签名、加密解密来确保交易数据的有效和安全。实际电子招标业务应用中对数据的验证,是通过绑定有第三方CA数字证书认证机构签发的数字证书的投标人U-key(公钥)和招标机构U-key(私钥)

进行加密和解密操作，来验证数据的有效性。因此U-key（公钥和私钥）的保管和使用成为交易数据真实性验证的关键所在，U-key丢失、损坏都会造成无法完成交易数据验证的后果。区块链技术（BT，Blockchain Technology），也称为分布式账本技术，是一种互联网数据库技术，让每个人均可参与数据库记录。就是交易记账由分布在不同地方的多个节点共同完成，而且每一个节点都记录的是完整的账目，因此它们都可以参与监督交易合法性，并共同见证交易信息与数据的有效性。存储在区块链上的交易信息是公开的，但是账户身份信息是高度加密的，只有在数据拥有者授权的情况下才能访问到，从而保证了数据的安全和个人的隐私。区块链技术去中心化、公开透明、信息不可篡改的特点解决了交易流程中电子数据易变、易篡改、易丢失等普遍性难题，从而保障交易数据的真实性与完整性。由此可以预期一种不再依赖第三方数字证书验证的而是基于区块链技术的操作更便捷、交易数据更安全的电子招标投标交易平台将是发展方向。

（三）基于移动互联网的系统应用

随着国家移动互联网的飞速发展，移动终端因携带方便、随时可以获取信息的特点而广受人们喜爱，它的便捷性、良好的使用体验已经潜移默化地改变了人们的生活和工作习惯。利用手机APP随时随地查询招标公告信息、投标信息，向相关供应商或潜在投标人定向主动推送招标的相关信息，在安全可控的前提下提高招标与投标双方沟通的及时性和方便性，既提高了工作效率又可以有效地提高招标成功率。目前基于移动终端的招标投标系统应用还不多见，即使有也只是桌面系统的简单延伸。在不久的将来，类似于手机淘宝、京东商场之类的移动招标投标系统有可能会逐渐取代桌面招标投标系统，使招标投标活动从操作方式和使用体验上发生一次变革。

（四）大数据分析应用助推智能化采购

随着电子招标投标的开展和普及，电子招标投标活动每天都在产生海量信息数据，日积月累不断汇聚成规模巨大的数据宝藏，这为实现大数据分析提供了可能，利用大数据技术可以从这些数据中挖掘信息、判断趋势、提高效益。通过数据比对分析，动态地掌握招标的采购价格趋势，进行经济效益分析，为采购人的采购行为提供决策依据。通过对投标文件的比对以及对历史投标数据的分析，辅助判断投标人的围标与串标行为。利用大数据分析应用的智能化招标采购也是电子招标的发展趋势。

第八章 电子招标投标

第二节 中国石油电子招标投标交易平台

中国石油电子招标投标交易平台由集团公司立项，中油瑞飞信息技术有限公司承担开发建设，历时一年开发完成，是完全实现招标投标业务全流程电子化操作的交易平台。本节简要介绍平台的建设情况和基本功能。

一、中国石油电子招标投标交易平台建设情况

集团公司电子招标工作经历了从物资采购管理信息系统到中国石油电子招标投标交易平台（以下简称电子招标平台）两个发展阶段，具体发展历程，如图8-3所示。物资采购管理信息系统的招标模块初步实现了招标公告与中标候选人信息发布。2016年8月建成应用的电子招标平台，实现了招标、投标、开标、评标、定标全流程电子化，是真正意义上的电子招标投标业务平台。

2012.02	2015.07	2015.11	2016.08	2016.11	2017.04
中国石油物资采购管理信息系统招标模块上线运行	中国石油被列入央企首批电子招标试点名单	中国石油电子招标投标交易平台建设启动	首个全流程电子招标投标项目在大庆油田完成在线开标评标	中国石油内部8家电子招标试点单位试运行	中国石油内部专业招标机构全部推广应用

图8-3 中国石油电子招标发展历程

（一）物资采购管理信息系统建设阶段

2001年7月，集团公司根据国际企业间电子商务发展的潮流，针对能源企业优化产业供应链的需求适时推出的B2B电子商务平台能源一号网上线运行。2009年6月，物资采购管理信息系统开始建设，2011年10月，大庆油田有限责任公司、长庆油田分公司、大庆石化分公司、中国石油物资有限公司四家试点单位第一批上线交易，代表着中国石油物资采购管理信息系统正式上线运行，招标模块实现了招标公告、中标候选人公示信息的网上发布，基本满足了招标业务信息公开、共享的要求。

（二）电子招标平台建设与应用

根据国家发展改革委员会电子招标投标试点工作安排，2015年10月，集团公司启动电子招标平台建设。

2016年8月，大庆油田"防爆数字巡检仪"项目首次实现全流程电子招标，标志着交易平台成功上线应用。

2017年4月，集团公司34家内部专业招标机构上线试运行，标志着交易平台进入专业化应用阶段。

2019年10月，集团公司所属企业全部上线，标志着电子招标平台进入全面应用阶段。

二、中国石油电子招标投标交易平台的功能及特点

电子招标平台严格依据《电子招标投标办法》及《电子招标投标系统技术规范》建设，2019年1月通过了国家电子招标投标系统三星检测认证，通过与中国招标投标公共服务平台的数据交互，实现了与中国招标投标公共服务平台招标信息的共享。其主要功能及特点如下：

（一）全业务支撑

电子招标平台能够实现工程、物资、服务类项目的全流程电子招标投标。投标人资格审查方式支持资格预审和资格后审，开标环节支持双信封法，支持样品盲评。针对集中采购招标的采购金额大、标包多、单包物资项数多、参与的投标人数量多、价格分计算方式种类多的特点，电子招标平台进行了专项优化，较好地支持集中采购招标和框架招标方式。

（二）全流程电子化

电子招标平台支持从招标方案创建、招标文件编写、招标公告发布、招标文件发售、投标文件递交、开标、评标、中标候选人信息公示、中标结果公告、中标通知书发送、投标人异议、资料归档等全部招标业务流程电子化操作。

（三）功能模块化

电子招标平台的开发采用了模块化，信息发布、费用管理、评委语音抽取、开标、评标、资料归档等子模块既可以相互关联衔接起来形成完整的全流程电子招标模式，也可以拆开单独使用其中个别模块功能，通过后台ACL控制列表按使用人实际业务需要灵活配置，最大程度上适应和满足各类招标

人的使用需求。

（四）模板功能

电子招标平台引入模板的方式，通过结构化数据及数据变量的应用，实现了招标文件、招标公告、评标报告及中标通知书通过模板一键变量替换的自动生成，大大提高了工作效率和质量。

（五）自动语音与短信通知功能

电子招标平台的自动语音通知功能，实现了评审专家的自动抽取，把招标项目经理从低效、繁琐的事务性工作中解放出来。短信通知，把项目的异常情况及重要事项，及时通知到相关人员，以便及时跟进处理。

（六）费用管理功能

通过费用管理功能，实现了投标人自助在线报名、交费和招标文件下载。投标保证金的递交，电子招标平台可以自动对保证金的汇出账户、金额、递交时间进行有效性校验，不符合要求的拒收。投标保证金的退还可以通过电子招标平台一键解冻功能，实现快速退还，大大提高退还效率。

（七）评审专家管理功能

电子招标平台独立开发的专家管理模块，实现了评审专家的登记入库、履职能力考评、评审费用统计、专家信息自助维护等评审专家管理的全部功能。

（八）统计功能

所有在电子招标平台运行的项目，都可以通过台账统计功能，快速地获取和查询各项信息，生成统计报表，满足管理及数据分析的需要。

（九）归档功能

项目运行过程中生成的所有相关信息和数据，都以数据电文的形式留存在交易平台系统中，通过一键归档功能，可以便捷高效地将这些项目信息归档保管起来，便于后期对项目信息的管理和使用。

第三节　电子招标、投标操作

本节主要介绍电子招标平台的使用方法，分别从招标人、招标专业机构

(人员)、投标人、评委等角色进行简要介绍。

一、电子招标平台操作环境与功能界面

电子招标平台登录页面，如图 8-4 所示。

图 8-4 交易平台登录页面

（一）管理中心页面

管理中心页面，如图 8-5 所示。页面左侧为管理功能菜单，右侧中部为待办业务列表。该页面主要适用于具有一定管理职能的人员，可以完成项目相关的管理和待办事项处理。

图 8-5 用户界面管理中心界面

第八章　电子招标投标

（二）交易中心页面

交易中心页面，如图 8-6 所示。页面导航栏包括招标项目阶段划分和异常情况，通过该导航栏，可以快捷地查看相关招标阶段下的项目信息，及时了解和掌握异议以及发售文件不足 3 家的异常情况；下方为招标项目列表，列表中是招标业务人员所承办的所有招标项目及相关信息。通过该页面，招标业务承办人员可以便捷地对所承办的项目进行查询。

图 8-6　用户界面交易中心

（三）项目主控台

项目主控台，如图 8-7 所示。主控台是招标项目的业务操作界面。上方

图 8-7　用户界面项目主控台

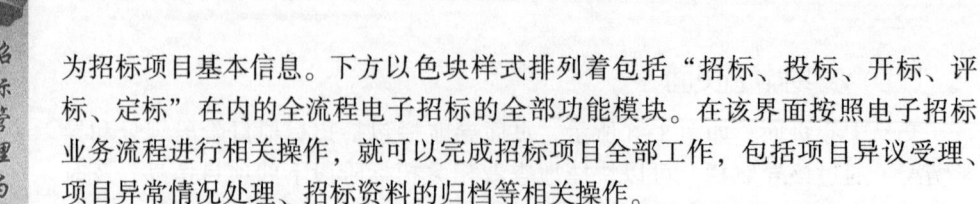

为招标项目基本信息。下方以色块样式排列着包括"招标、投标、开标、评标、定标"在内的全流程电子招标的全部功能模块。在该界面按照电子招标业务流程进行相关操作，就可以完成招标项目全部工作，包括项目异议受理、项目异常情况处理、招标资料的归档等相关操作。

二、电子招标平台的招标、投标操作

（一）招标人操作

招标人或招标项目委托人，通过登录交易平台，可以完成招标项目的创建、委托招标、编写招标方案等工作（招标人平台登录网址 http：//bidmanage.cnpcbidding.cnpc）。

1. 创建招标项目

默认登录后进入管理界面，通过左侧管理菜单【项目管理】-【项目创建】，填写相关内容，完成项目创建，如图8-8所示。

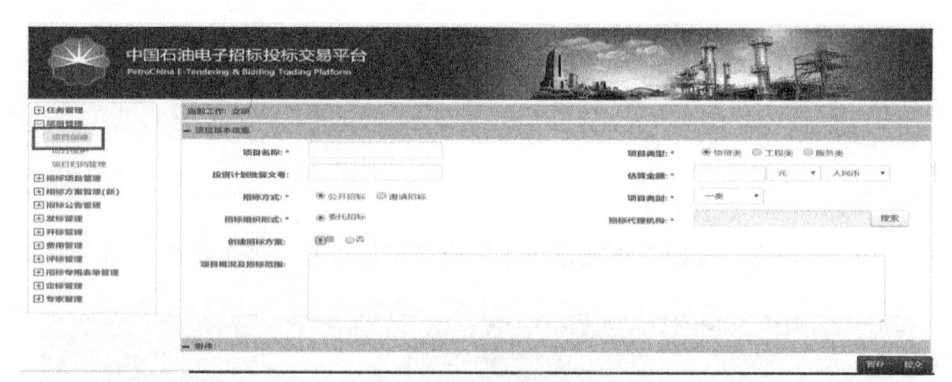

图8-8　项目创建

2. 委托招标

选择【招标代理机构】，提交后，后续招标由招标代理机构组织实施。自行招标省略此步操作。

3. 编写招标方案

如果自行招标或者招标人编写招标方案后委托招标机构组织实施，选择左侧【招标方案管理】菜单，创建招标方案。

第八章　电子招标投标

（二）招标专业机构（人员）操作

招标专业机构负责人负责招标项目的受理与任务分派，招标项目招标承办人在交易平台接到分派的项目后，进行后续的招标业务操作。

1. 招标项目受理与任务分派

招标专业机构负责人从管理中心界面左侧【任务分派】菜单，打开项目受理和任务分派页面进行项目受理和任务分派。任务分派分为三种：一是直接分派由招标人创建了招标项目并委托的项目，二是直接分派由招标人编制完招标方案后委托的项目，三是招标人未在电子招标平台上创建项目和方案，而由招标管理人员自行创建项目后再行分派。

2. 招标项目招标实施

招标项目经理登录平台后，在交易中心界面可以看到已分派的招标项目，可以进入该项目的主控台界面，完成后续相关的招标业务操作。

1）招标项目基础信息维护

一个新分派的招标项目，首先要通过项目主控台【项目维护】对项目的基本信息进行补充完善，内容主要包括详细的项目信息、投标人资格条件、评标方法等招标方案中的相关内容。

如果分派的是招标人编制招标方案的项目，项目基础信息已经完备，此步操作可忽略。

2）招标公告创建与发布

点击项目主控台的【公告创建】项，通过引用公告模板进行招标公告的快捷创建。招标公告的发布前提，是招标文件已通过审批并经业主（招标人）确认。

3）招标文件编制与发布

招标文件的编制有两种方式：

一种是利用招标客户端工具结合模板快速生成方式。通过系统中预先定制的标准招标文件模板结合变量引用载入交易平台中已经录入的项目信息，快捷地生成符合要求的招标文件，通过客户端工具提交上传编制好的招标文件至交易平台。客户端编写方式步骤：

（1）点击项目主控台【表单设置】设置开标一览表、商务、技术偏离表等表单，点击【条款设置】设置详细的评标条款。

（2）打开招标客户端程序并登录系统，进入【招标文件管理】页面，点选新分派的招标项目，通过选择项目标包和相应招标文件模板，进入新招标

291

文件的编制界面。执行变更替换和少量必要的修改后，即可生成标准的招标文件。点击【提交】完成招标文件上传。

（3）返回交易平台项目主控台【招标文件管理】进入招标文件管理界面，完成招标文件的【提交审批】【提交业主确认】【盖章】【签名/生成数据包】流程，待招标公告可以发布后，即可【发布】招标文件。

另一种是直接用文本编辑工具 word 手工编写方式。编写完成后，导出一份 PDF 格式文本，然后通过交易平台主控台【招标文件】中的【编辑】，上传编制完成的 PDF 和 word 格式的招标文件。

4）招标文件澄清处理

发布招标文件澄清，点击项目主控台【招标文件澄清】进入澄清管理页面，点击【新建澄清】打开澄清创建页面完成澄清内容的填写，根据需要设置【是否变更开标时间】【是否变更结构化招标文件】两个选项，澄清创建完成并提交审批后即可发布。对于已发布的澄清，可通过澄清单列表中的【回执详情】操作查看投标人的澄清回执情况。

5）评标委员会组建

评委的抽取有两种方式。

（1）点击主控台【评标委员会组建】打开评标委员会创建抽取页面，设置评标时间、评标地点、评委常驻地、评委的抽取专业及数量、回避单位等条件后即可提交抽取，抽取方式可以选择自动语音以及语音加短信方式。

（2）通过管理中心页面左侧菜单中的【新建专家抽取】打开评标委员会创建抽取页面，在项目列表中选择要抽取的招标项目，其他设置同上。

6）开标

点击项目主控台【开标大厅】打开拟开标项目信息页面，到开标时间后点击【进入开标大厅】可进入开标大厅页面。

（1）点击下方的【开标解密】，选择要解密的项目标包、解密的投标文件类别后，在开标电脑设备上插入 Ukey 点击【确定】解密，正确输入 Ukey 密码开始解密。解密完成后，页面显示投标解密结果信息。

（2）点击【开标公示】公示开标相关信息，公示 15min。

（3）公示时间结束，点击【签字及异议查看】中的【开标结束】结束开标工作。

7）评标

通过项目主控台【评标大厅】进入评标大厅界面，点击【设置大厅】设置相关角色的操作权限，设置评标委员会主任。

第八章　电子招标投标

点击【启动大厅】后评标专家可以凭用户名和密码登录评标大厅。

点击【启动评标】后，评标委员会进入评标工作。

评标委员会完成并提交初评、详细评审（如有）后，点击【价格分计算】由系统自动计算价格分或手工上传价格分。

点击【评分汇总】，进行汇总分数和排名。

点击【评标报告管理】编辑评标报告，经全体评委签字提交后，评标工作结束。

8）中标候选人（评标结果）公示

通过项目主控台【中标候选人（评标结果）编制】编写中标候选人公示信息，提交审批后，点击【中标候选人（评标结果）发布】发布公示信息，公示期不少于3天。

9）定标

公示期正常结束后，通过项目主控台【中标结果公告编辑】【中标结果公告发布】【落标结果公告发布】发布招标结果公告，确定中标人。

通过项目主控台【中/落标通知书发布】编制、发送中标通知书、落标通知书。

10）异议处理

通过项目主控台【异议】受理对招标文件和对中标候选人结果的异议。

3. 招标资料归档

通过项目主控台【项目归档】，对招标过程中产生的数据、资料进行归档操作。归档后的数据文件，也可以通过归档资料批量下载工具下载到本地备份。

（三）投标人操作

投标人参加中国石油招标投标网上发布的招标项目，需要注册成为电子招标平台用户，申领投标U-key。

1. 投标人注册及信息维护

登录"中国石油电子招标投标交易平台"（https：//ebidmanage.cnpcbidding.com）点击页面下方【投标人注册】打开用户注册页面，填写用户信息并上传相关证明材料后点击【注册】提交注册信息。信息提交后，应致电电子招标平台运维服务电话4008800114，申请注册信息审核。

2. 招标公告信息查看

发布在中国石油招标投标网上的招标公告信息，可以在网站首页的招标公告信息栏中检索查看。注册的用户也可登录电子招标平台后，在可报名招标项目信息列表中检索查看。

3. 招标资料购买与获取

1）招标项目报名

在电子招标平台可报名招标项目信息列表中检索查看到的招标项目，可以点击公告信息条目左侧的【报名】进入报名页面，填写联系人信息并点选拟参与投标的标包信息后，点击【报名】完成该项目报名。

2）购买招标资料

在已报名项目列表中点击招标项目左侧【主控台】，在项目主控台页面点击【购买招标文件】，填写相关信息提交订单，在线完成支付后完成招标文件的购买。点击主控台页面【招标文件下载】，下载项目的招标资料。

4. 投标文件编写

用下载后的招标文件中的投标文件格式，编写投标文件文本，编写完成后导出成PDF格式商务投标文件和技术投标文件。

用投标客户端工具，打开下载的招标文件数据文件（文件名后缀为EBID），分别上传已导出的PDF格式的商务、技术文件。进行评标条款与投标文件相关内容的关联，在价格文件编写界面填写投标报价及开标一览表信息，全部完成后，插入投标U-key，导出生成加密的电子投标文件。

5. 投标文件递交

点击项目主控台的【投标文件递交】打开文件递交页面，选择上传已导出的加密电子投标文件，上传完成后点击【验签】，验签完成后投标文件递交结束。

投标截止时间前，可以在该页面撤回和修改投标文件后重新上传递交。

6. 投标保证金递交

投标人首先需由基本账户将用于支付保证金的资金通过转账方式支付到设在昆仑银行的中国石油投标保证金专用账户内。

再点出项目主控台【投标保证金递交】打开递交页面，点选相应标包信息后，点击【支付】完成保证金的支付。

7. 开、评标环节的协作

开标环节，投标人可以在开标时间前通过点击项目主控台的【开标大厅】参与开标，开标解密由投标人（机构）完成，开标信息公示后，投标人可以在线查看开标的相关信息。开标过程投标人如对开标程序无异议,投标人无须进行其他操作。

评标环节,如评标委员会需要投标人澄清并在交易平台发布了澄清要求,投标人应在规定时间内通过交易平台按要求进行澄清回复。

8. 异议(疑义)操作

潜在投标人或投标人对招标文件存在异议(疑义)或对已公示的中标候选人公示信息有异议,通过项目主控台【异议】页面,插入投标 U-key,点击【新建异议】编写异议内容,完成后提交异议。

招标人(机构)在电子招标平台进行异议的受理和答复。

9. 招标结果

中标候选人公示信息发布后,投标人可以通过中国石油招标投标网查看公示的信息。

中标候选人公示正常结束后,招标人(机构)完成招标结果公告发布和中标通知书发送的项目,中标人可以通过项目主控台【中标结果查看】查看和下载中标通知书,未中标的可以查看到招标结果通知书。

(四)评委操作

1. 评标委员会组建的协同操作

招标人(机构)在评标专家抽取过程中,电子招标平台通过自动语音电话(加短信通知)通知被抽取的评标专家,专家在收到电话后,根据语音(短信)提示在手机上进行相关操作。

2. 评标前签到

评标专家确认参加评标后,应持本人居民身份证在评标开始前到达评标地点按通知要求的方式进行签到。

3. 评标

评标专家登录电子招标投标交易平台,进入平台评标大厅工作界面,进行以下操作:

(1)下载招标文件。在【评标辅助应用】中下载招标文件,学习招标文件,熟悉评标方法和评标要点。

(2)初步评审。点击【初评】进入评审界面,根据评标条款结合投标人的投标文件,进行相应评审。

(3)商务详评。点击【商务详评】进入评审界面,根据商务评审条款结合投标人的投标文件，进行相应评审打分。

（4）技术详评。点击【技术详评】进入评审界面，根据技术评审条款结合投标人的投标文件，进行相应评审打分。

（5）价格分计算。点击【价格分计算】，计算相关标包报价得分。

（6）评分汇总。所有评委都完成初评和详评（如果有，包括价格分的计算）的评审并提交评审成果后，由评标委员会主任（或工作人员辅助）点击【评分汇总】进行评分汇总统计和排名，形成最终评标结果。

（7）出具评标报告。根据《评标委员会和评标方法暂行规定》第四十二条规定，评标委员会完成评标后，应当向招标人提出书面评标报告。评标委员会应根据评标结果编写评标报告，评标委员会所有成员共同签署后提交招标人（机构），结束评标工作。

第四节　电子招标应用准备

本节主要介绍了实施电子招标的相关准备与配置工作。

一、场地及配套设施准备

（一）场地准备

开展全流程电子招标业务与传统招标投标相比，在对场所的要求上有较大不同。电子招标的开标采用实时在线方式、评标也是在线评审。实施电子招标投标，要求配备了评标电脑的电子评标室要满足招标业务的使用需求，对物理开标场地不作要求。

因此拟实施电子招标的单位应结合所承揽招标项目的特点（是否存在现场递交资料或实物）、预估业务量及现有资源等因素，综合考量合理配备相应数量的开标室、评标签到室、评委等候室、电子评标室、视频监控室等配套设施。场地的配置和部署，应考虑功能区域物理分离，以评委签到区、评标功能区与办公区互不影响为原则。

（二）配套硬件设备准备

实施电子招标，需要配置包括评委签到机（指纹型、面部识别型）、评标

第八章 电子招标投标

用计算机、评委签字板（每个评标室1块）、用于开标解密投标文件的 UKey 以及工作人员用的计算机、打印机、投影或大屏幕、视频监控设备等配套硬件设备，以满足开展电子招标业务的需要。拟实施单位可根据实际需要进行配备。

评标用计算机配置参数应满足电子评标的使用，具体要求可参考电子招标交易平台相关手册。

二、基础数据配置

（一）业务梳理及审批流程配置

拟实施单位在系统上线应用前，需对招标采购业务进行梳理，梳理出招标方案审批、招标文件审批、招标公告发布审批、澄清发布审批、中标候选人结果公示发布审批、中标结果公告发布审批等所有招标业务审批流程，明确全部流程所涉及的人员及相关角色和数据权限，明确全部业务流程所涉及的审批层级、审批流程和审批人、审批权限。根据以上统计的信息，在交易平台配置所需的业务审批流程。

（二）人员设置与权限管理

电子招标交易平台按照用户的系统管理权限分为系统管理员和一般账户；按照用户类别分为招标人（项目单位）账户、招标实施机构账户、评审专家账户、投标人账户、监督部门账户；按照招标业务分为招标管理人员账户和招标业务承办人员账户。系统应用前，除投标人账户外，需要统一为这些用户设置登录账号并配置相应的角色和权限。

（三）模板的设置

电子招标交易平台应用模板包括招标文件模板、招标公告模板、投标邀请书模板、评标报告模板、中标通知书模板等。招标文件模板需要根据项目类别、采购模式、资格审查方式、评标方法等因素结合集团公司发布的招标文件范本分别编制相应的招标文件模板，其他模板也需要根据项目类别分别编制模板。所有模板都需要结合项目类别配置相应的系统变量，通过系统变量的数据替换完成模板对平台相关信息数据的快速引用。所有模板编制完成后需要在交易平台进行配置并启用。

（四）电子招标投标业务操作技能培训

电子招标投标，是招标人（项目单位）、招标实施人（专业机构）、投标人、评审专家以及监管人员等招标相关参与方相互协同配合共同完成项目招标的招标、开标、评标、定标等相关流程的过程。因此这些招标相关参与方对电子招标交易平台的熟悉及操作能力，都影响着招标项目电子招标的招标质量甚至成败。所以拟实施单位正式上线应用电子招标前，对招标人（项目单位）、招标实施人（专业机构）、投标人、评审专家以及相关监管人员都应该进行针对电子招标交易平台的业务培训。

　　培训可采用在线培训或组织现场培训的培训方式。采用在线培训的，电子招标交易平台提供了招标机构和投标人操作手册可供参考。需要组织现场培训的，可以联系平台的运营单位中油物采信息技术有限公司协商相关事宜，服务电话4008800114语音转电子招标平台。

练习题及答案

一、第一章练习题及答案

（1）招标投标在我国的发展历程可划分为哪几个阶段？

【答案】① 探索初创阶段。1980年10月，国务院发布《关于开展和保护社会主义竞争的暂行规定》，提出对一些合适的工程建设项目可以试行招标投标。80年代中期以后，根据党中央有关体制改革精神，国务院及国务院有关部门陆续进行了一系列改革，企业的市场主体地位逐步明确，推行招标投标制度的体制性障碍有所缓解。

② 快速发展阶段。1992年10月，党的十四大提出了建立社会主义市场经济体制的改革目标，进一步解除了束缚招标投标制度发展的体制障碍。1997年11月1日，全国人大常委会审议通过了《中华人民共和国建筑法》，在法律层面上对建筑工程实行招标发包进行了规范。

③ 里程碑阶段。1999年8月30日，全国人大常委会审议通过了审议通过了《招标投标法》，2002年6月29日审议通过了《政府采购法》，标志着我国招标投标制度进入了一个新的发展阶段。

④ 规范完善阶段。《招标投标法实施条例》和《政府采购法实施条例》作为两大法律的配套行政法规，对招标投标制度作了补充、细化和完善，进一步健全和完善了我国招标投标制度。随着体制的建立健全以及市场主体诚信自律机制的逐步完善，招标投标制度必将获得更加广阔的运用和健康、持续的发展。

（2）招标投标活动要遵守哪些基本原则？

【答案】要遵守公开原则，即"信息透明"，公平原则，即"机会均等"，公正原则，即"程序规范，标准统一"，诚实信用原则，即"诚信原则"。

（3）招标投标制度的作用主要体现在哪些方面？

【答案】① 通过招标投标提高经济效益和社会效益；

② 通过招标投标提升企业竞争力；

③ 通过招标投标健全市场经济体系；

④ 通过招标投标打击贪污腐败。

(4) 请说出我国的法律体系包括哪些。

【答案】包括宪法及宪法相关法、民法商法、行政法、经济法、社会法、刑法、诉讼与非诉讼程序法七个门类，以及法律、行政法规、地方性法规三个层次。

(5) 我国立法机关比较多，如果出现一些规定不一致的情况，按照哪些原则进行处理？

【答案】① 法律之间对同一事项新的一般规定与旧的特别规定不一致，不能确定如何适用时，由全国人民代表大会常务委员会裁决。

② 地方性法规、规章新的一般规定与旧的特别规定不一致时，由制定机构裁决。

③ 地方性法规与部门规章之间对同一事项规定不一致，不能确定如何适用时，由国务院提出意见。国务院认为适用地方性法规的，应当决定在该地方适用地方性法规的规定；认为适用部门意见，应当提请全国人大常委会裁决。

④ 部门规章之间、部门规章与地方政府规章之间对同一事项的规定不一致时，由国务院裁决。

二、第二章练习题及答案

(1) 集团公司招标管理体制是什么？

【答案】统一招标管理、分级负责、联合监督。

(2) 集团公司招标管理运行机制是什么？

【答案】管办分开、分级分类管理、专业化实施。

(3) 什么是邀请招标？

【答案】邀请招标属于限制性竞争招标。采用邀请招标方式，应首先符合国家和集团公司规定的邀请招标条件，经审批后采用。邀请招标从已知的潜在投标人中，选择具有与招标项目需求相匹配的资格能力、信誉等条件的投标人参与投标，有利于投标人之间的均衡竞争。

(4) 招标项目可不招标事项申请是某公司具有专有技术、专利，事由是否成立？

【答案】不成立，需要采用不可替代专利或者专有技术的可不招标项目，需论证专有技术和专利的不可替代性。

(5) 合同结束后与原合同相对人续签合同，以"需要向原中标人采购工程、物资或者服务，否则将影响施工或者功能配套要求"为由不招标，事由是否成立？

【答案】不成立。采用该项条款的前提一是该项合同需是招标产生的结果，二是需要论证对施工或者功能配套的影响。

（6）招标方案的审查主要有哪几个方面？

【答案】① 投资批复和资金来源是否已经落实；

② 招标方式和组织形式是否合规；

③ 评标委员会组成；

④ 评标方法选择和评标标准；

⑤ 最高投标限价；

⑥ 投标人资格条件设置；

⑦ 标段（包）划分。

（7）集团公司招标信息发布的平台是什么？

【答案】中国石油招标投标网。

（8）集中采购的组织方式一般有哪些？

【答案】批次集中采购招标、集中资格预审招标采购和协议集中采购。

（9）集团公司招标评审专家管理主要包括哪些环节？

【答案】入库审核、培训管理、履职评价和信息维护等。

（10）投标人失信行为包括哪一些？

【答案】弄虚作假，串通投标，干扰招标，不当异议或投诉，中标违约，其他失信行为。

（11）投标人失信行为的惩戒对象是什么？

【答案】法定代表人（或负责人）以及委托代理人、项目经理等自然人。

（12）投标人失信行为惩戒措施包括哪些？

【答案】投标时加价或扣分、暂停投标资格和取消投标人资格。

（13）集团公司招标统计指标主要包括哪些？

【答案】总体招标率、公开招标率、专业化招标率、招标节资率、电子招标率、全流程电子招标率。

（14）招标专项检查主要包括哪几个阶段？

【答案】主要有计划阶段，检查阶段，整改阶段。

（15）招标专项检查的要点有哪些？

【答案】① 招标项目是否具备条件。

② 项目审核审批。

③应招标未招标。
④虚假招标。
⑤招标过程是否规范。
⑥招标结果执行情况。
⑦招标过程保密情况。

(16) 招标项目后评价原则有哪些？

【答案】科学性原则，客观性原则，公正性原则，反馈性原则。

(17) 招标项目后评价的内容主要有哪些？

【答案】符合性评价，效果性评价。

三、第三章练习题及答案

(1) 按照国家规定需要履行项目审批、核准手续的依法必须进行招标的项目，有哪些情形的，经项目审批、核准部门审批、核准，项目的勘察设计可以不进行招标？

【答案】涉及国家安全、国家秘密、抢险救灾或者属于利用扶贫资金实行以工代赈、需要使用农民工等特殊情况；主要工艺、技术采用不可替代的专利或者专有技术，或者其建筑艺术造型有特殊要求；已通过招标方式选定的特许经营项目投资人依法能够自行勘察、设计。

(2) 勘察设计招标文件应当包括哪些内容？

【答案】招标公告、投标人须知、评标办法、合同条款及格式、发包人要求及投标文件格式，共计六章。

(3) 邀请招标的条件有哪些？

【答案】只有少量潜在投标人；同公开招标相比费用占合同金额比例过大。

(4) 在依法招标的项目中的不当划分标段可能涉及哪些违法行为？

答：涉嫌限制排斥潜在投标人；涉嫌规避招标。

(5) 通用物资、服务、工程招标项目一般分别应包含哪些委托资料？

【答案】一般包括招标项目委托书、招标方案报审表、招标方案及其附件，例如，合同、技术文件等。

(6) 踏勘现场有哪些注意事项？

【答案】踏勘现场应注意的事项包括但不限于：①踏勘现场的安全；②注意潜在投标人信息的保密；③对所有潜在投标人一视同仁，避免排斥歧视，包括为不同潜在投标人提供不同的信息等。

（7）招标文件澄清与修改有哪些注意事项？

【答案】招标文件澄清与修改应注意的事项包括但不限于：①不得利用澄清与修改排斥歧视潜在投标人；②澄清与修改影响投标文件编制的应延长递交投标文件的截止时间；③涉及招标公告中招标范围、投标人资格条件变动的澄清与修改，应重新发布公告或变更公告；④澄清与修改涉及修改招标方案实质性内容的，应履行与招标方案相同的审批程序。

（8）评标澄清发出主体是谁？是否可通过澄清要求投标人补充投标文件中没有的佐证资料？

【答案】发出主体是评标委员会，不可以通过澄清更改投标文件的实质性内容，故不可以通过澄清要求投标人补充投标文件中没有的佐证资料。

（9）招标项目的归档资料一般包括哪几个部分的资料？

【答案】招标项目的资料一般包括招标前期准备阶段的资料，例如，市场调研、招标策划、招标方案报审表、招标方案及其附件、与招标专业机构等的沟通函件、委托书等；招标实施过程的资料，例如，招标、投标、开标、评标及定标等实施过程所产生的资料。招标后期的资料，例如，项目后期的履约能力考察方案、履约考察过程文件及履约能力考察报告等。

（10）异议书可以不予受理的情形有哪些？

【答案】异议提出人不是所招标项目的潜在投标人、投标人或其他利害关系人的；未在有效期限内提出的；未以书面形式提出的；未按要求签字盖章的。三种情形可不予受理。对于形式不符合要求的异议，应告知异议人可完善后再次递交。

四、第四章练习题及答案

（1）协助招标人开展招标准备工作，一般可提供哪些服务？

【答案】协助招标人开展招标准备工作，一般可以协助分析落实招标条件，细化招标需求，完善招标方案。

（2）接收委托资料时有哪些注意事项？

【答案】接收委托资料时应对委托资料的可实施性、完整性进行核查，避免出现委托资料不齐全或存在违法违规内容等；同时，接收委托资料时应做好交接记录。

（3）设备采购招标文件应当包括哪些内容？

【答案】招标公告、投标人须知、评标办法、合同条款及格式、供货要求及投标文件格式，共计六章。

（4）编制招标文件有哪些注意事项？

【答案】编制招标文件主要应注意：①应采用标准文本进行编辑，并遵照其编制要求；②应根据委托资料进行编辑，避免招标文件要求与委托内容，特别是委托方案不一致的情形；③应符合现行法律法规要求，不得存在不公平、不公正的条款；④内容应完整，包括但不限于招标范围、报价要求、技术要求及评审标准和合同文本等，招标文件应能体现招标项目实际所需；⑤文字应严谨、规范、简洁，不应出现招标文件前后要求不一致、意思表述存在歧义或重大漏洞等问题。

（5）接收联合体投标的招标文件编制有哪些注意事项？

【答案】接收联合体投标的招标文件编制时应注意：①应在招标公告"投标人资格要求"条款中明确接收联合体投标，以及明确接收联合体的数量；②应在招标公告"投标人资格要求"条款中进一步明确对联合体各方的要求，特别是业绩的认定标准和要求；③应明确联合体投标的签字盖章要求；④应有联合体协议书格式文本，并明确填写要求。

（6）踏勘现场有哪些注意事项？

【答案】踏勘现场应注意的事项包括但不限于：①踏勘现场的安全；②注意潜在投标人信息的保密；③对所有潜在投标人一视同仁，避免排斥歧视，包括为不同潜在投标人提供不同的信息等。

（7）招标文件澄清与修改的注意事项有哪些？

【答案】招标文件澄清与修改应注意的事项包括但不限于：①不得利用澄清与修改排斥歧视潜在投标人；②澄清与修改影响投标文件编制的应延长递交投标文件的截止时间；③涉及招标公告中招标范围、投标人资格条件变动的澄清与修改，应重新发布公告或变更公告；④澄清与修改涉及修改招标方案实质性内容的，应履行与招标方案相同的审批程序。

（8）评标澄清发出主体是谁？是否可通过澄清要求投标人补充投标文件中没有的佐证资料？

【答案】发出主体是评标委员会，不可以通过澄清更改投标文件的实质性内容，故不可以过澄清要求投标人补充投标文件中没有的佐证资料。

（9）开标程序一般包括哪些？

【答案】开标程序一般包括：①宣布 HSE 提示及开标纪律；②确认投标人代表身份；③宣读开标程序，宣布有关人员姓名；④公布在投标截止时间前接收投标文件的情况；⑤检查投标文件密封情况；⑥宣布开标顺序并当众拆封；⑦唱标并记录；⑧公布标底（若有）；⑨确认开标记录；⑩开标异议处理（若有）；⑪开标结束。

（10）评标程序一般包括哪些？

【答案】招标专业机构工作人员组织评标的程序一般为：①核对评标委员会成员身份，如专家缺席或身份不符，执行专家抽取程序补充抽取；②宣读HSE提示、评标纪律；③公布开标情况、投标人名单，告知评标委员会成员应当回避的情形；④组织评标委员会成员签到并签署承诺书；⑤组织招标人介绍项目情况（如必要）；⑥组织评标委员会推选评标委员会主任；⑦评标委员会主任主持评标工作；⑧评标委员会出具评标报告并签字确认；⑨发放评审费用，进行评标专家履职评价。

五、第五章练习题及答案

（1）下列选项中属于评审专家权利的是（　　）。

A. 接受专家库组建机构的邀请，成为专家库成员

B. 接受招标人依法选聘，担任招标项目评标委员会成员

C. 获取相应的评标劳务报酬

D. 评标时间不能满足评标需要时，应当提出延长评标时间

【答案】ABC。

【解析】评审专家的权利包括：①接受专家库组建机构的邀请，成为专家库成员；②接受招标人依法选聘，担任招标项目评标委员会成员；③熟悉招标文件的有关技术、经济、管理特征和需求，依法对投标文件进行客观评审，独立提出评审意见，抵制任何单位和个人的不正当干预；④获取相应的评标劳务报酬；⑤法律法规规定的其他权利。评标时间不能满足评标需要时，应当提出延长评标时间是评审专家的义务。

（2）当出现（　　），招标评审专家应当在评标开始前主动提出回避？

A. 投标人或者投标人的主要负责人的近亲属

B. 与投标人存在人事、雇佣或管理关系

C. 与招标人存在隶属关系的

D. 与投标人有其他社会关系或经济利益关系，可能影响公平评审的

【答案】ABD。

【解析】有下列情形之一的，招标评审专家应当在评标开始前主动提出

回避：

①投标人或者投标人的主要负责人的近亲属；②与投标人存在人事、雇佣或管理关系；③与投标人有其他社会关系或经济利益关系，可能影响公平评审的；④法律法规规定的其他应当回避的情形。

（3）某公司采购危险化学品，评标时发现某投标文件中没有提供安全生产许可证，招标文件对安全生产许可证没有作出任何规定。评标委员会应当（　　）。

A. 要求该投标人澄清，如果该投标人答复有安全生产许可证，则投标有效

B. 要求该投标人补充提供安全生产许可证，如果能够提供则投标有效

C. 直接认定该投标有效

D. 直接认定该投标无效

【答案】 A。

【解析】《中华人民共和国招标投标法》第三十九条规定："评标委员会可以要求投标人对投标文件中含义不明确的内容作必要的澄清或者说明，但是澄清或者说明不得超出投标文件的范围或者改变投标文件的实质性内容"，本项目招标文件中并未对安全生产许可证作出任何规定，投标人未提供不属于未实质性响应招标文件。但根据《危险化学品安全管理条例》第十四条规定："危险化学品生产企业进行生产前，应当依照《安全生产许可证条例》的规定，取得危险化学品安全生产许可证。"，所以评标委员会可要求该投标人澄清，如果该投标人答复有安全生产许可证，则投标有效。

（4）招标人组织工程建设项目投标资格审查，下列作法正确的有（　　）。

A. 采用资格预审方法的，按资格预审文件规定的要素和标准对申请人进行综合评分，按约定的数量以及评分结果，由高分到低分确定通过资格预审的申请人

B. 采用资格后审方法的，由评标委员会按招标文件规定的要素和标准对投标人资格进行合格性评审

C. 采用随机抽取的方法的，从符合专业资质等级的投标申请人中确定潜在投标人

D. 采用资格后审有限数量制办法的，按招标文件规定要素和标准对投标人资格进行量化评审

E. 采用资格预审方法的，在评标阶段一律不需要评审投标人资格

【答案】 BD。

【解析】 A 项，当潜在投标人过多时，可采用有限数量制。招标人在资格

预审文件中应规定资格审查标准和程序,明确通过资格预审的申请人数量 N 个,并应明确第 N 名得分相同时的处理办法。资格审查委员会按照资格预审文件中规定的审查标准和程序,对通过初步审查和详细审查的资格预审申请文件进行量化打分,按得分由高到低的顺序确定通过资格预审的申请人。但是资格预审方法有合格制和有限数量制两种,A 项忽略了合格制。B、C、D 项,资格后审指的是开标后,评标委员会在评标阶段的初步审查程序中,对投标人提交的投标文件中的资格文件进行的审查,进而确定投标人通过初步评审,为合格投标人。采用资格后审办法的,只能采用合格制方法确定通过资格审查的投标人名单。E 项,在初步评审中仍需要检查投标人是否具备投标资格。

(5) 某招标项目的评标办法中规定:生产效率指标按照线性插值法计算得分,生产效率达到 85% 得 3 分,达到 95% 得 8 分。某投标文件中的生产效率为 92%,则其生产效率指标得分为( )。

A. 3.5 分　　　B. 5.5 分　　　C. 6.5 分　　　D. 7.5 分

【答案】C。

【解析】根据线性插值法计算得 $X=3+(92\%-85\%)\times(8-3)\div(95\%-85\%)=6.5$

(6) 某工程施工招标,由评标委员会负责资格审查,这种资格审查方法属于( )。

A. 资格预审合格制
B. 资格预审有限数量制
C. 资格后审并实施合格性评审
D. 资格后审并实施有限数量评审

【答案】C。

【解析】资格后审是指开标后由评标委员会对投标人资格进行审查的方法。采用资格后审办法的,按规定要求发布招标公告,并根据招标文件中规定的资格审查方法、因素和标准,在评标时审查投标人的资格。

(7) 下列内容中,属于投标联合体协议书中必须包括的有( )。

A. 联合体成员名称
B. 联合体各成员承担投标费用的比例
C. 牵头人的职责、权利及义务的约定
D. 联合体成员职责分工
E. 联合体资格证明文件

【答案】ACD。

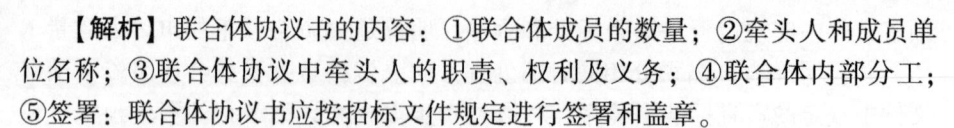

【解析】联合体协议书的内容：①联合体成员的数量；②牵头人和成员单位名称；③联合体协议中牵头人的职责、权利及义务；④联合体内部分工；⑤签署：联合体协议书应按招标文件规定进行签署和盖章。

（8）某企业资产负债表部分内容如下：

货币资金	8443450元	资产合计	70188200元
有价证券	224940元	流动负债合计	35281100元
预付款项	33676810元	非流动负债合计	20171200元
合计	42345200元	负债合计	55452300元

该企业流动比率为（　　）。

A. 1.2

B. 1.26

C. 0.6

D. 0.2456

【答案】A。

【解析】流动资产＝货币资金＋应收账款＋存货＋其他应收款＋应收票据＋短期投资＋预付账款＋应收补贴款＋待摊费用，有价证券不属于流动资金。流动比率＝流动资产/流动负债×100%＝（8443450+33676810）÷35281100×100%＝1.2。

（9）某项目有甲、乙、丙、丁四家单位投标。投标过程中下列情形可以被认定为投标人相互串通投标的是（　　）。

A. 四家单位商定由甲中标，甲按合同价提取10%的金额作为配合费支付给其他三家单位

B. 甲和乙属于同一集团公司，甲为提高乙的中标概率，主动退出投标

C. 甲和乙属于某一集团公司，按照集团要求，甲和乙相互配合以提高中标机会

D. 开标时，工作人员发现甲的开标一览表封在乙的投标文件中

E. 乙、丙、丁三个单位同属于一个协会，协会要求三个单位不能低于成本进行恶性竞争，应当根据自身实力合理确定投标价格

【答案】ACD。

【解析】《中华人民共和国招标投标法实施条例》第三十九条　禁止投标人相互串通投标。有下列情形之一的，属于投标人相互串通投标：

① 投标人之间协商投标报价等投标文件的实质性内容；

② 投标人之间约定中标人；

③ 投标人之间约定部分投标人放弃投标或者中标；

④ 属于同一集团、协会、商会等组织成员的投标人按照该组织要求协同投标；

⑤ 投标人之间为谋取中标或者排斥特定投标人而采取的其他联合行动。

（10）某招标项目，资格预审文件中明确规定投标人必须具有一类压力容器生产许可证。在资格评审中发现，某资格预审申请人提交的申请文件中没有附压力容器生产许可证。某评委对该企业比较熟悉，称该企业具有该许可证，可能装订申请文件时遗漏了。对此，正确作法是（   ）。

A. 打电话询问该企业是否具备该许可证，如有，则予以认可

B. 书面发出澄清函，请该企业提交该许可证，并予以评审

C. 不必询问或澄清，根据该评委的意见，认可该申请人具有该许可证

D. 直接认定该申请人的申请文件不合格

【答案】D。

【解析】《中华人民共和国招标投标法》第三十九条规定："评标委员会可以要求投标人对投标文件中含义不明确的内容作必要的澄清或者说明，但是澄清或者说明不得超出投标文件的范围或者改变投标文件的实质性内容"，评审项压力容器生产许可证属于实质性内容，对该项内容进行澄清有可能会改变初步评审的结果，所以应直接认定该申请人的申请文件不合格。

（11）某招标项目，在评审过程中，发生如下事件。

事件1：招标文件中规定投标人近三年内须具有同类项目的业绩，投标人A为B公司的全资子公司，本身并无业绩，提供了B公司的业绩。

事件2：招标文件中规定投标人近三年内须具有同类项目的业绩，投标人C在投标文件中未附业绩，但招标人代表反映投标人C在本公司有业绩，要求投标人C进行澄清补充。

问题：

① 事件1中投标人A的业绩是否有效？请阐述理由。

② 事件2中评标委员会的作法是否妥当？为什么？

【解析】① 事件1中投标人A的业绩无效。根据《中华人民共和国公司法》第十四条公司可以设立分公司。设立分公司，应当向公司登记机关申请登记，领取营业执照。分公司不具有法人资格，其民事责任由公司承担。公司可以设立子公司，子公司具有法人资格，依法独立承担民事责任。母公司与子公司的业绩无法通用。

② 事件2中评标委员会的作法不妥。《中华人民共和国招标投标法》第

三十九条规定:"评标委员会可以要求投标人对投标文件中含义不明确的内容作必要的澄清或者说明,但是澄清或者说明不得超出投标文件的范围或者改变投标文件的实质性内容",评审项业绩属于实质性内容,不可以要求投标人澄清。

(12)某招标项目,在评审过程中,发生如下事件。

事件1:评审专家甲为投标人A的公司总经理的妻子。

事件2:投标人B公司的法定代表人与投标人C公司的法定代表人为夫妻关系。

事件3:评标委员会正在评审时,投标人D公司发现投标文件未附公司的安全生产许可证,主动要求澄清,提出将安全生产许可证附到投标文件中。

事件4:评审专家乙在初步评审时认定应否决投标人E公司的投标,但其他评标委员会成员持不同意见。评标报告签署时评审专家乙拒绝在评标报告上签字,并且拒不说明理由。

问题:

① 事件1中评审专家甲是否应该回避?请阐述理由。

② 事件2中投标人B与投标人C公司一起参与投标是否妥当?为什么?

③ 事件3中投标人D的作法是否妥当?请阐述理由。

④ 事件4中评审专家乙的作法是否妥当?出现此种情况应如何处理?

【解析】① 事件1中的评审专家甲应该回避。有下列情形之一的,招标评审专家应当在评标开始前主动提出回避:a.投标人或者投标人的主要负责人的近亲属;b.与投标人存在人事、雇佣或管理关系;c.与投标人有其他社会关系或经济利益关系,可能影响公平评审的;d.法律法规规定的其他应当回避的情形。评审专家甲为投标人A的公司总经理的妻子,投标人A的公司总经理为公司的主要负责人,所以应该回避。

② 事件2中投标人B与投标人C公司一起参与投标妥当。《中华人民共和国招标投标法实施条例》第三十九条 禁止投标人相互串通投标。有下列情形之一的,属于投标人相互串通投标:

a.投标人之间协商投标报价等投标文件的实质性内容;

b.投标人之间约定中标人;

c.投标人之间约定部分投标人放弃投标或者中标;

d.属于同一集团、协会、商会等组织成员的投标人按照该组织要求协同投标;

e.投标人之间为谋取中标或者排斥特定投标人而采取的其他联合行动。

第四十条 有下列情形之一的，视为投标人相互串通投标：
f. 不同投标人的投标文件由同一单位或者个人编制；
g. 不同投标人委托同一单位或者个人办理投标事宜；
h. 不同投标人的投标文件载明的项目管理成员为同一人；
i. 不同投标人的投标文件异常一致或者投标报价呈规律性差异；
j. 不同投标人的投标文件相互混装；
k. 不同投标人的投标保证金从同一单位或者个人的账户转出。

投标人 B 公司的法定代表人与投标人 C 公司的法定代表人虽为夫妻关系，但投标人 B 与投标人 C 并无法律关系上的联系，只要没有实质上的相互串通投标的证据，则不应该干涉两个公司投标。

③ 事件 3 中投标人 D 的作法不妥。《中华人民共和国招标投标法实施条例》

第五十二条 投标文件中有含义不明确的内容、明显文字或者计算错误，评标委员会认为需要投标人作出必要澄清、说明的，应当书面通知该投标人。投标人的澄清、说明应当采用书面形式，并不得超出投标文件的范围或者改变投标文件的实质性内容。评标委员会不得暗示或者诱导投标人作出澄清、说明，不得接受投标人主动提出的澄清、说明。

④ 事件 4 中评审专家乙的作法不妥。《中华人民共和国招标投标法实施条例》第五十三条 评标完成后，评标委员会应当向招标人提交书面评标报告和中标候选人名单。中标候选人应当不超过 3 个，并标明排序。评标报告应当由评标委员会全体成员签字。对评标结果有不同意见的评标委员会成员应当以书面形式说明其不同意见和理由，评标报告应当注明该不同意见。评标委员会成员拒绝在评标报告上签字又不书面说明其不同意见和理由的，视为同意评标结果。

六、第六章练习题及答案

（1）投标文件的撤回和撤销本质上的区别是什么？

【答案】投标文件的撤回是指在招标文件中规定的投标截止时间前，投标人可以撤回已递交的投标文件，不再参与投标或者修改已撤回的投标文件后，在招标文件中规定的投标截止时间前再次递交投标文件。在招标文件中规定的投标截止时间后，投标人不得撤回其投标文件。

投标文件的撤销是指在招标文件中规定的投标截止时间后撤销已递交的

投标文件，不再参与投标，但是投标人应承担投标保证金不予退还等法律责任。

（2）未按规定交纳投标保证金，投标文件能被拒收吗？请说明拒收有哪几种情形。

【答案】未按规定交纳投标保证金的投标文件不可以拒收。

有以下四种情形之一发生，投标文件会被拒收：

① 实行资格预审的招标项目，未通过资格预审的申请人提交的投标文件；

② 逾期送达的投标文件；

③ 未按招标文件要求密封的投标文件；

④ 采用电子招标投标的，投标人未按规定加密验签的电子投标文件会被电子招标投标交易平台拒收。

（3）请说出各类异议提出的时限。

【答案】① 对资格预审文件的异议。对资格预审文件有异议的，应当在资格预审申请文件截止时间 2 日前提出，或遵从资格预审文件约定。

② 对招标文件的异议。对招标文件有异议的，应当在投标截止时间 10 日前提出，或遵从招标文件约定。

③ 对开标的异议。对开标有异议的，应当在开标现场提出。未在开标现场提出的异议，不予受理。

④ 对评标结果的异议。对评标结果有异议的，应当在中标候选人公示期间提出。

⑤ 对其他内容的异议。对上述四个方面以外的内容提出异议的，应在各招标环节结束之日前向招标人提出。

（4）请说出投诉书应当包含的情形。

【答案】投诉书应当包括下列内容：

① 具体明确的投诉事项和与投诉事项相关的投诉请求。

② 异议和异议答复情况说明。

③ 必要的证明材料，包括事实依据、法律依据和官方或权威机构出具的证明。

④ 投诉人和被投诉人单位名称，联系人及联系电话。

⑤ 自然人、法定代表人和委托代理人的身份证明文件，委托代理人的授权委托书。

⑥ 投诉人投诉时应当提交书面投诉书和必要的证明材料，同时坚持"谁主张，谁举证"的原则，提供相关证据。

⑦ 投诉人为自然人的，应当有本人签字；投诉人为法人或者其他组织的，应当由法定代表人、主要负责人或者其委托代理人签字并加盖单位公章。

（5）中标通知书发出后，招标人有权在合同签订前要求进一步作价格让利吗？

【答案】无权。因为中标通知书发出后，招标人和中标人应当依照《招标投标法》和《招标投标法实施条例》的规定签订书面合同，合同的标的、价款、质量、履行期限等主要条款应当与招标文件和中标人的投标文件的内容一致。招标人和中标人不得再行订立背离合同实质性内容的其他协议。

（6）投标保证金在哪几种情况下不予退还？

【答案】投标人应知道招标人有权依照国家法律法规及招标文件相关规定不予退还投标保证金。需特别注意以下情形：

① 投标人在规定的投标有效期内撤销其投标文件，招标人可以按照招标文件约定不退还其投标保证金。

② 中标人无正当理由不与招标人签订合同，或者在签订合同时向招标人提出附加条件，或者不按照招标文件要求提交履约保证金的，招标人不予退还其投标保证金。

③ 如果投标人存在串通投标、弄虚作假投标、以他人名义投标等违法行为的，招标人可以按照招标文件约定不予退还投标保证金。

④ 招标文件规定的其他情形。

（7）请说出集团公司制度办法将企业划分哪三种类型？

【答案】集团公司制度办法根据项目类型将中标企业类型划分为工程建设的承包商和服务商、物资供应商及石油工程技术服务企业。

（8）请说出失信行为是如何分类的。

【答案】根据国家相关法律法规和集团公司有关规定，将投标人失信行为分为弄虚作假、串通投标、干扰招标、不当异议（投诉）、中标违约和其他失信行为等六类，具体含义分别是：

① 弄虚作假：投标人以他人名义或空壳公司投标，或者提供、使用虚假资料或信息等行为。

② 串通投标：投标人与招标人之间或者投标人与投标人之间采用不正当手段，为谋取中标排斥其他投标人或者损害招标人利益等行为。

③ 干扰招标：投标人采用不正当手段或通过行政审批部门违规指定，扰乱、破坏招标工作秩序等行为。

④ 不当异议（投诉）：投标人缺乏事实依据而进行的恶意异议（投诉），

或者不配合招标人、相关部门在处理异议（投诉）过程中取证等行为。

⑤ 中标违约：投标人中标后无正当理由放弃中标或者不与招标人订立合同，或者违法转包、违规分包等行为。

⑥ 其他失信行为：违反国家相关法律法规和集团公司有关规定的其他不诚信行为。

七、第七章练习题及答案

（1）对于一次招标金额在1000万美元以上的国际招标项目，所需专家的（   ）以上应当从国家级专家库中抽取。

A. 1/2　　　　　B. 1/3　　　　　C. 2/3　　　　　D. 3/4

【答案】A。

（2）国际招标项目，抽取评标专家的时间不得早于开标时间前（   ）工作日；同一项目评标中，来自同一法人单位的评标专家不得超过评标委员会总人数的（   ）。

A. 2个，1/2　　B. 3个，1/3　　C. 3个，2/3　　D. 3个，1/2

【答案】B。

（3）国际招标综合评价法明确规定投标人出现下列情形之一的，将不得被确定为推荐中标人：A. 投标人的评标价格超过全体有效投标人的评标价格平均值一定比例以上的；B. 投标人的技术得分低于全体有效投标人的技术得分平均值一定比例以上的。上述规定比例由招标文件具体规定，A项中所列的比例不得高于（   ），B项中所列的比例不得高于（   ）。

A. 40%，40%　　B. 30%，40%　　C. 40%，30%　　D. 30%，30%

【答案】C。

（4）某国际招标项目，于2019年7月17日上午9时开标，因特殊原因当天不能进行评标，招标专业机构将投标文件封存，最迟应于（   ）前开始进行评标。

A. 2019年7月18日上午9时　　　　B. 2019年7月17日上午9：30时

C. 2019年7月18日上午9：30时　　D. 2019年7月19日上午9时

【答案】D。

【解析】招标代理机构应组织评标委员会在开标当日开始进行评标。有特殊原因当天不能评标的，招标代理机构应当将投标文件封存，并在开标后48小时内开始进行评标。

（5）依法必须进行招标的国际招标项目，招标专业机构应当自收到评标委员会提交的书面评标报告之日起（　　）内在国际招标电子交易平台上进行评标结果公示。评标结果应当一次性公示，公示期不得少于（　　）。

A. 2日、3日　　　B. 3日、5日　　　C. 3日、3日　　　D. 5日、3日

【答案】C。

（6）某国际招标项目共有甲、乙、丙三个投标人参加投标。评标委员会评标时发现，甲、乙两个投标人的投标产品来自同一家制造商。评审委员会正确的作法是（　　）。

A. 甲、乙两个投标人的投标无效。由于实质性响应的投标人不足三个，该项目应重新组织招标。

B. 甲、乙两个投标人的投标无效。如果投标人丙响应招标文件要求，可推荐其中标。

C. 甲、乙两个投标人的投标有效。由于使用不同产品的投标人不足三个，该项应重新组织招标。

D. 甲、乙两个投标人的投标无效。由于有效投标人不足三个，评标委员会有权否决所有投标。

【答案】C。

【解析】认定投标人数量时，两家以上投标人的投标产品为同一家制造商或集成商生产的，按一家投标人认定。

八、第八章练习题及答案

（1）简述电子招标投标概念。

【答案】《电子招标投标办法》明确了电子招标投标活动是指以数据电文形式，依托电子招标投标系统完成的全部或者部分招标投标交易、公共服务和行政监督活动。

（2）简要描述电子招标发展的三个阶段。

【答案】电子招标投标发展大致经历了三个阶段，第一个阶段只限于通过国家认可的采购网站发布招标公告、中标公示等信息，实现了信息发布的功能；第二个阶段，招标文件采用了电子文档形式以及工程招标中工程量清单报价的清标工具和一些常规招标中评分的统计汇总工具等计算机辅助评标技术的应用。标书电子化加计算机辅助评标的应用标志着电子招标投标应用进入了第二阶段；第三阶段，是从招标项目建项、发布招标公告、投标人报名、

购买招标文件、递交投标文件、澄清答疑、开标评标、评标结果公示的全流程均实现了电子化操作，即全流程电子化招标投标阶段。

（3）（单选）通过在线发售招标文件、在线自助递交投标文件解决了电子招标中（　　）问题。

A. 招标、投标资料电子化

B. 工作效率

C. 潜在投标人信息保密

D. 减少了人为失误对招标业务造成的影响

【答案】C。

（4）（多选）电子招标的优点包括（　　）？

A. 规范操作流程，减少法律风险

B. 信息透明，阳光采购

C. 过程信息保密，减少寻租空间

D. 提高效率，确保招标工作质量

E. 绿色环保，节约采购成本

【答案】ABCDE。

（5）电子招标投标系统平台是由（　　）组成。

A. 交易平台

B. 工商信息平台

C. 公共服务平台

D. 行政监督平台

E. 国际招标采购平台

【答案】ACD。

（6）（判断题）电子招标投标某些环节需要同时使用纸质文件的，应当在招标文件中明确约定；当纸质文件与数据电文不一致时，以纸质文件为准。

【答案】错误。当纸质文件与数据电文不一致时，除招标文件特别约定外，以数据电文为准。

（7）（判断题）招标活动中常常要求投标人以书面形式递交异议或评标澄清答复，投标人可以用电子邮件形式提交相关资料。

【答案】对。《中华人民共和国合同法》第十一条规定，书面形式是指合同书、信件和数据电文（包括电报、电传、传真、电子数据交换和电子邮件）等可以有形地表现所载内容的形式。

（8）（判断题）评委会的抽取只能通过项目主控台进行抽取。

【答案】错误。可以通过主控台【评标委员会组建】进行抽取设置，也可以通过管理中心页面左侧菜单中的【新建专家抽取】打开评标委员会创建抽取页面，但要在项目列表中选择要抽取的招标项目。

（9）（判断题）在线开标，可以在开标时间前提前进入开标大厅，作好开标的相关准备。

【答案】错误。开标大厅只有过开标时间后才能打工进入，进行相关开标解密操作。

（10）判断题）招标文件规定通过交易平台在线递交投标保证金的，投标人需从基本账户将用于支付保证金的资金通过转账方式支付到设在昆仑银行的中国石油投标保证金专用账户即可。

【答案】错误。首先需由投标人基本账户将用于支付保证金的资金通过转账方式支付到设在昆仑银行的中国石油投标保证金专用账户内，再点出项目主控台【投标保证金递交】打开递交页面，点选相应标包信息后，点击【支付】完成保证金的支付。